Blockflöten

Christian v. Ditfurth

BLOCKFLÖTEN

Wie die CDU ihre realsozialistische Vergangenheit verdrängt

Kiepenheuer & Witsch

© 1991 by Verlag Kiepenheuer & Witsch, Köln
Umschlag Manfred Schulz, Köln
Satz: Fotosatz Froitzheim, Bonn
Druck und Bindearbeiten: Clausen & Bosse, Leck
ISBN 3-462-02179-6

Für Evi

Inhalt

Vorwort

»Wer aus unserer Partei in der früheren DDR auf einem Paradepferd durchs Ziel geritten ist, muß heute auf einen Esel umsteigen.« So der bekannte Kritiker des SED-Regimes Rainer Eppelmann. Es schlug hohe Wellen in der CDU, als er forderte, daß alle Mitglieder der Ost-CDU, die zwischen dem Tag des Mauerbaus und der Wende politische Ämter bekleidet hätten oder Mandatsträger gewesen seien, sich aus der Politik zurückziehen oder die Partei verlassen sollten. In der Tat, klingt das nicht überzogen? Ist es erstaunlich, daß der mutige Pfarrer keinerlei Unterstützung fand, sondern vielmehr heftig attackiert wurde von seinen Parteifreunden?

Wer dieses Buch gelesen hat, wird sich Pfarrer Eppelmanns Forderung nicht mehr verschließen können, sofern er Tatsachen zur Kenntnis zu nehmen gewillt ist. Die CDU der DDR war keine Partei von Mitläufern. Vielmehr hat sie sich unentwegt zur Mitverantwortung für den realen Sozialismus bekannt und verlangt, noch umfassender einbezogen zu werden in seine Ausgestaltung. Die führende Rolle der SED anzuerkennen war den meisten »Unionsfreunden«, wie die CDU-Mitglieder sich nannten, ein inneres Bedürfnis. Denn ihre Christlich-Demokratische Union war eine »Partei des Sozialismus«.

Heute wird alle Verantwortung auf Gerald Götting und andere Führungspersönlichkeiten abgeschoben. Wir werden im Verlauf der Untersuchung feststellen, daß hier ein altbekannter Verdrängungsmechanismus seine wirkungsvolle Arbeit leistet. Praktisch jeder christdemokratische Funktionsträger der DDR war Honeckers Gefolgsmann, und er war es freiwillig. Niemand wurde gezwungen, die DDR und die SED zu preisen. Das ist die eine Seite der Medaille.

Die andere ist, daß heute kaum einer der ehemaligen

christdemokratischen Aktivisten sich seiner Vergangenheit stellt. Nie akzeptiert und längst vergessen wurde das Eingeständnis Lothar de Maizières, daß nicht nur die PDS Verantwortung trägt für den realen Sozialismus, sondern auch die CDU. Aus der führenden Rolle der SED ist längst ihre angebliche Alleinschuld geworden. Die ehemaligen Blockflöten stehlen sich aus der Geschichte – mit Hilfe der Bonner Union, der es wichtiger war, Wahlen zu gewinnen, als dem moralischen Gebot zu folgen, die Mittäter zur Verantwortung zu ziehen. Von der Erneuerung der Ost-CDU ist erst wieder die Rede, seit die Partei in den neuen Bundesländern in die Krise geriet. Nun, da sie die Quittung für die erlogenen Wahlsiege bekommt, präsentieren die Wahlstrategen Helmut Kohl und Volker Rühe als Sündenböcke die »personellen Altlasten« der ehemaligen DDR-Christdemokratie.

Das »Dresdener Manifest« der CDU, vorgelegt als Antrag des Bundesvorstands auf dem Parteitag vom 15. bis 17. Dezember 1991 in Sachsens Metropole, soll auch dazu dienen, die innerparteiliche Vergangenheitsaufarbeitung voranzubringen. Aber es legt die Verantwortung dafür in die Hände jener, die in das SED-Regime verstrickt waren: »Wir bitten alle, die in Gesellschaft und Politik ein Amt bekleiden, ihr Verhalten in der Vergangenheit selbstkritisch zu überprüfen. Auch wer keinen Anlaß sieht, sich persönlich etwas vorzuwerfen, muß sich doch die Frage stellen, ob seine frühere Tätigkeit es seinen Mitbürgern heute schwer macht, neues Vertrauen zu gewinnen.«

Wer Mittäter zu Richtern über sich selbst macht, weiß, was er tut – und häuft zusätzlich zur bereits gegebenen weitere Schuld an. Die Operation Vergangenheitsaufarbeitung scheitert an der Inkonsequenz ihrer Initiatoren. Sie rührt daher, daß die CDU-Führung zu viel gleichzeitig bewirken will: die Verantwortung für die realsozialistische Vergangenheit minimieren, in der Öffentlichkeit den Eindruck einer Erneuerung erwecken und, bis auf einige Ausnahmen, die Blockflöten nicht aus der Union vertreiben, weil es ohne sie keine Partei gäbe. Denn sie stellen das personelle Gerüst einer Christdemokratie, die in ihren östlichen Landesverbänden mehr denn je auf die einstigen Gefolgsleute der SED angewiesen ist. Viele, die sich nach der Wende in der CDU engagieren wollten, sind bald wieder weggelaufen vor einem Klima der Heuchelei und Selbstbeweihräucherung.

Das Kind ist längst in den Brunnen gefallen. Landauf, landab sitzen in allen Gremien, Parlamenten, Regierungen und Behörden in Dörfern, Städten, Kreisen und Ländern die alten Blockflöten, als wäre nie etwas geschehen. Das ist das unwiderrufliche Resultat der Entscheidung im Konrad-Adenauer-Haus, sich der Wahlkampfbataillone der Ost-CDU zu bedienen.

Mein Versuch, das Parteiarchiv der Ost-CDU zu benutzen, schlug fehl. Es war schnell der Konrad-Adenauer-Stiftung zugeschlagen worden. Ich will hier nicht unterstellen, daß diese Aktion dem Zweck diente, es für einige Jahre aus dem Verkehr zu ziehen. Aber dies ist das Ergebnis. Denn nun muß es in die Registratur des West-CDU-Archivs einsortiert werden. Das dauert lange. Aber immerhin wurde mir angeboten, Quellen bis zum Jahr 1961 einzusehen – zu alt für meine Zwecke.

Mehr Glück hatte ich in Landesparteiarchiven der PDS, in denen unzählige Dokumente der Ost-CDU aufbewahrt werden. Diese Archive sind öffentlich und für jeden zugänglich. Mich hat die Tatsache erstaunt, daß kaum ein Historiker den Weg dorthin findet, wo sich Materialien von unschätzbarem historischem Wert finden lassen. Mein Dank gilt vor allem den Leitern der PDS-Landesarchive Thüringen (Erfurt) und Sachsen (Dresden), und gerne vermerke ich ihre

Einladung an alle Interessenten, die Archive zu benutzen, um einen Beitrag zur Vergangenheitsaufarbeitung zu leisten.

Genauso gilt mein Dank dem Institut für Geschichte der Arbeiterbewegung und dem Zentralen Parteiarchiv in Berlin. Viele aufschlußreiche Dokumente stammen aus deren Beständen.

Andere Materialien verdanke ich Menschen, die mich dabei unterstützen wollten, dieses Buch zu schreiben.

Ich danke außerdem den vielen Anhängern und Gegnern der ehemaligen CDU der DDR, die mir Zeit opferten für Interviews, aus denen ich wesentliche Erkenntnisse gewonnen habe.

Ich weiß, daß manches Urteil in diesem Buch in den neuen Bundesländern von vielen Menschen, die ich im Lauf meiner Recherchen schätzen gelernt habe, nicht gerne gehört und als mindestens zu scharf empfunden wird. Ich bitte um Verständnis dafür, daß ich ein System, welches Verbrechen gegen die Menschlichkeit legalisiert und systematisch ausgeübt hat, als verbrecherisch bezeichne. Das heißt nicht, daß die Menschen, von denen viele um ihre Ideale betrogen wurden, Verbrecher sind.

Ich bekunde meinen Respekt vor jenen, die sich ihrer Vergangenheit und ihrer Verstrickung stellen. Ich habe erlebt, wie schmerzhaft das Eingeständnis eigener Schuld ist. Nur wenige finden die Kraft dazu.

In den ehemaligen Blockparteien gehört es fast schon zum guten Ton, sich im nachhinein in Widerstandskämpfer zu verwandeln. Kaum einem früheren und heutigen Amtsträger der Block-CDU kommt mehr über die Lippen als die Erklärung, man sei nicht mutig genug gewesen, seine Forderungen deutlicher zu erheben und durchzusetzen. Als hätte die CDU der DDR zwischen 1950 und der Wende je

Vorstellungen entwickelt, die denen der SED widersprachen. Das Gegenteil ist richtig.

Ich habe dieses Buch geschrieben gegen das Verdrängen und Vergessen einer Geschichte, die heute auch die der Westdeutschen ist. Und ich habe es geschrieben, um Widerspruch anzumelden gegen eine Art, mit historischer Verantwortung umzugehen, die ich als »kriminalistisch« bezeichnen will. Der Konkurrenzkampf der Medien fordert Sensationen: Mord, Intrigen und Betrug. Und so erscheinen im Bewußtsein der Öffentlichkeit als die Verantwortlichen für die DDR-Vergangenheit neben Honecker, Mittag und Mielke zunehmend die offiziellen und inoffiziellen Mitarbeiter der Staatssicherheit. An deren Mitschuld besteht kein Zweifel. Aber in der DDR herrschten nicht allein die Staatssicherheit und einige Politbürokraten. In der DDR herrschte vielmehr die SED zusammen mit den mit ihr »befreundeten Parteien« und Massenorganisationen, darunter an prominenter Stelle die CDU. Wer sich nur noch für Stasiskandale und korrupte Politbürokraten interessiert, hilft mit, Nebel zu werfen. Die Repressalien des Ministeriums für Staatssicherheit sind vielmehr undenkbar ohne das politische System der DDR, das zu unterstützen die Ost-CDU nicht müde wurde. Wer sich für den realen Sozialismus einsetzte, setzte sich auch für die Staatssicherheit ein. Das eine ist ohne das andere nicht denkbar.

Christian v. Ditfurth   Viersen, im Oktober 1991

Ex oriente pax

Die CDU auf dem Weg in den Sozialismus

Die stalinistische Geschichtsschreibung dient meist agitatorischen Zwecken. Deshalb reduziert sie die historische Realität auf leicht begreifliche Schemata: auf Etappen, Phasen oder Epochen. So wird Geschichte quasi numeriert und handhabbar gemacht, um sie als Waffe zu verwenden. Diesem Vorbild folgten auch die Historikerideologen der DDR-CDU, wenn sie den Weg der Union ins Blockflötendasein beschrieben. Sie registrierten drei innerparteiliche Auseinandersetzungen, an deren Ende die Unionsfreunde zuverlässige Bündnispartner der »Partei der Arbeiterklasse« waren.[1]

Am Anfang der ostdeutschen Nachkriegsgeschichte stehen der Hunger und ein Befehl: der Befehl Nr. 2 der Sowjetischen Militäradministration in Deutschland (SMAD) vom 10. Juni 1945, der die Tätigkeit politischer Parteien und Gewerkschaften zuläßt. Drei Tage später schon meldet sich die KPD in ihrem Zentralorgan »Deutsche Volkszeitung« zu Wort mit einem Aufruf »Schaffendes Volk in Stadt und Land! Männer und Frauen! Deutsche Jugend!«[2] Die Kommunisten sprechen nicht von Revolution, aber von freier Unternehmerinitiative auf Grundlage des Privateigentums. Sie weisen die Vorstellung zurück, man könne Deutschland das Sowjetsystem aufzwingen, und fordern, die demokratischen Rechte und Freiheiten des Volkes herzustellen. Sie gehen als größte Gruppe des Widerstands aus der Nazizeit hervor, was sie später nicht daran hindern wird, die Legende ihres allzeit organisierten und zentral geleiteten Kampfes gegen die Hitlerdiktatur in die Welt zu setzen. Ihre moralische Autorität ist enorm, ihr engster Bündnispartner steht als Siegermacht im Land – ihre Aussichten sind glänzend. Als im April 1946 die Vereinigung mit der SPD gelingt, ist die SED die stärkste der Parteien im deutschen Osten.

Gegen die Kommunisten ist in diesen ersten Wochen nach der bedingungslosen Kapitulation der Naziwehrmacht schlecht Politik zu machen. Aber das will zunächst kaum einer. Das Elend der Nachkriegszeit erzwingt das Zusammenwirken der politischen Kräfte – das ist der alles überragende Gedanke in allen politischen Lagern. Erst später werden die bürgerlichen Parteien erkennen, auf was sie sich eingelassen haben.

In ihrem Gründungsaufruf vom 26. Juni 1945 schreiben die Väter der CDU ganz im Stil des Nachkriegspathos:

»Deutsches Volk! In der schwersten Katastrophe, die je über ein Land gekommen ist, ruft die Partei Christlich-Demokratische Union Deutschlands aus heißer Liebe zum deutschen Volk die christlichen, demokratischen und sozialen Kräfte zur Sammlung, zur Mitarbeit und zum Aufbau einer neuen Heimat.«

Die Christdemokraten fordern, eine unabhängige Justiz ins Leben zu rufen, Religions-, Kunst- und Wissenschaftsfreiheit, das Recht der Eltern auf die Erziehung ihrer Kinder und daß alles Trennende beiseite gestellt werde. Ihre wirtschaftspolitischen Ziele schildern sie wie folgt:

»Das unermeßliche Elend in unserem Volke zwingt uns, den Aufbau unseres Wirtschaftslebens, die Sicherung von Arbeit und Nahrung, Kleidung und Wohnung ohne jede Rücksicht auf persönliche Interessen und wirtschaftliche Theorien in straffer Planung durchzuführen. Das Notprogramm für Brot, Obdach und Arbeit geht allem voran. Dabei ist es unerläßlich, schon um für alle Zeiten die Staatsgewalt vor illegitimen Einflüssen wirtschaftlicher Machtzusammenballungen zu sichern, daß die Bodenschätze in Staatsbesitz übergehen. Der Bergbau und andere monopolartige Schlüsselunternehmungen unseres Wirtschaftslebens müssen klar der Staatsgewalt unterworfen werden.

Wir bejahen das Privateigentum, das die Entfaltung der Persönlichkeit sichert, aber an die Verantwortung für die Allgemeinheit gebunden bleibt.«

Am 10. Juli wird die Partei von den Besatzungsbehörden zugelassen, wenige Tage später tut sie sich mit KPD, SPD und LDPD zusammen in einer »Einheitsfront der antifaschistisch-demokratischen Parteien«. Erst 1949 wird daraus offiziell der »Demokratische Block«, aber die Lektion in kommunistischer Bündnispolitik läßt nicht so lange auf sich warten. Es wird nur wenige Jahre dauern, bis CDU und LDPD unlösbar verstrickt sein werden in die weitverzweigte Struktur der Blockpolitik. Sie werden ihre politische Identität freiwillig als Wasserträger der SED bestimmen, auch wenn die einstigen Blockflöten heute davon nichts mehr wissen wollen.

Der Block ist ein Ergebnis der Volksfrontpolitik der Kommunistischen Internationale, wie sie auf deren VII. Weltkongreß 1935 formuliert worden ist. Für die revolutionäre Strategie und Taktik der KPD gibt es keine Stunde Null. Einheitsfront und Volksfront heißen die Durchgangsstadien auf dem Weg zur Errichtung der Diktatur des Politbüros. Welchem Zweck die Volksfrontidee folgt, beweist die Blockpolitik. Überrascht sein über die gutbürgerlichen Töne des KPD-Juniaufrufs konnte nur, wer, vielleicht aus antikommunistischer Blindheit, die Entwicklung der stalinistischen Strategie und Taktik nicht zur Kenntnis nehmen zu müssen glaubte. Und nur der konnte sich nach dem April 1946 einbilden, die neue sozialistische Partei, in der die angeblich ehemaligen Kommunisten ihre Macht mit tatsächlich ehemaligen Sozialdemokraten teilten, garantiere demokratische Verhältnisse. Vierzig Jahre später schreibt der DDR-Historiker Rolf Leonhardt, die Hoffnung des bürgerlichen Lagers, die Kommunisten würden »die von den Monopolen bestimmten Spielregeln des bürgerlichen Parlamentarismus« einhalten, sei nichts anderes gewesen als die Umschreibung des Versuchs, die Entwicklung der DDR zu einem sozialistischen Staat zu vereiteln »durch Ausnutzung bürgerlich-parlamentarischer Gepflogenheiten[3]«. Wer den Schaden hat, braucht für den Spott nicht zu sorgen.

Auch die »demokratische Bodenreform«, die entschädigungslose Enteignung allen Grundbesitzes über hundert Hektar, trug unter der antifaschistischen Garnierung die kräftige Handschrift der marxistisch-leninistischen Revolutionsstrategen. So verschieden die historische Situation sich darstellte, den Großgrundbesitz zu zerschlagen und das Land zu verteilen an die kleinen Bauern – in unserem Fall vor allem an die Neubauern – war für jeden Leninisten ein unverzichtbares Kredo, ob in Sowjetrußland oder in der Sowjetischen Besatzungszone (SBZ). Genauso unverzichtbar erschien es ihnen, den Bauern die Verfügungsgewalt über das Land bald wieder zu nehmen, als es darum ging, die Landwirtschaft zu kollektivieren.

Ein wesentlicher Unterschied zum russischen Vorbild bestand allerdings darin, daß es sich bei der Bodenreform im Osten Deutschlands zunächst lediglich um eine Option auf die Kollektivierung handelt, denn das Schicksal Deutschlands ist in den ersten Jahren nach dem Krieg noch nicht festgeschrieben. Zwar sind die Bestrebungen Stalins offenkundig, sein gewonnenes Vorland abzusichern, die unter ungeheuren Verlusten gewonnene Kriegsbeute zu behalten, aber die Frage, ob die sowjetische Zone dazu gehören wird, ist noch nicht ausgereizt. Die einstigen Antihitlerkoalitionäre feilschen um den Preis, und bevor sie sich schließlich nicht einigen werden, beherrschen die Querelen zwischen ihnen die Bedingungen der Politik auch in der Ostzone. Der Spielraum der CDU – wie der anderen Parteien und der Medien – bemißt sich nach den Absichten der SMAD und ihres Befehlshabers in Moskau. Er wird enger, als der kalte Krieg die internationalen Beziehungen vergiftet und die Welt sich in zwei Blöcke teilt.

Einen fairen Wettbewerb zwischen den politischen

Kräften in der SBZ hat es nie gegeben, von Anfang an usurpierte die KPD/SED den Löwenanteil der begrenzten Papierressourcen und beherrschte die Massenmedien. Die Zensur und andere Behinderungen taten das ihre, um die bürgerlichen Parteien wirkungsvoll zu schikanieren. Die SMAD diktierte, was die Parteien zu tun hatten. Sie verhaftete willkürlich Politiker der bürgerlichen Parteien, schloß Delegierte von Parteitagen aus, setzte nach Belieben Funktionäre ein oder ab. Sie schreckte auch vor Hinrichtungen nicht zurück. SMAD-Vertreter nahmen, wenn sie es wünschten, an allen Sitzungen aller Parteigliederungen teil und dekretierten deren Politik.

Der Bonner Historiker Michael Richter hat in seiner Dissertation die Methoden zusammengestellt, deren sich die SMAD und die SED bedienten, um auch gegen parlamentarische Mehrheiten ihre Politik durchzusetzen. Es ist ein besonders finsteres Kapitel der deutschen Nachkriegsgeschichte: Druck auf Abgeordnete bürgerlicher Parteien, um sie zu Fraktionsübertritten zu veranlassen; Verhaftungen; willkürliche Eingriffe in die Zusammensetzung von Fraktionsvorständen und, damit verbunden, Förderung prokommunistischer Parlamentarier; Bestechung; Vorladung von Abgeordneten der CDU und LDPD auf sowjetische Kommandanturen während wichtiger Abstimmungen; außerparlamentarische Aktionen gegen Parlamentsmitglieder; lückenlose Kontrolle aller Sitzungen der Landtage und ihrer Ausschüsse durch Sowjetoffiziere; Berichtszwang der Landtage gegenüber SMAD-Vertretern; Verbot von Gesetzesanträgen; direkte Einflußnahme auf Entscheidungen der CDU-Fraktionen durch sowjetische Kontrolleure.[4]

Demagogisch erklärte Walter Ulbricht, Zwangsmaßnahmen seien nicht vorgesehen. Vielmehr sollten die Kritiker der SED-Politik sich auf öffentlichen Versammlungen für ihre »Nein-Propaganda« verantworten, wie Carola Stern in ihrer Biographie des 1. Sekretärs berichtet. Die Betroffenen hatten keine Chance, sich gegen ihre kommunistischen Ankläger zu wehren. Wenn sie zugaben, die Politik Moskaus abzulehnen, lieferten sie selbst den Verhaftungsgrund. »Es wäre gelacht, wenn wir bei dieser Demokratie nicht gewinnen würden«, erklärte Ulbricht.[5] Er sollte, wie so oft, recht behalten.

Der Begriff Psychoterror ist die einzige treffende Umschreibung für diese Art von Versammlungen. Der Druck, der so und durch denunziatorische Veröffentlichungen auf Widerstrebende ausgeübt wurde, erforderte fast übermenschliche Kraft bei den Opfern. Es ist kein Wunder, daß viele nicht standhielten, sich mit den Machtverhältnissen abfanden oder in den Westen flohen.

1950 schließlich wird der starke Mann der Arbeiterpartei den Blockfreunden bedeuten, daß seine und seiner Genossen Geduld mit demokratischen Übungen begrenzt ist:

>»Wir verstehen sehr gut, wie kompliziert die Situation in verschiedenen Parteien ist. Es ist, wie wir übereinstimmend festgestellt haben, eine Wandlung in Deutschland durchgeführt worden. Wir sind nicht so naiv, daß wir glauben, daß alle Menschen das bis zu Ende verstehen. Wir wissen, daß in der CDU vielleicht die Hälfte der Mitglieder nicht alle Fragen bis zu Ende gedacht hat, sich nicht darüber klar ist. (...) Wir lassen Ihnen Zeit, daß Sie diese Menschen überzeugen. Aber der Block und die Anhänger der Nationalen Front können nicht erlauben, daß in den Parteien Kräfte organisiert auftreten, die einen Kampf dagegen führen und verhindern, daß die Menschen überzeugt werden und auf den richtigen Weg kommen.«[6]

Am Anfang hielten die Kommunisten es noch für erforderlich, sich wenigstens der passiven Unterstützung größerer Teile der Bevölkerung zu versichern. Auch bemühten sie sich verschiedentlich um eine gute Zusammenarbeit mit den Blockpartnern. Die Bodenreform beispielsweise, zu der die KPD im September 1945 aufrief, stieß zunächst keineswegs auf den entschiedenen Widerstand der Christdemokraten.

Den Auftakt zur entschädigungslosen Enteignung von 7 000 Großgrundbesitzern machte der Antifa-Block der Provinz Sachsen mit Zustimmung auch der CDU. Selbst wenn man in Rechnung stellt, daß die Kommunisten und die SMAD nach bekannter Manier allerorten Resolutionen für die Durchführung der Bodenreform – »Junkerland in Bauernhand« – organisierten: es kann keinen Zweifel daran geben, daß diese erste große Reform in der SBZ populär und im Kern notwendig war. Es ging zum einen darum, die Reste feudaler Strukturen aufzulösen und die Macht der ostelbischen Junker zu brechen. Diese Forderung war nicht neu, sondern hatte über die Arbeiterbewegung hinaus schon lange einen hohen Stellenwert gehabt. Zum anderen war die Bodenreform die wirtschaftspolitische Antwort auf die Vertreibung von Millionen von Deutschen in Folge des Vernichtungskriegs Hitlerdeutschlands. Die einstigen Herren des Ostens fanden sich in Massen wieder als Neubauern in der SBZ. In den zur Verteilung vorgesehenen Bodenfonds gerieten 3,1 Millionen Hektar Land, 600 000 Hektar stammten von einstigen Nazigrößen. Die Bodenreform betraf 35 Prozent der Fläche der sowjetischen Zone.

Die Einwände der Berliner CDU-»Reichsleitung« – bald wird sie nicht mehr nur von Adenauer, sondern auch von der SMAD lediglich als Zonenleitung angesehen – richteten sich gegen den Umfang und die Entschädigungslosigkeit der Aktion, sie bestritt aber nicht die Notwendigkeit einer Bodenreform. Auch in christlich gesonnenen Kreisen herrschte die Vorstellung, daß eine Umwälzung der wirtschaftlichen Strukturen unvermeidlich sei. Die Verstaatlichung der Banken und Schlüsselindustrien sowie die Enteignung des Großgrundbesitzes erschienen vielen CDU-Mitgliedern und Wählern als unbezweifelbare Konsequenz der Nazivergangenheit. Der zitierte Gründungsaufruf widerspiegelte diese Stimmung so zutreffend wie das Ahlener Programm der

CDU. In dieser Hinsicht dachten die Deutschen Ost nicht anders als die Deutschen West. Konrad Adenauer zum Beispiel verwahrte sich im Juni 1946 in einem Leserbrief an das »Neue Deutschland« gegen den Vorwurf, in einer Rede das Großkapital von der Schuld am Nationalsozialismus freigesprochen zu haben:

> »Das Großkapital ist zur Zeit in Deutschland erledigt, der militaristische Gedanke aber noch keineswegs. Im übrigen habe ich in der Rede mit großer Entschiedenheit und Deutlichkeit gegen Großkapital, Trusts und Konzerne Stellung genommen.«[7]

Viele waren für einen Sozialismus, ob sie ihn nun »demokratisch« oder »christlich« nannten. Die Kommunisten forderten den Sozialismus noch nicht. Dafür war ihrer dann um so realer.

Die KPD und die Besatzungsbehörden machten Druck, um die CDU-Führung dazu zu veranlassen, die Durchführung der Bodenreform zu unterstützen. Bei heftigen Debatten in dem noch »Einheitsfront« genannten Block kam aber nicht mehr heraus als eine Erklärung, in der eine »Entmachtung des feudalen Großgrundbesitzes« durch eine demokratische Bodenreform begrüßt wurde.

Seinen Höhepunkt fand der Streit, als sich der Vorsitzende der CDU Andreas Hermes im Dezember 1945 weigerte, einer Entschließung des zentralen Blocks zur Neubauernhilfe zuzustimmen, weil dies für ihn gleichbedeutend gewesen wäre mit einer nachträglichen Billigung der entschädigungslosen Bodenreform. Da Entscheidungen im Block einstimmig gefaßt werden mußten, trug der Neubauernaufruf nur die Unterschriften von KPD, SPD und LDPD.

In den Ländern und Kreisen wurden die Gliederungen der CDU bearbeitet von sowjetischen Offizieren und kommunistischen Funktionären. Während es der Führung in Berlin weitgehend unmöglich gemacht wurde, ihre

Positionen innerhalb der Partei wie in der Öffentlichkeit zu begründen, prasselten auf die Unionschristen in Städten und Dörfern Verlockungen, Drohungen und die Resolutionen kommunistisch gesteuerter Versammlungen ein. Als erster Landesverband beugten sich die Christdemokraten in Sachsen-Anhalt dem agitatorischen Dauerfeuer. Johann Baptist Gradl, einer der Mitbegründer der »Reichsleitung« der CDU in Berlin, berichtet in seinen Erinnerungen, daß vor der Unterstützung des Neubauernaufrufs durch die CDU Sachsen-Anhalts auch das Engagement des SMAD-Repräsentanten in Halle, General Kotikow, stand.[8]

Als dagegen in Berlin alles Zureden und Drohen versagte, zitierte Oberst Sergej Tulpanow, der sowjetische Aufseher über die Parteien der SBZ, die CDU-Vorständler zum Sitz der SMAD nach Karlshorst. Dort forderte er Andreas Hermes und seinen Stellvertreter Walter Schreiber auf, »freiwillig« zurückzutreten.

Hermes hatte zu Weimarer Zeiten als Zentrumspolitiker wichtige Funktionen bekleidet und war von den Nazis als Widerstandskämpfer zum Tode verurteilt worden. Schreiber stammte aus der Deutschen Demokratischen Partei (DDP) und war von 1925 bis 1933 preußischer Minister für Handel und Gewerbe gewesen. Beide hatten ausreichend Format, um die Zumutung des Obersten zurückzuweisen.

Am Vormittag dieses 19. Dezember 1945 hatte Tulpanow erklärt, die SMAD habe nicht die Absicht, sich in interne Angelegenheiten der Union einzumischen. Als sich ein »freiwilliger« Rücktritt aber nicht erwirken ließ, berief Tulpanow für den Nachmittag desselben Tages eine Sitzung der Vertreter der Landesverbände ein, auf der nach einem Bericht von Hermes und Schreiber folgendes geschah:

»Nach einer einleitenden Darlegung des Obersten Tulpanow und Ausführungen einzelner Vertreter der Landes- bzw. Kreisverbände haben wir unseren sachlichen Standpunkt dargestellt. Nachdem dann Tulpanow den offiziellen Befehl zu unserem Ausscheiden aus der Parteileitung bekanntgegeben hatte, fügte er hinzu, daß wir dann (auch) nicht mehr berechtigt seien, auf der Gründersitzung das Wort zu nehmen. Wir verließen darauf die Sitzung, ohne eine Äußerung zu dem Befehl abzugeben.«[9]

In Publikationen der DDR-CDU liest sich das anders. Da gibt es keinen Oberst Tulpanow. Vielmehr habe Hermes' und Schreibers Kritik an der Bodenreform eine Protestbewegung der Mitglieder ausgelöst, und diese habe sie gezwungen, den Vorsitz niederzulegen. Im DDR-CDU-eigenen Union Verlag Berlin erschien in den sechziger Jahren unter dem Titel »Eine Abrechnung« das Buch eines Unionsfreunds namens Wilhelm Karl Gerst, das sich durch eine besonders perfide Argumentation auszeichnet. Im folgenden als Kostprobe seine Schilderung der »Hermes-Krise«:

»Für die Landesorganisation Mecklenburg-Vorpommern sprach Dr. Lobedanz, für das Land Sachsen der katholische Pfarrer Kisch[10]. Dieser mit besonderer Schärfe. Daß die Parteileitung den Neubauern die Hilfe versage, habe im Lande draußen tiefe Verbitterung hervorgerufen. Jede reaktionäre Linie in der Partei müsse bekämpft werden, ganz gleich wie sie sich darbiete. Solange nicht an der Spitze der Union eindeutig demokratische Persönlichkeiten stünden, sei die Union in Gefahr, in Verruf zu geraten. Die Parteileitung habe das Vertrauen der Bevölkerung verwirkt, der Rücktritt von Dr. Hermes und Dr. Schreiber sei erforderlich.

Am Abend des 19. Dezember trat der Zentralausschuß der Partei zusammen. Im gleichen Geiste und oft unter dramatischer Zuspitzung wurden die Vorwürfe gegen die Parteileitung wiederholt und schließlich einstimmig das Ausscheiden von Dr. Hermes und Dr. Schreiber aus dem Parteivorstand beschlossen.

An ihre Stelle rückten Jakob Kaiser als erster und Ernst Lemmer als zweiter Vorsitzender. (...) Dr. Lobedanz und Dr. Herwegen wurden in den engeren Vorstand aufgenommen.

Es ist aus den Berichten nicht zu erkennen, ob die beiden ausscheidenden Vorsitzenden an den Sitzungen dieses für die ganze CDU so wichtigen Tages teilgenommen haben.«[11]

Im Weltbild der Geschichtsnumerierer war die »erste inner-parteiliche Auseinandersetzung« der Ost-CDU sieghaft be-endet. Jetzt standen nur noch Jakob Kaiser und Ernst Lem-mer zwischen der Ost-Christenunion und Otto Nuschke, dem »Vater und Lehrer der CDU«. Nuschke war überzeugt vom welthistorischen Sieg der Russen. Seine Verbündeten Reinhold Lobedanz und Leo Herwegen, die Landesvorsit-zenden von Mecklenburg-Vorpommern und Sachsen-An-halt, waren schon eins nach vorne gerückt. Und im Hinter-grund wartete bereits Gerald Götting – der Drahtzieher beim Marsch der Unionsfreunde vom »Sozialismus aus christlicher Verantwortung« in den realen Sozialismus der DDR, wie wir feststellen werden.

Jakob Kaiser war vor dem Machtantritt der Nationalso-zialisten Funktionär der christlichen Gewerkschaftsbewe-gung und Reichstagsabgeordneter des Zentrums gewesen. Die Nazis hatten ihn verfolgt, er mußte sich jahrelang vor ihnen verstecken. Kaiser proklamierte einen »christlichen Sozialismus«. In Gegenwart des Obersten Tulpanow er-klärte er seine Partei zum »Wellenbrecher des dogmatischen Sozialismus«. Unter Führung des gelernten Buchbinders Ja-kob Kaiser wurde die CDU zur stärksten Konkurrenz der SED, auch weil sie versuchte, die Lücke im politischen Spek-trum zu schließen, die sich nach der Vereinigung von SPD und KPD aufgetan hatte. Kaiser und der zweite Vorsitzende Ernst Lemmer amtierten zwei Jahre lang, bis zum Dezember 1947, und auch ihre Ostkarrieren wurden beendet durch einen Befehl der SMAD.

In ihre Amtszeit fielen die ersten und letzten einigerma-ßen freien Wahlen in der SBZ/DDR im Herbst 1946. Ihr Gewinner war die SED, zuerst bei den Gemeindewahlen in Sachsen, Thüringen, Brandenburg, Mecklenburg-Vorpom-mern und Sachsen-Anhalt im September, dann im darauffol-genden Monat auch bei den Land- und Kreistagswahlen; bei letzteren votierten 4,65 Millionen für die SED, 2,41 Millionen für die LDPD und 2,39 Millionen für die CDU.

Aber dieser Sieg kam fast einer Niederlage gleich. Die erstrebte klare Mehrheit für die Partei wurde nicht erreicht, und bei den Wahlen zur Berliner Stadtverordnetenversammlung, bei denen auch die SPD antreten konnte, war die SED nur als Nummer drei (19,8 Prozent) eingelaufen – hinter SPD und CDU. Bei unbeschränkt freien Wahlen, ohne die Besatzungsmacht im Rücken und in Konkurrenz zur Sozialdemokratie, hätte die SED keine Chance. Das wußten auch ihre Führer. Die »Tägliche Rundschau«, das Organ der Besatzungsmacht, kommentierte den Ausgang der Kreis- und Landtagswahlen vielsagend: »Die enge Zusammenarbeit der antifaschistisch-demokratischen Kräfte erlaubte es, ein festes und stabiles Fundament für die künftige demokratische deutsche Republik zu schaffen.«[12]

Die Prognose sollte sich als Volltreffer erweisen. Auf dem Weg zur »demokratischen deutschen Republik« aber mußten noch einige »Unklarheiten« bei den Blockfreunden ausgeräumt werden, die sich trotz aller Behinderungen als stärker erwiesen hatten, als es der »Partei der Arbeiterklasse« lieb war. Die erste Unklarheit betraf die deutsche Einheit und die Volkskongreßbewegung, die sie herbeiführen sollte. Das jedenfalls behaupteten die Kommunisten.

Um so häufiger vom Volk die Rede ist, desto weniger hat es zu sagen. Wenn später von Volksbildung, Volkssolidarität, Volksarmee, Volkspolizei, Volkskammer usw. gesprochen wird, hat »unser Volk«, wie die SED-Führung die Bewohner ihres eingezäunten und eingemauerten Territoriums zu beleidigen beliebte, nichts mehr zu melden. Zunächst aber war Volkes Stimme gefragt. Zumindest seine Zustimmung. Denn ohne Völker können Regierungen keine Kriege führen, heiße nicht und kalte ebensowenig. Krieg erfordert, alle Kräfte zu mobilisieren. Das gilt, unter Hinweglassung militärischer Mittel, auch für den kalten Krieg.

Das war jetzt das Gebot der Stunde. Denn nachdem der Zweck ihrer Koalition, der Sieg über Hitlerdeutschland, erfüllt war, wurden die verdrängten Antagonismen zwischen den Westalliierten und der Sowjetunion offenkundig. Es kamen neue Konfliktherde hinzu, als Moskau daran ging, in seinem frisch gewonnenen Imperium die Verhältnisse nach Gutdünken zu regeln. Aber auch die USA, Großbritannien und Frankreich wurden weniger von karitativen Absichten getrieben bei ihrem Versuch, in Westeuropa einen antisowjetischen Block zu schmieden. Der Marshallplan sollte sich als wirksames Instrument erweisen, um die Wirtschaft westlich des sowjetischen Einflußgebiets anzukurbeln. Unausgesprochen setzte er kapitalistische Wirtschaftsverhältnisse voraus und schloß damit das sowjetische Einflußgebiet von seinen nicht nur unzweifelhaften Segnungen aus. Es dürfte in den westlichen Hauptstädten niemanden überrascht haben, als Moskau den Marshallplan rüde zurückwies. Er ist die Gründungsurkunde der »westlichen Wertegemeinschaft«. Er erstickte bald die damals weitverbreitete Kapitalismuskritik, als die Schornsteine wieder zu rauchen begannen.

Und dann sollte es keinen Kapitalismus mehr geben. In einem ideologischen Verwirrspiel ohne Vorbild verdichteten sich Wirtschaftswunder und Konsumrausch, Verleugnung der Nazivergangenheit und Antikommunismus zu jener Schimäre, die als die vernichtendste Waffe im Arsenal der psychologischen Kriegführung jede Atombombendrohung in den Schatten stellen sollte: die »soziale Marktwirtschaft«. So wurde der Kapitalismus nun genannt von seinen Vertretern.

Genauso entschlossen wie in den Westzonen wurden in

der SBZ die Pflöcke der Spaltung eingeschlagen. Die »Volks-kongreßbewegung für Einheit und gerechten Frieden«, die zu bilden der SED-Parteivorstand am 26. November 1947 forderte, diente – natürlich – anderen Zielen, als vorgegeben wurden. Obwohl es im sowjetischen Kalkül natürlich eine Rolle spielte, auf der Londoner Außenministerkonferenz Ende 1947 eine politische Kraft präsentieren zu können, die Moskaus Vorstellungen von einer Neuordnung der Lage in Deutschland unterstützte. Die sowjetische Führung be-fürchtete zu Recht, daß die Westzonen einbezogen werden könnten in ein gegen sie gerichtetes Bündnis.

Hier ist nicht der Ort, zu spekulieren über die Frage, wel-chen Preis die Sowjetunion zu bezahlen bereit gewesen wäre für die Neutralität Deutschlands. Die Londoner Konferenz der Außenminister jedenfalls war nicht der Markt für Ge-schäfte solcher Art, und wie es scheint, haben die Beteiligten das von vornherein gewußt. Die Standpunkte waren unver-einbar, eine große Stunde der SED-Propaganda schlug. Neben der Bestimmung der Schuldigen an der Spaltung Eu-ropas und Deutschlands hatte sie die Aufgabe, die Parteien-landschaft in der SBZ zu sortieren.

Die Führer und Mitglieder der bürgerlichen Parteien ge-rieten unter stärkeren Druck. Fügten sie sich den Wünschen der SED, verloren sie ihre Identität. Beharrten sie auf ihren Positionen, wurden sie als »Helfershelfer der Adenauer-Cli-que« und »Spalter« diffamiert. Niemand verstand es besser, den Volkszorn zu lenken auf widerstrebende Vertreter der bürgerlichen Parteien, als die Kommunisten. Die SED be-herrschte die Presse, sie organisierte Protesterklärungen aus Betrieben und Behörden. Die Betroffenen hatten kaum eine Chance, sich zu Gehör zu bringen. Meistens genügte es, ih-nen die Instrumente zu zeigen.

Die Londoner Außenministerkonferenz scheiterte, die Volkskongreßbewegung aber sollte ihr Ziel erreichen. Keine zwei Wochen nach dem Aufruf der SED trat der »1. Deutsche Volkskongreß für Einheit und gerechten Frieden« zusammen. Von 2215 Teilnehmern stammten 664 aus den Westzonen. Sie alle waren nicht demokratisch gewählt, sondern als Delegierte bestimmt worden in willkürlich zusammengerufenen und zusammengesetzten Versammlungen unter kommunistischer Kontrolle. Als Hauptreferenten traten auf: Wilhelm Pieck und Otto Grotewohl von der SED, der LDPD-Vorsitzende Wilhelm Külz und Otto Nuschke (CDU).

Im Gegensatz zur LDPD hatte sich die CDU dem Werben und Drohen der SED und der SMAD entzogen und die Parteiführung ihren Mitgliedern die Teilnahme am Volkskongreß lediglich freigestellt. Walter Ulbrichts »Geschichte der deutschen Arbeiterbewegung« nennt 219 Teilnehmer mit CDU-Parteibuch[13], sie stellten also gerade zehn Prozent der Teilnehmer.

Kaiser und Lemmer konnten sich bei ihrem Widerstand gegen den Propagandafeldzug der SED auf die überwiegende Mehrheit der Parteimitglieder stützen. Sie waren im September 1947 auf dem 2. CDU-Parteitag mit überwältigender Zustimmung in ihren Ämtern bestätigt worden. Sie unterstützten den Marshallplan und wandten sich gegen die Oder-Neiße-Grenze. Alle Bemühungen des Obersten Tulpanow und der SED halfen nichts. Es war nur eine Frage der Zeit, wann das sowjetische Maß voll war. Am 20. Dezember setzte die SMAD Kaiser und Lemmer als Parteivorsitzende ab. In der offiziellen Darstellung der DDR-CDU liest sich diese Episode so:

»Die zweite innerparteiliche Auseinandersetzung fand ihren Höhepunkt im Versuch der reaktionären Parteiführung um Jakob Kaiser, Ernst Lemmer und Ferdinand Friedensburg in den Jahren 1946/47, die Blockpolitik zu unterminieren, insbesondere die Zusammenarbeit mit der Partei der Arbeiterklasse zu torpedieren, die CDU als ›Wellenbrecher gegen den (im Originalzitat von Kaiser steht hier: 'dogmatischen'; C. D.) Marxismus‹ zu mißbrauchen und die Mitarbeit in der Volkskongreßbewegung, die gegen die einsetzende Spaltungspolitik der imperialistischen Besatzungsmächte und der reaktionären Kräfte in den Westzonen entstanden war, zu verweigern. Gegen diese Machenschaften lehnten sich die fortschrittlichen Mitglieder in unserer Partei einschließlich der Landesvorstände auf, die sich bereits der Volkskongreßbewegung angeschlossen hatten. In hartem Ringen wurde dieser Gegensatz zwischen dem reaktionären Flügel in der Parteiführung und den progressiven Mitgliedern und Funktionären im Dezember 1947 zugunsten des Fortschritts entschieden. *Otto Nuschke und seine Freunde – unter ihnen August Bach, Gerald Götting, Pfarrer Ludwig Kirsch, Reinhold Lobedanz und Luitpold Steidle – konnten sich, gestützt auf die Masse der Mitglieder, durchsetzen.*«[14] (Hervorhebung im Original; C. D.)

Raschen Schritts nähern wir uns der »dritten und endgültigen innerparteilichen Auseinandersetzung«.

Die Geschichtsnumerierer der DDR-CDU verlegten sie auf die Jahre 1949/50, in Wahrheit fielen die zentralen Entscheidungen auf dem Weg ins Blockflötendasein im aufregenden Jahr 1948. Das Drama, dessen Schlußakt die Bildung zweier deutscher Staaten sein wird, beginnt am ersten Tag dieses Jahres: Die Vorsitzenden der CDU-Landesverbände weigern sich, die Zonenleitung weiterhin anzuerkennen, und bilden einen Koordinierungsausschuß, an dessen Spitze der sächsische Landesvorsitzende Hugo Hickmann, Reinhold Lobedanz und Otto Nuschke gestellt werden. Der Ausschuß fand in der Mitgliedschaft keineswegs die Unterstützung, die seine Vertreter sich gewünscht hätten. Nach wie vor setzte ein Großteil der Mitgliedschaft auf Jakob Kaiser.[15]

Es sei nur am Rand bemerkt, daß die Geschichtsschreibung der DDR-CDU statt Hickmann Otto Nuschke als Interimsvorsitzenden ausweist.[16] Hugo Hickmann wurde 1950 gezwungen, als sächsischer Landesvorsitzender zurückzutreten, weil er nicht abrücken wollte von einer neutralistischen Position. Zur Strafe beförderten die Kryptostalinisten ihn in die Geschichtsschublade der Reaktionäre und Agenten des Imperialismus, denn nun war der Neutralitätszug abgefahren und die CDU im volksdemokratischen Lager angekommen.

Nuschke kam in Wirklichkeit erst im Herbst 1948 zum Zug, auf dem Erfurter Parteitag der Union. Er war vor 1933 Journalist, Mitglied der Weimarer Nationalversammlung und Abgeordneter des preußischen Landtags für die Deutsche Demokratische Partei (DDP) gewesen. 1945 zählte er zu den Mitbegründern der CDU in Berlin. Er amtierte als Verlagsleiter der CDU-Parteizeitung »Neue Zeit« und war Mitglied der Landtage von Brandenburg und Sachsen-Anhalt.

Ab wann genau Nuschke, der sich auch als Eurasier bezeichnete, auf die sowjetische Karte setzte, ist nicht bekannt. Wilhelm Gries, den die SMAD 1947 als Chefredakteur der »Neuen Zeit« feuerte, berichtet in seinen unveröffentlichten Erinnerungen von folgender Episode, die recht aussagekräftig ist hinsichtlich der Psychologie jener Tage:

»Es war am 4. Dezember (1947; C. D.), also zwischen der Absage der CDU an den Volkskongreß und seiner Eröffnung, als Otto Nuschke zu Oberst Tulpanow bestellt wurde und, von ihm zurückkehrend, das Konferenzzimmer der Redaktion der ›Neuen Zeit‹ betrat. Die Konferenz war gerade beendet, und wir waren im Begriff, den Raum zu verlassen. Im Vorbeigehen sprach ich Nuschke an, der mir den Eindruck tiefer Niedergeschlagenheit machte. ›Was war bei Tulpanow?‹ fragte ich ihn, ›ging es um die Zeitung?‹ Er schüttelte verneinend den Kopf. Meine nächste Frage: ›Dann ging es um den Volkskongreß?‹ Er erwiderte: ›Ja! Tulpanow hat mir klargemacht, daß der Volkskongreß auf der Linie der sowjetischen Außenpolitik liegt.‹ Dann folgte das Eingeständnis totaler Resignation mit seiner abschließenden Bemerkung: ›Was wollen Sie da noch machen!‹ Das kurze Gespräch mit Otto Nuschke habe ich wörtlich in Erinnerung. Es hat sich mir unverlierbar eingeprägt als das Eingeständnis eines Opfers jenes psychischen Zwanges, der den freien Willen des Menschen bewegt und – nicht in seinem Denken, aber in seinem Handeln – in das Gegenteil verwandelt.«[17]

Ein mildes Urteil über einen Täter, der auch ein Opfer war. So groß der Druck war, Nuschke wie andere waren nicht gezwungen, den sowjetischen Vorgaben zu folgen. Ebensowenig ist es vorstellbar, daß ein Politiker ein Jahrzehnt lang das Gegenteil von dem vertreten haben soll, was er dachte. Daß Politiker häufig anders denken, als sie reden, muß hier nicht erörtert werden, aber daß ein Parteiführer jahrelang vollkommene Selbstverleugnung praktiziert haben soll, leuchtet nicht ein. Er hätte im schlimmsten Fall in den Westen fliehen können, wo ihm als Kronzeuge gegen die Politik der SBZ/DDR genügend Aufmerksamkeit zuteil geworden wäre, um seine ausgeprägte Eitelkeit zu befriedigen.

Nuschke hoffte, die CDU erhalten zu können bis zu dem Zeitpunkt, an dem Deutschland wiedervereinigt würde. Da alle politischen Lager die deutsche Einheit im Munde führten, ist er wohl davon ausgegangen, daß die Durststrecke so lange nicht dauern würde. Und so kritisierte er nicht selten die SED, um im gleichen Atemzug die sowjetische Politik zu loben. Wie wir wissen, wurden solche Wiedervereinigungswünsche als Illusionen entlarvt, und wenn Nuschke der Taktiker war, als den wir ihn aufgrund mancher Indizien zu erkennen glauben, dann hatte er sich hoffnungslos verheddert in seiner Wunschvorstellung.

So rätselhaft uns Nuschkes Motive letztlich bleiben, so sehr sie sich eindimensionalen Erklärungsversuchen widersetzen, es bleibt festzuhalten, daß er zeitlebens kein einfacher Partner der SED war. Aber die »Partei der Arbeiterklasse« konnte in schwierigen Fällen ja auf Gerald Götting und seine Freunde zurückgreifen.

Der nächste Markstein des Jahres 1948 war der 2. Deutsche Volkskongreß am 17. und 18. März. Nun war auch die CDU offiziell mit von der Partie, 191 Delegierte vertraten sie. Auch diesmal übertraf ihr Anteil nicht die Zehnprozentmarge. Darüber hinaus spottete die Zusammensetzung dieses Kongresses ebenfalls jeder demokratischen Regel. Der Volkskongreß wählte einen 400köpfigen Deutschen Volksrat, der sich als die »berufene Repräsentation für ganz Deutschland« verstand, wohl weil 100 Vertreter aus den Westzonen in ihn gewählt worden waren. Der Volkskongreß bestimmte einen Ausschuß, der den Entwurf einer Verfassung für eine »Deutsche Demokratische Republik« erarbeiten sollte. Am 22. Oktober lag der Entwurf vor; er stützte sich auf einen Text, den die SED 1946 formuliert hatte. Am 19. März billigten ihn die Vertreter der anderen Ausschüsse des Volksrats. Der Weg in die Teilung war unumkehrbar, auch weil im Westen die Dynamik der Eigenstaatlichkeit an Tempo gewann.

Im Vorfeld des 2. Deutschen Volkskongresses hatte, wiederum in London, eine Außenministerkonferenz der Westalliierten unter Einschluß der Beneluxstaaten stattgefunden, auf der die Bildung eines westdeutschen Separatstaats und dessen Einbindung in eine antisowjetische Koalition beschlossen wurde. Am 20. März stellte der Alliierte Kontrollrat in Berlin seine Tätigkeit ein. Sie war schon seit langem behindert gewesen durch die wachsende Kluft zwischen Ost und West. Die Währungsreform in den Westzonen, die darauffolgende Blockade West-Berlins durch die Sowjetarmee und die Währungsumstellung im Osten – all dies im Juni – demonstrierten, daß der kalte Krieg einen gefährlichen Höhepunkt erreicht hatte.

Überdies sah sich die Sowjetunion veranlaßt, die Zügel im eigenen Lager fester anzuziehen, als Jugoslawiens Führer Tito Zweifel anmeldete an der alleinseligmachenden Wahrheit der Stalinschen Lehren. Der Ausschluß der jugoslawischen KP aus der Nachfolgeorganisation der Kommunistischen Internationale, der Kominform (Informationsbüro der kommunistischen und Arbeiterparteien), signalisierte allen sowjetischen Verbündeten, daß ihr Spielraum enger wurde. Das galt auch für die SED, die sich nun aufmachte, eine Partei neuen Typs zu werden, was nichts anderes bedeutete, als sich vom »Sozialdemokratismus« personell wie ideologisch zu befreien.

Die Dokumente der Parteisäuberung, wie sie seit der Wende allmählich veröffentlicht werden, vermitteln das erschütternde Bild einer in jeder Hinsicht rückhaltlosen Überwachung und Disziplinierung in den Reihen der marxistisch-leninistisch werdenden Partei. Keine Verdächtigung ist niederträchtig genug, um nicht in vollem Ernst und mit großem Pathos vorgebracht zu werden. So treibt es die Führung, und so treiben es die Genossen in den Grundorganisationen. Ein Beispiel mehr dafür, wie wenig es braucht, um eine menschliche Gemeinschaft in eine Horde von Fanatikern zu verwandeln, die unter bestimmten Voraussetzungen übereinander herfallen. Die Schicht der Zivilisation, die uns vom Steinzeitmenschen trennt, ist dünn und brüchig.

Der Terror, den die SED gegen tatsächliche oder vermeintliche Andersdenkende in den eigenen Reihen richtete, verpestete auch das innenpolitische Klima. Die SED nahm kaum noch Rücksicht auf die Bedenken ihrer Bündnispartner und verwandelte für sich die geforderte Einstimmigkeit im Block in Makulatur. Von Februar bis August fielen die Blocksitzungen wegen der Differenzen zwischen den ungleichen Partnern ganz aus. Schon zuvor hatte die SED Entscheidungen in den Landtagen gefaßt, wenn sie im Block die Einstimmigkeit gefährdet sah. Und mit der Deutschen Wirtschaftskommission (DWK) – auf ihre Rolle komme ich zurück – und dem Deutschen Volksrat verfügten die Marxisten über die beiden zentralen quasi staatlichen Strukturen.

Das Jahr 1948 brachte für die bürgerlichen Parteien noch eine spezielle böse Überraschung. Im April und im Mai wurden die Demokratische Bauernpartei Deutschlands (DBD) und die National-Demokratische Partei Deutschlands gegründet. Bei beiden Parteien handelte es sich um »Retortenprodukte der Kommunisten«[18] oder, auf SED-deutsch, um »Parteien, die seit ihrer Gründung die führende Rolle der Arbeiterklasse anerkannten«[19].

Der DBD-Vorsitzende Ernst Goldenbaum war vor 1933 Landtagsabgeordneter der KPD in Mecklenburg gewesen und nach 1946 SED-Mitglied geworden. Ihm standen weitere altgediente kommunistische Funktionäre zur Seite. Die Aufgabe der DBD bestand unter anderem darin, die Bauern für die Politik der SED zu gewinnen, da die Kommunisten traditionell auf dem Land erheblich schwächer waren als in der Stadt. Die Bauernpartei betrachtete sich als engsten Bündnispartner der SED, und im protokollfetischistischen Arbeiter-und-Bauern-Staat wurde sie fast ausnahmslos an zweiter Stelle nach der Einheitspartei geführt, wenn es darum ging, die befreundeten Parteien der Kommunisten aufzulisten, noch vor der CDU. Die Mitglieder der DBD verstanden sich als Marxisten-Leninisten, und die Funktionäre der Partei genossen das Privileg, Kurse der Bezirksparteischulen der SED besuchen zu dürfen – auch aus diesem Grund gibt es seit August 1990, als sich die DBD der CDU anschloß, im Deutschen Bundestag und in den ostdeutschen Landtagen wohl keine Partei, in der so viele gelernte Spätstalinisten Abgeordnete sind wie in der CDU. In diesem Punkt übertrifft sie vermutlich sogar die PDS.

Auch der Vorsitzende der NDPD Ludwig Bolz war vor 1933 KPD-Mitglied gewesen. Nach der Machtübertragung an die Hitlerpartei emigrierte er in die Sowjetunion. Die Nationaldemokraten dienten als Auffangbecken für die rund zwei Millionen ehemaligen Mitglieder der Nazipartei und Wehrmachtsoffiziere, sie standen damit in der Traditionslinie der Nationalkomitees Freies Deutschland (NKFD). Sie erwiesen ihrem Parteinamen später auch dadurch zweifelhafte Ehren, daß sie verschiedentlich Kontakte zur westdeutschen Neonaziszene knüpften. Die FDP, auf der Suche nach Wahlkampfbataillonen, schreckte es nicht davon ab, sich die Nationaldemokraten samt ihres Parteivermögens einverleiben zu wollen.

Ein langjähriger Funktionär des ZK-Apparats der SED wußte mir zu berichten, daß die Initiative zur Gründung der NDPD von der SMAD ausgegangen sei, wohingegen hinter dem DBD-Projekt die SED gestanden habe. Ob diese These zutrifft, sei dahingestellt. Sie klingt plausibel, weil sie unterstellt, daß die sowjetische Führung ihre Erfahrungen mit dem NKFD in konkrete Politik umgemünzt hat. Schließlich ist niemand so willfährig wie ein schuldig gewordener Konvertit. Diese Tatsache hat sich in der Wende 1989/90 einmal mehr bestätigt.

Vor allem der NDPD wurde zunächst ein großer Spielraum gewährt. Um die Partei zu profilieren und den kryptokommunistischen Ruch loszuwerden, gestatteten die Machthaber ihr, nationalistische Agitation zu betreiben. Mit Genehmigung der SMAD durfte sie Plakate kleben mit der Aufschrift »Gegen den Marxismus – für die Demokratie«.[20]

Hinter den Parteigründungen stand die Einsicht der SMAD und der SED, daß sie ihre Ziele allein schwerlich würden durchsetzen können. Die Wahlen von 1946, besonders das Ergebnis in Berlin, die katastrophalen Wahlresultate der Kommunisten in Österreich und in den Westzonen, der wachsende Unmut der Bevölkerung angesichts der nicht enden wollenden Widrigkeiten des Alltags und der zunehmenden Gängelung, die Hartnäckigkeit der bürgerlichen Parteien, von denen die CDU auch unter Nuschke zunächst die führende Rolle der SED nicht recht anerkennen wollte – diese und andere Umstände hatten die SMAD/SED zu der Überzeugung getrieben, eine neue Front im Kampf gegen das bürgerliche Lager eröffnen zu müssen. Hatten die

Kommunisten bislang Führung und Mitgliedschaft von CDU und LDPD unter propagandistisches Trommelfeuer genommen, sich pausenlos in ihre Interna eingemengt und bei Bedarf Widerspenstige verhaftet, verurteilt und manchmal gar umgebracht, so richteten sie den Angriff nun zusätzlich auf die Klientel der beiden Parteien: Bauern, Handwerker, Gewerbetreibende und Intellektuelle. Im Marketingjargon: Man machte ihnen die Zielgruppen streitig. Und dies mit einigem Erfolg, wie die rasch wachsenden Mitgliedszahlen der beiden neuen Parteien belegen.

Im Sommer 1948 gerieten CDU und LDPD in eine verzweifelte Lage. Von allen Seiten bedrängt und bedroht, mutete man ihnen nun auch noch zu, DBD und NDPD in den Block aufzunehmen. Und dem nicht genug, stellte die SED das gleiche Verlangen für den zwischenzeitlich gleichgeschalteten Freien Deutschen Gewerkschaftsbund (FDGB) und bald darauf für die nicht minder SED-hörigen Massenorganisationen Freie Deutsche Jugend (FDJ), Demokratischer Frauenbund Deutschlands (DFD) und Kulturbund (KB), als dessen erster Präsident Johannes R. Becher wirkte.

Das Blocksortiment war komplett. An ihm sollte sich 43 Jahre nichts mehr ändern. Es war nur ein schwacher Trost, daß nach wie vor das Prinzip der Einstimmigkeit galt. Denn, wie gesagt, was die SED nicht im Block durchsetzte, ließ sie woanders beschließen. So etwa die Einführung der Planwirtschaft. Auch diese die künftigen gesellschaftlichen Strukturen vorbestimmende Grundsatzentscheidung fällt in das Jahr 1948.

Hatte es zuvor schon Planungsvorgaben der SMAD gegeben, so ging es nun um die Einführung der Planwirtschaft als System. Nach Ulbrichts Einschätzung befanden sich die Schlüsselindustrien in den »Händen des Volkes«. In der Tat erzeugten 1948 die verstaatlichten Betriebe 39 Prozent der Bruttoproduktion, weitere 22 Prozent entfielen auf die Sowjetischen Aktiengesellschaften (SAG), welche die SMAD unter ihr Kuratel gestellt hatte. Aber immerhin befanden sich noch 36 000 Betriebe in Privatbesitz.[21]

Ende Juni, es war in der bis August während »blockfreien« Zeit, tagte der SED-Parteivorstand zu Wirtschaftsfragen. Ihm lag der Entwurf eines Zweijahresplans für 1949 und 1950 vor, den die Deutsche Wirtschaftskommission (DWK) erarbeitet hatte. Diesen unverfänglichen Namen trug eine Einrichtung, deren Bedeutung in der Vorgeschichte der DDR schwerlich zu überschätzen ist. Die SMAD hatte sie im Juni 1947 eingesetzt, um die Wirtschaftstätigkeit der Länder, Verwaltungen und verstaatlichten Industrien zu koordinieren. Im Februar des folgenden Jahres wurde sie mit Gesetzeskompetenz ausgestattet. Diese erste Zentralbehörde in der SBZ war die Keimzelle der künftigen Regierung und der staatlichen Verwaltung der DDR. Die DWK gliederte sich in siebzehn Hauptverwaltungen (z.B. Industrie, Verkehr, Handel und Versorgung, Land- und Forstwirtschaft). Neben deren Präsidenten waren in ihr auch Vertreter von Parteien und Massenorganisationen repräsentiert; 1948 zählte sie 101 Mitglieder. Ihren machtausübenden Kern bildete das Sekretariat, der Vorläufer der künftigen DDR-Regierung.[22]

Die SED verfügte mit der DWK über ein Organ, mit dessen Hilfe sie die gesellschaftlichen und politischen Strukturen in Abstimmung mit der Besatzungsmacht prägen konnte. Anordnungen der DWK waren bindend. Der Düsseldorfer Publizist und ehemalige DKP-Funktionär Thomas Neumann hat in seiner lesenswerten Studie zur Herrschaftsgeschichte der SED die DWK treffend charakterisiert als »revolutionäre Teildiktatur des Proletariats« und »diktatorisches Instrument der Wirtschaftslenkung von fast staatlichem Rang«.[23] Heinrich Rau als Vorsitzender sowie Fritz Selbmann und Bruno Leuschner als Stellvertreter leiteten die

Wirtschaftskommission, alle drei Kommunisten mit einschlägigen Biographien. Als Stellvertreter fungierten außerdem Hermann Kastner von der LDPD und Luitpold Steidle von der CDU.

Der ehemalige Wehrmachtoberst und Frontbevollmächtigte des NKFD Luitpold Steidle[24] war ein getreuer Parteigänger Moskaus und später ein bedeutender Repräsentant der Blockflöte CDU als Mitglied des Präsidiums des Hauptvorstands, Abgeordneter der Volkskammer, Minister und schließlich als Oberbürgermeister von Weimar. Die lange Liste seiner Auszeichnungen reicht von der Ehrenspange zum Vaterländischen Verdienstorden in Gold bis zum Orden des Koreanischen Staatsbanners.

Die Position der bürgerlichen Parteien in der DWK war denkbar ungünstig, sie befanden sich hoffnungslos in der Minderheit. Aber sie mußten Stellung nehmen, als der SED-Parteivorstand im Juni 1948 beschloß, die DWK solle den Zweijahresplan zum Gesetz erheben. Die LDPD kritisierte den Plan, weil dieser ihren wirtschaftsliberalen Grundsätzen widersprach. Die Liberalen zeigten sich einer Notplanung gegenüber zwar aufgeschlossen, aber sie befürchteten zu Recht, daß mit der Planwirtschaft eine unumkehrbare Grundsatzentscheidung in der Gesellschafts- und Deutschlandpolitik getroffen würde. Was war die Haltung der CDU zum Übergang von der Wirtschaftsplanung zur Planwirtschaft?

Die CDU konnte sich die künftige wirtschaftliche Entwicklung ohne Planung nicht vorstellen, auch ihre wirtschaftpolitischen Überzeugungen waren geprägt von Kaisers Konzept des »christlichen Sozialismus«. Zwar unterschieden sich die Fernziele von SED und CDU, aber auch unter Christdemokraten wurde nicht bestritten, daß ohne Planung die herrschende Not der Nachkriegszeit nicht behoben werden könne. Nach wie vor galt, was im Gründungsaufruf stand. Auseinandersetzungen gab es nur im Detail. Im Wirtschafts- und Sozialprogramm der CDU, das sie im August der DWK übergab, heißt es unter anderem: »Entsprechend einer fortschreitenden Besserung der Wirtschaftslage muß es das Ziel jeder Planung sein, von der gegenwärtigen improvisierten Not-Wirtschaftsplanung zu einer konstruktiven Planung und Lenkung der Wirtschaft zu kommen.«[25]

Und schließlich, noch sprach die SED nicht vom Aufbau der Grundlagen des Sozialismus, noch konnten sich die Mitglieder und Funktionäre der bürgerlichen Parteien Illusionen über den künftigen Weg der SBZ machen. Dabei waren sie auf sich allein gestellt, denn die Parteien im Westen verfolgten ihre Aktivität mit größtem Mißtrauen.

Die CDU in den Westzonen machte es sich leicht, wenn sie ihr östliches Pendant der Kommunistenfreundlichkeit bezichtigte. Dessen Sorgen hatte sie nicht. Es bedurfte keiner Drohungen und Verfolgungen, um die Adenauer-CDU in die Arme der Vereinigten Staaten flüchten zu lassen. Eine selbständige Politik betrieben die Christdemokraten im Westen so wenig wie im Osten. Im Westen fiel es weniger auf, auch weil vorauseilender Gehorsam den Blick für Abhängigkeiten verstellte.

Das Sekretariat der DWK, die Keimzelle der künftigen Regierung des Arbeiter-und-Bauern-Staats, wurde von Anfang an nicht parlamentarisch kontrolliert. Es bedurfte aber eines Akklamationsorgans, das den Beschlüssen der SMAD/SED den demokratischen Anstrich gab. Das war schon deshalb notwendig, weil seit dem 1. September in Bonn der Parlamentarische Rat, zusammengesetzt aus Delegierten der elf westdeutschen Landtage, über den Entwurf des Grundgesetzes debattierte.

Im Osten bedienten sich die Machthaber des Deutschen Volksrats als Vorparlament. Die Volkskongreßbewegung strebte ihrem Höhepunkt entgegen. War die erste Konferenz überstürzt zusammengerufen worden und stand die zweite der Vorgängerin keinesfalls nach hinsichtlich der Willkürlichkeit der Zusammensetzung, so sollte der 3. Volkskongreß gewählt werden. Dieses Mehr an demokratischer Legitimation hielten die Kommunisten für erforderlich, denn es sollte nichts weniger als ein Staat gegründet werden. Das war beschlossene Sache, auch wenn Ulbricht und Genossen den Bonnern bei der deutschen Teilung aus leicht ersichtlichen Gründen den Vortritt ließen. Natürlich durften die geplanten Wahlen zum Volkskongreß nichts an den Machtverhältnissen ändern. Nach wie vor galt Ulbrichts Devise, wie sie Wolfgang Leonhard überliefert hat: »Es muß demokratisch aussehen, aber wir müssen alles in der Hand haben.«[26]

Wären die Wahlen zum Volkskongreß nach dem gleichen Verfahren abgelaufen wie im Herbst 1946, so hätte nach übereinstimmender Ansicht aller Experten die SED ihren Sieg nicht wiederholen können. Deshalb waren die Kommunalwahlen, die 1948 hätten stattfinden müssen, verschoben worden. Und deshalb verfielen die Kommunisten nun auf einen Kunstgriff: Sie ließen, unter Hinweis auf die Bonner Separatstaatspolitik, den Volksrat den »nationalen Notstand« ausrufen. Notstand verlangte im damaligen Verständnis, daß alle politischen Kräfte Trennendes zurückstellten und gemeinsam an einem Strang zogen. Kein schlimmerer Vorwurf konnte erhoben werden als der, ein »Spalter« zu sein. Daß der 3. Volkskongreß, für dessen Bildung im Interesse der deutschen Einheit nun eine Einheitsliste der Parteien und Massenorganisation antrat, die Spaltung Deutschlands kräftig mit vorantreiben sollte, gehört zu den Grotesken der Geschichte.

Die bürgerlichen Parteien waren für die im Oktober 1949 anstehenden Landtagswahlen nicht bereit gewesen, Einheitslisten zu bilden. Als die SED ihnen zusichert, diese Wahlen würden regulär mit getrennten Listen ablaufen, lassen sich

CDU und LDPD auf den Notstandsschacher ein. Es ist ein kapitaler Fehler, denn es wird den Kommunisten künftig nicht schwerfallen, Gründe zu entdecken, den deklarierten Notstand und damit den vermeintlichen Zwang zur Zusammenarbeit zu verlängern. Die bürgerlichen Parteien waren in die Falle gegangen, denn wie sollten sie künftig begründen, daß sie Einheitslisten prinzipiell ablehnten?

Die SED begnügte sich scheinbar bescheiden mit 25 Prozent der Listenplätze, CDU und LDPD gestand sie zusammen ein Drittel zu. Für die ihnen treu ergeben Parteien – DBD und NDPD – und Massenorganisationen – FDGB, FDJ, DFD und KB – forderten die Kommunisten den Rest der Mandate. Die Machtverhältnisse waren gesichert, und da die bürgerlichen Parteien gute Miene zum bösen Spiel machten, mochte ein flüchtiger Blick auf die Einheitsliste und die Wahlprozedur demokratische Elemente entdecken. Der Wahlschein allerdings mußte bedenklich stimmen: »Ich bin für die Einheit Deutschlands und einen gerechten Friedensvertrag. Ich stimme darum für die nachstehende Kandidatenliste zum 3. Volkskongreß.« Darunter zwei Kreise, um per Kreuz mit »Ja« oder »Nein« zu stimmen.

Das Ergebnis der Wahlen war ernüchternd. Gerade 66,1 Prozent stimmten für die Einheitsliste, und diese Zahl kam erst zustande, nachdem die Organisatoren sich bemüßigt hatten, die Stimmzettel neu zu zählen und zu bewerten. Was im ersten Zähldurchgang als ungültige und manchmal auch als Gegenstimme verbucht worden war, fand sich nun auf wundersame Weise auf dem Haufen der Ja-Stimmen wieder. So stand am Anfang wie am Ende der DDR die Wahlfälschung.

Der Berliner Historiker Dietrich Staritz, dem wir vorzügliche Studien zur Vorgeschichte und Geschichte der DDR verdanken[27], schreibt, es sei unklar, warum CDU und LDPD sich auf die Einheitsliste eingelassen hätten. Diese

Aussage ist erstaunlich. Wir haben bereits darauf hingewiesen, welch große Bedeutung der alltägliche Psychoterror spielte, dem sich Christdemokraten und Liberale ausgesetzt sahen, gleich ob in Dörfern, Städten, in Ortsgruppen, Kreis- oder Landesvorständen. Wenn der psychische Terror nicht ausreichte, dann half der physische. Nicht wenige mutige Mitglieder der bürgerlichen Parteien wurden in Zeitungen, Plakaten und Flugblättern zur Jagd freigegeben.

So etwa CDU-Funktionäre aus dem brandenburgischen Guben im Jahr 1950. In einem Flugblatt des FDGB – »Warum sind Deichgräber, Zochert und Danschke Reaktionäre, Kriegshetzer und Agenten des amerikanischen Imperialismus?« – wird ihnen unter anderem vorgeworfen, den DFD als SED-Organisation bezeichnet und erklärt zu haben, nur noch bis 1950 mit der SED zusammenarbeiten zu wollen; dafür eingetreten zu sein, bei den Wahlen zum 3. Volkskongreß mit »Nein« zu stimmen; nur mit Lippenbekenntnissen den Beschlüssen (gemeint sind wohl die Beschlüsse des Blocks in Guben) zuzustimmen, »ohne ehrlich für die Herbeiführung eines besseren Lebens für alle Werktätigen aktiv mitzuarbeiten«. Schlußfolgerung des FDGB:

»Darum ist für diese Reaktionäre in der Deutschen Demokratischen Republik kein Platz. Sie müssen sofort von allen Funktionen verschwinden! Die fortschrittlichen CDU-Mitglieder verurteilen diese Politik und verlangen den sofortigen Ausschluß aus der CDU. Werktätige, erhöht Eure Wachsamkeit! Niemals wieder darf es ein 1933 geben! Kämpft gegen diese Kriegshetzer!«

Der CDU-Kreisvorsitzende Deichgräber und der Kreissekretär Zochert flohen vor dem Psychoterror, der jederzeit in physische Gewalt umschlagen konnte, in den Westen. Walter Danschke, Fraktionsvorsitzender der CDU im Gubener Kreistag, wurde die Gewerbegenehmigung entzogen, und er hatte es Otto Nuschke zu verdanken, daß er sie einstweilen wiederbekam. Nach dem Aufstand vom Juni 1953 wurde er verhaftet und aufgrund von Falschaussagen zu drei Jahren Gefängnis verurteilt.

Einem anderen CDU-Mitglied aus dem Märkischen erging es noch schlechter: Reinhard Gnettner war ehrenamtlicher Stadtrat und evangelischer Pfarrer in Fürstenberg/ Oder. Er setzte sich ein für eine eigenständige Politik seiner Partei. Nach einem Gottesdienst wurde er vom sowjetischen Geheimdienst NKWD verhaftet und ist seitdem spurlos verschwunden.[28]

Solche und andere Drohungen und Verfolgungen trafen auf Parteiorganisationen, die, wie gesagt, keinerlei Beistand und Verständnis für ihre Lage im Westen erhoffen konnten, ja, sich von dort heftiger Polemik ausgesetzt sahen. Die vorbehaltlose Integration der Adenauer-CDU und der sich bildenden Bundesrepublik Deutschland in den Westen unter Verzicht auf deutschlandpolitische Konzepte tat ein übriges, um in den bürgerlichen Parteien der SBZ den zutreffenden Eindruck zu verstärken, daß sie allein einer gigantischen Übermacht ausgeliefert waren. Hinsichtlich ihrer politischen Identität, wie sie sich in ihren Gründungsdokumenten ausdrückt, wurden CDU und LDPD schließlich zwischen den Mahlsteinen des kalten Kriegs zerrieben. Wer könnte ihnen vorwerfen, einer Supermacht und ihren Satrapen nicht widerstanden zu haben? Vielleicht ein Historiker, der die menschlichen Dimensionen der Politik als historischen Beweggrund nicht anerkennen will.

1948 hatte die CDU der SBZ etwa 212 000 Mitglieder, drei Jahre später waren es noch 170 000[29], in den folgenden Jahren sollte die Zahl weiter sinken bis auf rund 130 000 bis 140 000. Es war eine vollkommene Umschichtung der Mitgliedschaft im Gange, die CDU schickte sich an, Partei im Sozialismus zu werden. Schon vor Gründung der DDR, im Juni 1949, konnte die SED im zentralen Block den Beschluß durchsetzen, daß sich ihre Partner von reaktionären und antisowjetischen Mitgliedern zu trennen hätten. 1950 organisierte die SED gar eine Demonstration gegen »Reaktionäre« in anderen Parteien, und die letzten Oppositionellen auf Führungsebene mußten die CDU und LDPD verlassen. Analog zur großen Säuberung in der SED ging nun auch die Führung der CDU gnadenlos vor gegen Kritiker ihrer Anpassung an die SED. Es ist hier die Gelegenheit, darauf hinzuweisen, daß es mit dieser oder anderen Säuberungen nicht getan war, sondern daß vielmehr die genaueste Überwachung der Mitglieder und Funktionäre auf allen Ebenen eine der wichtigsten Aufgaben der Führungsgremien der CDU bis zum Ende ihres Blockdaseins darstellte. Wir werden an anderer Stelle Beispiele dafür zitieren. Am Ende der pausenlosen Selbstreinigung von allem demokratischen Denken stand die Götting-CDU als Gliederung des politischen Systems des deutschen Spätstalinismus.

Es provozierte einige Diskussionen, bis die Blockfreunde der SED bereit waren, den Wortbruch zu billigen, daß auch bei den Volkskammerwahlen vom Oktober 1950 eine Einheitsliste antreten solle. Aber es gelang, weil auch in diesem Fall die erprobten Mittel der Bearbeitung verwendet wurden, und schließlich hielt der einseitig erklärte »nationale Notstand« ja weiter an. Die SED verstand es geschickt, die schwächsten Kettenglieder in den Ländern, hier wieder im sächsischen Block, zu ergreifen, um schließlich die Führungen der »befreundeten Parteien« mit Drohungen und Verlockungen auf den rechten Weg in den Sozialismus zu bringen. Und nicht zuletzt gab es im neuen Staat viele prestigeträchtige Posten zu vergeben.

Vielerorts wurde schon offen abgestimmt. 98 Prozent Wahlbeteiligung und 99,7 Prozent Zustimmung zu den Kandidaten der Nationalen Front waren das Ergebnis der Bemühungen, über dessen Korrektheit der Zeitgenosse keine längeren Vermutungen anstellen mußte.

Die CDU war unwiderruflich im Block gelandet. Die Bereitschaft, sich der »Partei der Arbeiterklasse« unterzuordnen, ließ sie sich honorieren durch 60 Volkskammersitze (SED: 100, LDPD: 60, DBD und NDPD: je 30, FDGB: 40, andere: 80), den Posten eines stellvertretenden Ministerpräsidenten für Otto Nuschke und drei Ministersessel.

Der 5. Parteitag der CDU im September 1950 wird von den christdemokratischen Geschichtsnumerierern als »Triumph der friedliebenden und demokratischen Kräfte« charakterisiert. Aus ihrer Sicht hatten sie mit dieser Einschätzung recht. In seiner Parteitagsrede verströmte Otto Nuschke triefendes Pathos:

»Die Länder des Sozialismus sind heute der Hort des Friedens, der Verständigung und die Vorkämpfer der Freiheit und Unabhängigkeit für alle Nationen. (...) Aus dem Osten kommt das Licht – hieß es einst. Wir bekennen heute: Ex oriente pax! Aus dem Osten kommt der Frieden! Wenn die Christen schon einen Kreuzzug unternehmen, so kann es nur ein Kreuzzug für den Frieden sein.«

Otto Nuschke ist seiner Zeit allerdings um einige Jahre voraus, noch teilen viele Unionsfreunde den historischen Optimismus nicht, den er verkündet. Wir erinnern uns an Walter Ulbrichts Mahnung und nüchterne Feststellung aus demselben Jahr, daß gerade die Hälfte der CDU-Mitglieder bereit sei, den »Sozialismus aus christlicher Verantwortung« in realsozialistische Verantwortungslosigkeit umzumünzen. Die meisten jener, die ihr Heil nicht im realen Sozialismus sehen wollen, sind eingeschüchtert und widersprechen nur noch vorsichtig. Für sie wird gesorgt werden, wie die Zukunft zeigen wird. Ex oriente pax!

Die Quadriga

Gerald Götting und seine Helfer

Befänden wir uns auf der Suche nach dem Urbild des Kryptokommunisten, wir stießen früher oder später, aber unweigerlich auf Gerald Götting. Er zählte erst zu Ulbrichts, dann zu Honeckers treuesten Dienern. Es gehört zu den schlechten Witzen der Geschichte, daß Götting verurteilt wurde, weil er gut 100 000 Mark aus der Parteikasse der CDU abzweigte, um sein Ferienhaus an der Ostsee zu verschönern. Ein solches Urteil ist wie eine Freisprechung von Schuld, nicht zuletzt weil es in der alten Bundesrepublik Deutschland manchmal schien, als gehörten ähnliche Delikte in ganz anderen Größenordnungen zu den speziellen Qualifikationsmerkmalen für Parteivorsitzende. Hinzu kommt im Fall Götting, daß das der Parteikasse entwendete Geld fast vollständig aus SED-Quellen stammte.

Die vom Hauptvorstand der CDU eingesetzte Untersuchungskommission, die im November und Dezember 1989 das Finanzgebaren Göttings durchleuchtete, ist übrigens auf einen um mehr als das Zehnfache höheren Betrag gekommen, und zwar auf 1 268 679,52 Mark der DDR, um die der ehemalige Vorsitzende seine Partei betrogen haben soll. Mehr als ein Drittel dieser Summe diente dazu, Göttings vierköpfiges Personal zu unterhalten.[30]

Es ist in der Bundesrepublik strafbar, Geld zu unterschlagen. Es ist aber nicht strafbar, unzählige Menschen ins Unglück zu stürzen und ein Unrechtsregime zu unterstützen. Für die wirkliche Schuld, die Gerald Götting auf sich geladen hat, wird er nicht vor Gericht gestellt werden.

Es sieht generell so aus, als bestünde die Aufarbeitung der Geschichte der DDR in der strafrechtlichen Verfolgung von finanziellen Unregelmäßigkeiten und Stasiverbrechen. Dabei gerät in Vergessenheit, daß die Hauptschuld des deutschen Spätstalinismus in der DDR darin besteht, Millionen von Menschen gewaltsam der Möglichkeit beraubt zu haben, über ihre Lebensperspektive frei zu entscheiden. Die Herren in Berlin, der »Hauptstadt der DDR«, und ihre Statthalter vor Ort haben Millionen eingesperrt und über das Schicksal jedes einzelnen Bürgers ihres Staats allein bestimmt.

Staatliche Willkür ist ein Verbrechen gegen die Menschlichkeit. Aber wo ist das Recht, das Willkür unter Strafe stellt, wo der Staatsanwalt, der es einklagt? Nein, die Hauptschuldigen werden nicht bestraft werden für das vierzigjährige Verbrechen DDR. Wer wird ihnen später widersprechen können, wenn sie triumphierend verkünden, sie seien straf-, also schuldlos aus ihrer Vergangenheit entlassen worden? Gewiß werden sich wieder Verlage finden, die, wie nach 1945, es einstigen Größen erlauben werden, alles zurechtzurücken, wenn vieles schon vergessen sein wird.[31]

Viele Menschen haben sich unter dem SED-CDU-LDPD-DBD-NDPD-Regime trotzdem zu Hause gefühlt, auch weil sie wußten, daß sie sich mit dem Gegebenen abzufinden hatten. Es gibt heute nicht wenige Bürger in Neufünfland, die die Bequemlichkeiten des Obrigkeitsstaats vermissen. Die Alternativlosigkeit war schließlich abgefedert durch soziale Wohltaten, die sich im internationalen Vergleich sehen lassen konnten – und wegen ihres Ausmaßes den Bankrott des Staatssozialismus nur noch schneller herbeiführten.

Die Schuldigen am Dauerverbrechen DDR sind jene, die die Entscheidungen mitgefällt, wenigstens gebilligt und umgesetzt haben. Besondere Schuld auf sich geladen haben Personen, die sich nicht allein mit den Machtverhältnissen abfanden, sondern darüber hinaus einen spezifischen Beitrag leisteten, um die Diktatur zu festigen. Zu ihnen zählt in vorderster Linie Gerald Götting. Sein spezifischer Tatbeitrag bestand darin, zusammen mit seinen Helfern die CDU von einer Partei in einen Transmissionsriemen der SED verwandelt zu haben.

Göttings Karriere begann Ende der vierziger Jahre in Halle und Leipzig als FDJ-Aktivist. Die offizielle DDR-CDU-Geschichtsschreibung erwähnt ihn zum erstenmal in hervorgehobener Weise im April 1950, als er zusammen mit dem damaligen FDJ-Chef Erich Honecker auf einer Konferenz junger Unionsmitglieder in Leipzig auftrat, um sich für den Nuschke-Kurs stark zu machen.[32] Übrigens tat der spätere LDPD-Vorsitzende Manfred Gerlach seine ersten politischen Schritte ebenfalls im FDJ-Blauhemd in Leipzig, und möglicherweise erklärt auch beider biographische Nähe zu Honecker den reibungslosen Ablauf des Unternehmens Blockpolitik.

Honecker wird seinem treuen CDU-Satrapen immer dankbar sein, selbst wenn die Arithmetik der Machtpolitik später ein Opfer fordern wird von Götting. Er nimmt es als unerschütterlicher Gefolgsmann des Generalsekretärs tapfer auf sich, wie ein handschriftlicher Vermerk dokumentiert, den der ehemalige Sprecher des DDR-Generalstaatsanwalts, Peter Przybylski, in seinem Buch »Tatort Politbüro« abgedruckt hat:

»(...) Am 25. Oktober 1976 informierte mich der Generalsekretär des ZK der SED, Erich Honecker, über die Beschlüsse des P. B. (Politbüros; C. D.) des ZK der SED zur Konstituierung der leitenden Organe des Staates.

In allen Fragen bestand grundsätzliche Übereinstimmung.

Im Zusammenhang mit den Vorschlägen – (Horst Sindermann wird zum Pr. (Präsidenten; C. D.) der Vk (Volkskammer; C. D.) gewählt, ich kandidiere nicht mehr) – erklärte Erich Honecker zur Regelung der finanziellen Frage:

›Es bleibt alles beim Alten.‹

Das Gehalt – in Höhe des Präsidenten – übernimmt der Staatsrat. (...)«[33]

Das besagte Gehalt betrug 50 000 Mark pro Jahr, für DDR-Verhältnisse eine fürstliche Entlohnung für nichts. Götting wurde außerdem mit dem Amt des Vorsitzenden der Liga der Völkerfreundschaft getröstet. So nett war man unter ehemaligen Jugendfreunden zueinander.

In seiner parteioffiziellen Biographie gibt Götting als Beruf »Philologe« an[34], in Wahrheit aber hatte er das Studium der Philosophie, alten Sprachen, Germanistik und Geschichte in Halle 1949 ohne Abschluß abgebrochen[35]. Der Grund für den examenslosen Abgang wird darin bestanden haben, daß Götting beschlossen hatte, Politiker zu werden. Schon im selben Jahr nämlich taucht der gerade 27jährige auf als Generalsekretär der CDU unter Otto Nuschke. Eine denkwürdige Karriere, die unseren Protagonisten ohne Zwischenetappe schon fast ganz nach oben katapultiert hat. Hatte der FDJ-Vorsitzende Honecker, Walter Ulbrichts Ziehkind, ein gutes Wort eingelegt für den FDJ-Aktivisten Götting? Die Vermutung liegt nahe, und wenn sie zutrifft, dann war Honeckers Empfehlung Gold wert für die SED. Unter ehemaligen Mitarbeitern des ZK wurde gemutmaßt, daß Götting sogar das SED-Parteibuch erworben habe. Diese Frage läßt sich vermutlich nie aufklären.

Fast ebenso interessant aber ist der Grund für solche Gerüchte. Und darüber läßt sich präzises sagen. Nuschke kann man eine gewissermaßen klassische CDU-Biographie bescheinigen, und warum er sich an die sich herausbildenden Machtverhältnisse anpaßte, läßt sich wenigstens teilweise erklären. Götting dagegen kam quasi aus dem Nichts, und er sah von vornherein seine Aufgabe – oder seinen Auftrag – darin, die Politik der SED-Stalinisten in der CDU umzusetzen.

1952 erklärte sich die CDU zur »einschränkungslos sozialistischen Partei« und akzeptierte die führende Rolle der SED. In dieses Jahr fällt der Beschluß, »daß in der

Deutschen Demokratischen Republik der Sozialismus planmäßig aufgebaut wird«[36], wie Ulbricht auf der 2. Parteikonferenz der SED im Juli erklärte. Die Blockfreunde wurden nicht gefragt, sie hatten die Direktiven der Einheitssozialisten durchzusetzen. Der Block – ob auf Republik-, Bezirks-, Kreis- oder Ortsebene – war schon längst zum institutionellen Rahmen der Befehlsausgabe durch die »Partei der Arbeiterklasse« geworden. Anders gesagt, die Blockfreunde waren eng aneinandergerückt. Sie stimmten sich untereinander ab, wie es im Fachjargon hieß.

Die enge Zusammenarbeit war um so dringender, als der Aufbau der Grundlagen des Sozialismus immer wieder einmal gestört wurde. Am 17. Juni 1953 kulminierte die angestaute Unzufriedenheit eines Großteils der Bevölkerung über die Selbstherrlichkeit der SED. Eine Partei, die den Protest hätte artikulieren und bündeln können, gab es schon längst nicht mehr. Im Gegenteil, die befreundeten Parteien der SED taten alles in ihrer Ohnmacht stehende, um die Erschütterungen des politischen Systems der Ulbricht-Diktatur aufzufangen. Dazu gehörte in erster Linie, daß in den eigenen Reihen ein Höchstmaß an Geschlossenheit hergestellt wurde. Und die CDU begann, an ihrem Profil zu feilen, wie wir an anderer Stelle schildern werden.

Die CDU hatte die Notwendigkeit, die Reihen zu schließen, nicht erst seit dem Aufstand verspürt. In einer Besprechung im April 1953[37] mit den für die CDU zuständigen Mitarbeitern des ZK der SED zum Beispiel erklärt Götting, daß »es innerhalb der CDU zwei feindliche Strömungen« gebe. Er zeigt sich besorgt, ob nun, nach Stalins Tod, in der DDR damit gerechnet werden müsse, »daß Dertinger eines Tages wieder rehabilitiert wird«. Die eine »feindliche Strömung« zweifle die Maßnahmen, »die von unseren Sicherheitsorg. hinsichtlich Dertingers gemacht wurden, in ihrer Richtigkeit an«, verzeichnet der SED-Protokollant.

Georg Dertinger war Göttings Vorgänger als Generalsekretär gewesen und hatte diese Funktion aufgeben müssen, als er in den Politischen Ausschuß des Hauptvorstands, später Präsidium genannt, aufrückte und die Leitung der CDU-Ministerkonferenzen übernahm. 1953 war auch er der »Spionitis« zum Opfer gefallen – wie viele vor und nach ihm in allen Parteien und Organisationen. Als »Spion« und »Verräter« war er zu fünfzehn Jahren Zuchthaus verurteilt worden. Nach seiner Entlassung 1964 arbeitete er als Lektor in Leipzig.

Die »zweite feindliche Strömung« hatte Götting in Kreisen entdeckt, die dem Politischen Ausschuß des CDU-Hauptvorstands kirchenfeindliche Absichten unterstellten.

Feinde hatten die führenden Unionsfreunde auch in Schwerin gefunden, und zwar in der dortigen Bezirksparteischule der CDU, wie Götting sich beeilte, seinen SED-Genossen mitzuteilen. Er und seine Unionsfreunde hätten »festgestellt, daß dort in erster Linie Agenten und Banditen lernten und lehrten«. Man habe Gerhard Fischer dorthin geschickt, um die Schule aufzulösen.

Der spätere Professor der Politikwissenschaften Gerhard Fischer war damals Mitarbeiter beim Sekretariat des Hauptvorstands der CDU. Auch ihm war eine bemerkenswerte Karriere beschieden. 1954 bis 1956, er war gerade Mitte Zwanzig, fungierte er schon als stellvertretender Chefredakteur des christdemokratischen Zentralorgans »Neue Zeit«, danach bekleidete er bis 1970 die wichtige Position eines Mitglied des Sekretariats, später rückte er in das Präsidium der CDU vor. Außerdem leitete er bis zum Ende des Blockflötendaseins die Wissenschaftliche Arbeitsgruppe beim CDU-Vorsitzenden.

Mit Gerhard Fischer stoßen wir auf einen weiteren Kryptostalinisten, dessen Laufbahn in Honeckers FDJ anfängt. Kaum einer kannte das Parteiinnenleben besser als Fischer –

dieser Umstand und seine bedingungslose Ergebenheit gegenüber der SED machten ihn zum geschätzten Gesprächspartner der Mitarbeiter der für die Anleitung der Blockflöten zuständigen ZK-Abteilung. Fischers letzter Auftrag wird darin bestehen, nach der Wende der genannten parteiinternen Untersuchungskommission vorzustehen, die Göttings Verfehlungen aufhellen soll. Als könnte es noch irgend etwas von Bedeutung geben, das Fischer nicht bekannt ist, sofern er nicht gar selbst darin verstrickt war.

Fischer wurde nicht nur auf Banditenjagd nach Schwerin geschickt, sondern er sollte auch die Zentrale der CDU säubern, zusammen mit Götting, Lobedanz und Toeplitz. Sie bildeten das Viergespann der Nibelungentreuen.

Später, nachdem Reinhold Lobedanz 1955 gestorben war, beginnt der Aufstieg des Wolfgang Heyl. Heyl hatte im Sommer 1989 noch auf sich aufmerksam gemacht, als er, ganz im Tenor Egon Krenz', die blutige Niederschlagung der Studentendemonstrationen auf dem Pekinger Platz des Himmlischen Friedens begrüßte. Er wird im selben Jahr als stellvertretender Parteivorsitzender abtreten, aber erst nach der Wende, während der er die Geschäfte des zurückgetretenen Vorsitzenden führen durfte, um sie dann Lothar de Maizière zu übergeben.

Der andere spätere stellvertretende CDU-Vorsitzende ist der Jurist Heinrich Toeplitz. In den Jahren 1960 bis 1986 wirkte er als Präsident des Obersten Gerichts der DDR. Die Zahl seiner Orden bringt die Aufschreiber seiner offiziellen Biographie in ernste Platznot. Toeplitz' Verdienste um den realen Sozialismus sind unbestreitbar, Skrupel kannte er nicht. Sein Gesellenstück lieferte der 1949 in die CDU eingetretene Hardliner in den fünfziger Jahren ab, als er in der Quadriga der Säuberer alles verfolgte, was nicht die Gewähr bot, jederzeit für den SED-Staat einzutreten:

»Alle Mitarbeiter bei der zentr. Parteileitung (ausser Boten, Pförtner, Reinigungspersonal) wurden durch Lobedanz, Töplitz (sic!), Götting und Fischer überprüft. Einige Kollegen mussten aus dem Apparat entfernt werden. (Ein gewisser Koch, Sachbearbeiter, vertrat reaktionäre Ansichten. Er wird entlassen. Ein Botenmeister und zwei Schreibkräfte haben sehr enge Verbindungen nach Westberlin, sie werden ebenfalls entlassen. Drei Schreibkräfte haben sehr nahe Verwandte in Westberlin. Was mit denen geschehen soll, wird erst noch einmal im Sekretariat beraten.[)]«[38]

Wie in stalinistischen Diktaturen üblich, kannte das Mißtrauen keine Grenze. Selbst der getreue Sowjetfreund Luitpold Steidle war vor Nachstellungen nicht sicher: »G. (Götting; C. D.) wies (...) darauf hin, dass sie in der Parteileitung Material gegen Steidle sammeln.«[39] Es wird auch in diesem Fall der gerade eingetretene Tod des »Vaters der Völker« in Moskau gewesen sein, der Steidle schließlich davor bewahrte, ein weiteres prominentes Opfer des Verfolgungswahns zu werden.

Heinrich Toeplitz, der juristische Kryptostalinist, kannte so wenig Erbarmen wie seine drei Mitverfolger. Es kann keinen Zweifel daran geben, daß ihm die Praxis der geheimen Hinrichtungen, wie sie der »Spiegel« im August 1991 aufdeckte[40], vertraut gewesen ist. Als CDU-Säuberer wie als furchtbarer DDR-Jurist hat er sich schuldig gemacht.

Als sich das Blatt wendete, besaß er die Chuzpe, Kassationsverfahren zu fordern, um Menschen zu rehabilitieren, die in den Jahren 1953 bis 1958 aus politischen Gründen verurteilt worden sind. Als wäre er ein verfolgter Bürgerrechtler gewesen und kein Unterdrücker, spielte er sich auf als Verfechter rechtsstaatlicher Prinzipien.

Noch einmal: Wie viele Menschen haben er und seine Unionsfreunde ins Unglück gestürzt? Niemand wird die Opfer zählen, und niemals wird seinesgleichen sich für seine Taten rechtfertigen müssen. Wenn er nicht ein paar Mark unterschlagen hat, wird es Toeplitz, wie all den anderen

Kryptostalinisten, erspart bleiben, vor Gericht erscheinen zu müssen.

Wie der Honorarprofessor Gerhard Fischer durfte auch Dr. jur., Dr. h. c. Heinrich Toeplitz seine Karriere mit einem besonderen Amt würdig beenden: Die DDR-Parlamentarier kürten ihn im Herbst 1989 zum Vorsitzenden des »zeitweiligen Ausschusses der Volkskammer zur Überprüfung von Fällen des Amtsmißbrauchs und der Korruption«. Es ist nicht überliefert, daß er die Untersuchungen mit dem eigenen Fall eröffnet hat.

Es gab kein Detail der Parteiarbeit, das die CDU-Funktionäre nicht mit Mitarbeitern des ZK der SED abgesprochen hätten. Wem ihre Loyalität galt, geht aus den vorliegenden Quellen zweifelsfrei hervor. Die christdemokratischen Apparatschiks zögerten keine Sekunde, selbst vertraulichste Parteiinterna an die SED-Aufpasser weiterzugeben. Auch der Parteivorsitzende Otto Nuschke war nicht sakrosankt. So äußerte der stellvertretende CDU-Generalsekretär Max Sefrin – ganz die Stimme seines Herrn – auf einer Beratung mit ZK-Mitarbeitern laut SED-Protokollant:

»Koll. S. (Sefrin; C. D.) unterrichtete uns noch davon, dass Herr Nuschke z. Zt. eine sehr schwankende Haltung einnimmt. (...) N. äusserte beispielsweise, dass die SU. doch gezwungen sei, Kompromisse mit den Westmächten – zugunsten ihrer eigenen Sicherheit – einzugehen. Er vertritt selbst auch den Vorschlag Edens, den er damit begründete, daß das ›Volk freie Wahlen haben will‹. Er vertrat weiterhin die Ansicht, dass sich Deutschland völlig neutral – so wie es die Schweiz bisher getan habe – verhalten solle. Am Montag weigerte er sich anfangs, zur Blocksitzung zu gehen. Erst nach längerem Zureden von Götting und Sefrin ging er doch. Er äusserte, dass er ein Schreiben an Otto Grotewohl richten werde, mit dem Inhalt: ›Wird er noch einmal in [einer] Blocksitzung kritisiert, wird er ab sofort an den Blocksitzungen nicht mehr teilnehmen.‹«[41]

Der ehemalige Pilot der Hitlerwehrmacht[42] Max Sefrin gehörte zum engsten Kreis der Götting-Leute. Die Quadriga belohnte seine unverbrüchliche Treue 1958, als sie ihn zum stellvertretenden Vorsitzenden des Ministerrats ernennen ließ und er Steidles Nachfolge als Gesundheitsminister antreten durfte. Später begegnen wir Sefrin als einem der Vertreter des Vorsitzenden der CDU.

Ob Otto Nuschke sich wirklich erst nach dem Scheitern der Berliner Außenministerkonferenz Anfang 1954 eingestand, daß er, soweit er die deutsche Einheit im Auge hatte, kläglich gescheitert war? Es wäre erstaunlich, denn er hatte zuvor ausreichend Gelegenheit gehabt, um festzustellen, daß die Bündnispartner, die er sich ausgesucht hatte, die deutsche Einheit zur Propagandaformel degradiert hatten, mit deren Hilfe sie sich bemühten, die militärische Westintegration der BRD zu verhindern. Es war ein Kampf um die Köpfe der Deutschen. Ulbrichts rabiate Unterdrückungspolitik lieferte den Verfechtern der Europäischen Verteidigungsgemeinschaft (EVG) und, als dieses Projekt scheiterte, des westdeutschen NATO-Beitritts genügend Argumente, um alle östlichen Agitationsübungen von vornherein zur Unwirksamkeit zu verurteilen. Die KPD war zur Sekte herabgesunken, mit ihrem überflüssigen wie rechtsstaatlich bedenklichen Verbot war zu rechnen. Das Bundesverfassungsgericht wird es 1956 aussprechen.

Vermutlich hat Nuschke, wie damals viele Menschen, gehofft, daß Moskau im eigenen Sicherheitsinteresse die Wiedervereinigung anbieten würde als Gegenleistung für einen Verzicht des Westens auf die Remilitarisierung Westdeutschlands. Aber der Westen dachte nicht daran, auf die deutsche Wiederbewaffnung zu verzichten. Und die Sowjetunion hatte zu diesem Zeitpunkt nicht die Absicht, den Aufbau der Grundlagen des Sozialismus in der DDR zu beenden.

Der Plan des britischen Außenministers Anthony Eden,

auf den Nuschke vergeblich hoffte, mußte den östlichen Machthabern in der Tat als Anschlag auf den Sozialismus erscheinen, denn er sah vor, Deutschland auf der Grundlage freier Wahlen zu vereinigen. Wohin solcherart Wahlen führten, wußten die Herren in Moskau und Ost-Berlin inzwischen – sie hatten genügend Möglichkeiten gehabt, sich über die Attraktivität des realen Sozialismus im Westen ein Urteil zu bilden. Folgerichtig wiesen sie die Zumutung freier Wahlen entrüstet zurück. Die offizielle Geschichte der Außenpolitik der DDR erklärt, die Berliner Konferenz habe bewiesen, daß die Westmächte nicht interessiert gewesen seien an einer friedlichen Lösung der deutschen Frage, »sondern, wie der ›Eden-Plan‹ zeigte, nur daran, durch die politische und technische Vorbereitung sogenannter freier Wahlen in ganz Deutschland die sozialistische Gesellschaftsordnung in der Deutschen Demokratischen Republik zu beseitigen«.[43] Diesen Argumenten mochte nun nicht einmal der Freund der Sowjetunion Otto Nuschke folgen.

Warum hat die SED Nuschke als CDU-Vorsitzenden nicht abgesetzt, war sie doch sonst darauf erpicht, auch die geringste Abweichung von ihrer politischen Linie teilweise drakonisch zu ahnden? Die Erklärung dafür ist einfach: Man brauchte Nuschke, um ihn in der Öffentlichkeit als Träger der christdemokratischen Kontinuität zu präsentieren. Die SED tat dem CDU-Führer im eigenen Interesse den Gefallen, ihn in der Öffentlichkeit besonders herauszustellen. Um so härter konnte die Quadriga im Verein mit ihren Freunden im ZK-Apparat vorgehen gegen tatsächlich oder vermeintlich Widerspenstige in den Bezirks-, Kreis- und Ortsverbänden der CDU. Nuschkes Rahmen war für DDR-Verhältnisse weit gesteckt, solange er sich im Grundsatz loyal gegenüber den Machthabern verhielt. Daß er SED-hörig blieb, darauf achteten Götting und seine Freunde.

Otto Nuschke war gewissermaßen umstellt von der

Quadriga und ihren Helfershelfern. Selbst die Frage, wer Nuschkes persönlicher Referent werden solle, bestimmten die Apparatschiks der SED und ihre Unionsfreunde in trauter Gemeinsamkeit.[44] Diese Funktion übernahm Gerhard Fischer. Damit nichts Unvorgesehenes passierte.

Das Viergespann galoppierte flott voran beim Umbau der CDU in eine Partei des Sozialismus. Bis hinein ins letzte Dorf der neuen Republik wurden Parteileitungen überprüft und ausgetauscht, und jede Einzelheit wurde mit den zuständigen Sachbearbeitern der SED erörtert. Auch strukturelle Änderungen wurden vorgenommen, vor allem weil die »Partei der Arbeiterklasse« das Politmonopol in den Betrieben verlangte. Die CDU durfte erst keine neuen Betriebsgruppen mehr gründen, dann hatte sie sich vollständig aus den Betrieben zurückzuziehen. 1952 verfügte die Union immerhin über 1471 Betriebsgruppen.[45] Arbeiter gehörten von nun an nicht mehr zur verordneten Zielgruppe einer Partei, die ein historisches Standbein in der christlichen Arbeiterbewegung hatte.

Die Quadriga hat gegen diese fundamentale Beschneidung des Wirkungsspektrums der eigenen Partei nicht nur nicht protestiert, sondern auch tatkräftig dazu beigetragen, daß der Wille der SED geschehe. Dafür nahm sie zahlreiche innerparteiliche Proteste und Austritte in Kauf. Die SED bestimmte nun, was die CDU zu tun hatte:

»Die Hauptaufgabe der CDU besteht darin, eine verstärkte Erziehungs- und Aufklärungsarbeit in ihrer Mitgliedschaft und unter den kleinbürgerlichen Schichten (...) zur Einbeziehung dieser Kräfte in die patriotische Volksbewegung gegen die Kriegsverträge von Bonn und Paris und zur demokratischen Wiedervereinigung zu leisten. (...) Mithilfe bei der Stärkung der Staatsmacht durch intensive Aufklärung über den Begriff der Demokratie und ihrer praktischen Verwirklichung in der DDR mit dem Ziel, die feindlichen Argumente nach Listenwahl zu zerschlagen.«[46]

Statt den Thesen des sogenannten »Christlichen Realismus«[47] zu folgen, solle sie sich darauf beschränken, sich nur noch zu bekennen zum Aufbau des Sozialismus, zur führenden Rolle der Arbeiterklasse, zur Sowjetunion als »Führerin im Weltfriedenslager« und zur Bereitschaft, die Heimat zu verteidigen. Nicht einmal ihren bis zum Ende der DDR zur Vorspiegelung einer nicht bestehenden Kontinuität immer wieder strapazierten Gründungsaufruf durfte sie nunmehr in Gänze vertreten: Er »widerspiegelt nicht mehr den politischen Stand der Partei und daher ist es zweckmässig, dass er nur noch *bedingt* in der Argumentation in Erscheinung tritt«.[48] Die Quadriga hat nicht widersprochen, Götting und seine Freunde haben alles »abgenickt«.

Die Gefahr, daß die CDU sich, wie während der beiden Kaiser-Jahre, als eigenständige politische Kraft hätte profilieren können, wurde ihm Keim erstickt. Jetzt tolerierte die SED nicht mehr, was ihr zuvor als Rechtfertigung für bündnispolitische Avancen gedient hatte: Die CDU hatte sich nun von »angeblichen christlichen Sonderinteressen« zu verabschieden, wie Gerhard Fischer 1979 in einem Beitrag zur Geschichte seiner Partei schrieb. Denn solche Thesen wie die von der »christlichen Demokratie«, vom »Sozialismus aus christlicher Verantwortung«[49] oder vom »Christlichen Realismus« hätten »in der Praxis auf den Versuch eines ›dritten Weges‹ (...) hinauslaufen können«. Jetzt sollte es nur noch den Sozialismus von Stalin geben. Und dann schreibt der Amateurhistoriker den folgenden bemerkenswerten Satz aufs Papier: »Jedesmal haben es die fortschrittlichen Kräfte innerhalb der CDU mit kameradschaftlicher und kluger Unterstützung der SED verstanden, diese Scheinalternativen zum wissenschaftlichen Sozialismus zu überwinden.«[50] Wir wissen aufgrund der vorliegenden Quellen, was es mit dieser »Unterstützung« auf sich hatte. Auch Gerhard Fischer wird gewußt haben, was er schrieb.

Die 2. Parteikonferenz der SED hatte mit dem Aufbau der Grundlagen des Sozialismus auch die Kollektivierung der Landwirtschaft beschlossen. Freiwillig sollten sich die Bauern in Landwirtschaftlichen Produktionsgenossenschaften (LPG) zusammentun. Alte Kommunisten wissen heute zu erzählen, wie es um diese Freiwilligkeit in Wahrheit bestellt war. SED und FDJ bildeten Stoßtrupps, diesmal richtete sich der Psychoterror gegen LPG-Unwillige. Bauern, die dem Heil des Leninschen Genossenschaftsplans abwartend oder ablehnend gegenüberstanden, wurden regelmäßig aufgesucht von meist jungen Aktivisten. Sie belagerten die Höfe, trampelten stundenlang auf den Dächern herum und machten in Sprechchören unüberhörbar, wie schnell sie in einem überzeugten Einzelbauern einen »Agenten des Imperialismus« erkannten. Es gab niemanden, der den Bauern half. Viele flohen in den Westen, einige ließen sich zu Verzweiflungstaten hinreißen, die sich dann als zusätzliche Vorwände für die realsozialistische Bauernverfolgung entpuppten. Wer sich nicht »freiwillig« in die LPG begab, mußte mit allem rechnen.

Ursprünglich bezog sich der Beschluß der SED, Landwirtschaftliche Produktionsgenossenschaften zu gründen, nur auf Bauern, deren Grundbesitz zwanzig Hektar nicht übertraf. In der Wirklichkeit aber verwischten sich die Unterschiede in vielen Orten der DDR. Hinzu kam, daß sogenannte Großbauern zugunsten von LPG oder des Staats enteignet werden konnten, wenn sie »die Bestimmungen über die ordnungsgemäße Bewirtschaftung grob verletzt« oder »gegen die Gesetze der Deutschen Demokratischen Republik verstoßen« hatten.[51]

Der Willkür war Tür und Tor geöffnet. Zumal den Kommunisten lange genug Stalins Doktrin eingebleut worden war, daß das Kulakentum – wie die Russen ihre Großbauern nannten – »als Klasse zu liquidieren« sei. Es ist bekannt, daß diese Forderung in der sowjetischen Praxis nicht nur soziologische Konsequenzen hatte. Das Feindbild der Erbauer des Sozialismus auf deutschem Boden war klar konturiert, und es schlug sich schon nieder in höheren Belastungen, die allen Bauern auferlegt wurden, die das Pech hatten, mehr als zwanzig Hektar Land unterm Pflug zu haben. Sie waren schlechter gestellt bei der Zuteilung von Dünger und Maschinen und mußten hohe Abgabenormen erfüllen. Ihre Tage waren gezählt.

Die Quadriga kannte ihre Pflicht. Sie hatte sich zum Aufbau des Sozialismus bekannt, und nun zeigte sie, daß es ihr ernst war damit. Sie machte die Kollektivierung der Landwirtschaft zum Parteiauftrag. Der Weg ins kommunistische Paradies ist mit Opfern gepflastert.

Gegen Ende des Jahres 1952 ging die CDU-Führung an die Arbeit. Unter Federführung des eifrigen Max Sefrin trug sie die Hatz auf die sogenannten Großbauern und die LPG-Skeptiker in die eigenen Reihen. Die Bezirks- und Kreisvorstände wurden angewiesen, die Mitglieder der Partei zu überprüfen hinsichtlich ihrer sozialen Stellung und ihrer Haltung zur Kollektivierung der Landwirtschaft. Die Kreisverbände waren dafür verantwortlich, daß die Ortsgruppen jeden Unionsfreund genauestens unter die Lupe nahmen. Zwanzig Hektar waren das Maß aller kollektivistischen Dinge, ein eisiger Wind zog durch die Union auf dem Land. Eine ganze Gruppe von Christdemokraten wurde per Federstrich zu Asozialen erklärt. Wer den Kurs der SED nicht bedingungslos unterstützte, durfte keine Funktion mehr in der CDU ausüben, nicht einmal die niedere eines Ortsgruppenvorsitzenden. Ein typisches Beispiel aus dem Dorf Eiche im Bezirk Frankfurt/Oder – der Kreisverband Niederbarnim meldet im März 1953 pflichtbewußt an den Bezirksvorstand: »Der Vorsitzende (der CDU-Ortsgruppe; C. D.) ist Großbauer und besitzt eine landwirtschaftliche Betriebsfläche von ca. 35 ha. Eine Untersuchung über die Einstellung des Genannten zu den Produktionsgenossenschaften erübrigt sich.«[52] So einfach war das.

Es dauerte einige Monate, bis auch der letzte Kreisvorstand die gewünschten Informationen nach oben weitergeleitet und die Bezirksvorstände die Daten ihres Gebiets zusammengefaßt und an den Hauptvorstand abgeschickt hatten. Dann kam das Echo aus der Ost-Berliner Jägerstraße, der späteren Otto-Nuschke-Straße, wo der CDU-Vorstand komfortabel Quartier genommen hatte. Der Leser möge mir verzeihen, daß ich ihm im folgenden ein langes Zitat zu mute – in manchen Fällen ist der Originalton durch keine noch so wirklichkeitsgetreue Schilderung zu ersetzen. Das Schriftstück trägt die Überschrift »Einschränkung des großbäuerlichen Einflusses in der Partei«. Es handelt sich um die Auswertung der Parteiüberprüfung durch den CDU-Hauptvorstand:

»In den letzten Monaten mehren sich die Berichte, wonach in der gegenwärtigen Etappe des Aufbaus der Grundlagen des Sozialismus in der Deutschen Demokratischen Republik Großbauern auf dem Dorf mit allen Mitteln die neue Entwicklung auf dem Dorf bekämpfen. In verstärktem Maße sind Fälle der Nichteinhaltung der Anbau-, Viehhaltungs- und Ablieferungspläne durch Großbauern, der Hetze großbäuerlicher Elemente gegen Landwirtschaftliche Produktionsgenossenschaften und fortschrittliche werktätige Bauern, Brandstiftungen, Mordanschläge und andere verbrecherische Umtriebe festzustellen, deren Herd eindeutig in Kreisen der Großbauern zu suchen ist.

Wir verlangen von den unserer Partei angehörenden Großbauern, daß sie ihren Verpflichtungen gegenüber dem Staat gewissenhaft nachkommen, die Gesetze unserer Republik beachten und sich gegenüber den werktätigen Bauern und der neuen Entwicklung auf dem Dorf loyal verhalten. Vielfach mißbrauchten jedoch bisher Großbauern ihre Mitgliedschaft in unserer Partei sowie die Ausübung ihrer parteilichen oder staatlichen Funktionen als Deckmantel für die Verwirklichung ihrer verbrecherischen Absichten. Solchen Machenschaften, die Ausdruck des sich ständig verschärfenden Klassenkampfes in unserer

Republik sind, von dem auch unsere Partei nicht unberührt bleibt, muß entschieden entgegengetreten werden. Es ist daher notwendig, die Wachsamkeit gegenüber allen Großbauern auch innerhalb unserer Partei zu verstärken und nachstehende Maßnahmen konsequent durchzuführen:

Anhand der inzwischen erfolgten statistischen Ermittlung über bäuerliche Parteifunktionäre mit einem landwirtschaftlichen Besitz von mehr als 20 ha Betriebsgröße werden

1. alle hierunter fallenden Bürgermeister zurückgezogen,
2. alle hierunter fallenden Mitglieder von Kreisvorständen oder Untersuchungsauschüssen ausgewechselt,
3. alle hierunter fallenden Vorsitzenden von Ortsgruppen ausgewechselt,
4. alle hierunter fallenden Abgeordneten von Kreistagen, Mitglieder von Ausschüssen und Kommissionen in der Kreisebene zurückgezogen,
5. alle hierunter fallenden Mitglieder von Ortsvorständen, Gemeinderäten, Gemeindevertretungen und Kommissionen (Gemeindeebene) überprüft, inwieweit auf sie die Merkmale eines Großbauern zutreffen. Alle diejenigen, die als Großbauern zu betrachten sind, sind auszuwechseln bezw. zurückzuziehen.
6. Alle freiwerdenden Funktionen, die bisher von Großbauern bezw. Landwirten über 20 ha Betriebsgröße bekleidet wurden, sind durch werktätige Bauern (Genossenschaftsbauern bevorzugt) sofort neu zu besetzen.
7. Vor der Berufung in Parteifunktionen oder vor Benennung für sonstige Funktionen muß geprüft werden, inwieweit es sich bei bäuerlichen Unionsfreunden um Großbauern handelt. Jegliche Ernennung oder Berufung von Großbauern hat zukünftig zu unterbleiben.
8. Wenn in Ausnahmefällen aufgrund der Stellungnahme des Bezirks- oder Kreisverbandes die Besetzung einer weniger bedeutenden Funktion durch einen Großbauern mangels anderer geeigneter Mitglieder nicht umgangen werden kann, entscheidet die Parteileitung, ob die Funktion besetzt wird oder nicht.
9. Falls Unklarheiten über die Klassifizierung eines Bauern auftreten und in der Kreis bezw. Bezirksebene nicht geklärt werden können, ist die Entscheidung der Parteileitung einzuholen.«[53]

Es wird später Bezirks- und Kreisfunktionäre der CDU geben, die davon und von anderen Repressalien nichts gewußt haben wollen. Das ist um so erstaunlicher, als das harte Durchgreifen der Parteiführung innerhalb der CDU zahlreiche Konflikte auslöste unter den Unionsfreunden. Viele Mitglieder monierten zu Recht, daß die Kollektivierung der CDU christlichen Prinzipien widerspreche.

Die Eruptionen im Parteigefüge wirkten lange nach. Noch im Jahr 1960 sah sich die Parteiführung veranlaßt festzustellen, daß es Christdemokraten gebe, die nach wie vor nicht begriffen hätten, »daß unsere Partei den Aufbau des Sozialismus und damit auch die sozialistische Umgestaltung in der Landwirtschaft unterstützt«. Diese Mitglieder gäben indirekt zu verstehen, daß sie in die CDU eingetreten seien, »um einem Bekenntnis zum Sozialismus zu entgehen und teilweise sogar noch gegen den Aufbau des Sozialismus Stellung nehmen zu können«.[54]

Eine Konsequenz der CDU-Führung bestand darin, die Schulung ihrer Funktionäre und Mitglieder zu intensivieren, weil »der Sieg des Sozialismus in erster Linie eine Sache der Erziehung der Menschen ist«[55]. Vor allem die Kreissekretäre – wie die hauptamtlichen Kreisgeschäftsführer genannt wurden – sollten die Zentrale Schulungsstätte der CDU in Burgscheidungen besser nutzen und dort mindestens einen Oberstufenlehrgang absolvieren. Auch die monatlichen Dienstbesprechungen der Kreissekretäre in den jeweiligen Bezirksvorständen sollten ideologisch durchdrungen werden. Das Erziehungsziel für die Unionsfreunde war eindeutig:

»Der Mensch der sozialistischen Epoche ist pflichtbewußt und hart in der Parteilichkeit für den Staat der Arbeiter und Bauern, er ist aber auch ein froher und gesunder Mensch und eine insgesamt harmonische Persönlichkeit.«[56]

Die CDU war nun keine Partei mehr, auch wenn wir sie der Einfachheit halber künftig weiter als solche bezeichnen werden. Sie hatte kein eigenes Programm, weil es neben dem der SED keines geben durfte. Wahlen im eigentlichen Sinne, in denen die Unionsfreunde mit anderen Parteien hätten konkurrieren können, waren bis zum März 1990 obsolet. Die christdemokratischen Betriebsgruppen waren aufgelöst. Bei Neuaufnahmen mußte die zuständige Kreisleitung der SED ihren Segen geben. Die CDU konnte nicht einmal über ihre Finanzen selbst bestimmen, denn das weitaus meiste Geld erhielten die Blockparteien nicht von ihren Mitgliedern, sondern von der SED.

So wurde die CDU zu einem Organ der »Partei der Arbeiterklasse«. Sie hatte, wie die anderen Blockparteien, eine Alibifunktion, da sie dazu diente, die wahren Machtmechanismen zu verschleiern. Sie wirkte außerdem als Transmissionsriemen in christliche Kreise.[57] Die SED erteilte ihren CDU-Blockfreunden den Auftrag, Christen für den Sozialismus zu gewinnen und sich mit dem bedeutendsten Konfliktpotential auf realsozialistischem Boden zu beschäftigen – die CDU hatte nunmehr die Kirchen zu bearbeiten. Sie sollte verhindern, daß sich unter den Christen der DDR oppositionelle Strömungen gegen den Staat entwickelten. Dabei wirkten die CDU-Funktionäre eng mit den »Staatsorganen« zusammen.

Im Weltbild der SED hatte die Aufgabe der Blockparteien zunächst darin bestanden, die Kommunisten zu unterstützen, später durften die Blockflöten »in Mitverantwortung« einen »unverwechselbaren eigenständigen Beitrag« erbringen.[58] Und darauf waren sie stolz, die großen und die kleinen Göttings. In einer Arbeitsberatung der Abteilung befreundete Parteien beim ZK der SED im Januar 1986 wird dazu festgestellt:

»Die weitere schöpferische Mitarbeit aller befreundeten Parteien bei der Realisierung der Beschlüsse des XI. Parteitages der SED machen es erforderlich, daß die Leitungen der SED die Vorstände der befreundeten Parteien noch besser befähigen, die Ziele und die Strategie in der jeweiligen Entwicklungsetappe richtig zu verstehen und Schlußfolgerungen für die eigene Arbeit abzuleiten.«[59]

Wir dürfen die Bearbeitung der Kirche nicht verwechseln mit Überzeugungsarbeit. So sehr die Werber der CDU sich mühten, ihre Leimruten für die Kirchenoberen auszulegen, so unchristlich unbarmherzig schritten sie zur Tat, wenn auch nur der Verdacht aufkam, es könnte sich irgend etwas Andersartiges rühren im monolithischen Einheitssozialismus. Das Weltbild der Stalinisten hinter der christdemokratischen Tarnkappe war voller Feinde, schließlich verschärfe sich der Klassenkampf beim Aufbau des Sozialismus, wie sie ganz im Sinne des großen Säuberers in Moskau deklarierten. In der Zeitschrift der CDU-Hochschulgruppen lesen wir beispielhaft, wie der Ton der neuen Zeit klang:

»Wir müssen hart sein können gegen diejenigen, die das Neue nicht leben lassen wollen, wir müssen hart sein können auch gegen solche, die, im christlichen Gewand getarnt, manchmal sogar als hohe geistliche Würdenträger, Apostel des Untergangs sind, geschworene Feinde des neuen, keimenden Lebens unserer Republik. Wer den Pflug durch den Boden führen will, um Neuland zu gewinnen, darf sich nicht wundern, wenn der Wind den leichten Flugsand, der zu nichts nutze ist, mit sich fortführt. Und unsere Sorge muß gelten nicht dem leichten Flugsand, unsere Sorge muß gelten dem guten Boden, der das Neue trägt, unsere Sorge muß gelten vor allem dem werktätigen Menschen.
In diesem Zusammenhang ist es ferner notwendig, zu erkennen, daß wir des Neuen willen aus ganzem Herzen die Führung des Pfluges denen überlassen wollen, die ihn am besten geschmiedet haben, die den Boden am eifrigsten vorbereitet, die am meisten Opfer für die Ermöglichung dieses Weges gebracht haben: der Arbeiterklasse und ihrer Partei. (...) Wer dieses Bekenntnis zur Führung der SED beim Aufbau des Sozialismus nicht ehrlich meint, hat keinen Platz mehr in den Reihen unserer Partei.«[60]

Klang der neue Ton nicht manchmal wie alte Reden?

Zum »Flugsand, der zu nichts nutze ist«, zählte in den fünfziger Jahren vornehmlich die Junge Gemeinde der evangelischen Kirche. Christlich orientierte Jugendliche und engagierte Pfarrer waren den Machthabern ein Dorn im Auge. Ganz zu Recht, denn sie sind die Vorläufer der Revolution vom Herbst 1989, die nicht zufällig eine ihrer Keimzellen in dem Freiraum fand, den manche Kirchen boten.

Was hatten die Machthaber den jungen Christen vorzuwerfen? Antisowjethetze wurde ihnen unterstellt, weil sie zu fragen wagten, was aus den immer noch in der Sowjetunion festgehaltenen deutschen Kriegsgefangenen würde. Sie behaupteten zu Recht, daß auf dem Gebiet der DDR Internierungslager unterhalten würden. Sie entfalteten »durch weltliche Vorträge und Veranstaltungen ein frohes Jugendleben«. Sie hielten sich zurück beim Aufbau der Grundlagen des Sozialismus. Und dergleichen mehr. Dies sind einige Ergebnisse einer Analyse der SED-Bezirksleitung Suhl vom Februar 1953[61], die wir hier pars pro toto anführen.

Die Konsequenz der Kommunisten ist eindeutig. Da die Junge Gemeinde den »Charakter einer pol. staatsfeindlichen und illegalen Organisation trägt, müssen wir mit allen uns zur Verfügung stehenden Mitteln diese Organisation zersprengen«. Auf vierzehn eng betippten Seiten wird dann Kreis für Kreis, Ort für Ort beschrieben, wie sich die Umtriebe der jungchristlichen Staatsfeinde darstellten. An manchen Stellen verweisen die SED-Analytiker darauf, daß auch CDU-Mitglieder in die staatsfeindlichen Machinationen verwickelt seien. Ein Alarmzeichen für die CDU-Oberen und eine Aufforderung zur entschlossenen Tat.

Da die Christen die wichtigste Zielgruppe der Unionsfreunde waren, fiel der Kampf gegen die Junge Gemeinde und die sie unterstützenden Pfarrer ins Ressort der CDU. Die führende Rolle im sich verschärfenden Klassenkampf gebührte natürlich der SED, die vor allem ihre »Kampfreserve« FDJ ins Gefecht schickte. Wie Thomas Neumann zu berichten weiß, ging es dabei häufig handgreiflich zu.[62] Man kam zur Sache, schließlich ging es um die Durchsetzung des Alleinvertretungsanspruchs der FDJ auf die Jugend der DDR. In der FDJ und nur in der FDJ sollten junge Christen »sich durch das Studium des Marxismus-Leninismus gute Kenntnisse über die Gesetzmäßigkeiten der gesellschaftlichen Entwicklung« aneignen, wie das Leitpferd der Quadriga, Gerald Götting, erklärte.[63]

Im Kampfgetümmel entdecken wir in vorderster Front auch einen Sekretär des christdemokratischen Hauptvorstands: Günter Wirth. Er wird es zum CDU-Präsidiumsmitglied bringen. Der Herausgeber und Chefredakteur staatstreuer Kirchenzeitschriften promovierte an der Ost-Berliner Humboldt-Universität über Heinrich Böll. Am 7. Dezember 1989 durfte der zwischenzeitlich zum Honorarprofessor mutierte Theologe sich über eine Glückwunschadresse seines gerade gewählten neuen Parteivorsitzenden zum sechzigsten Geburtstag freuen, in dem dieser ihm für langjährige Verdienste für die CDU dankte. Was mochte der doch um die geistig-moralische Erneuerung der Ost-Union ringende Lothar de Maizière damit gemeint haben angesichts der Tatsache, daß Wirth einer der herausragenden Kryptokommunisten der DDR gewesen ist?

So hat dieser zum Beispiel die denkwürdige Feststellung getan, »daß wir die Diakonie, Dienst am Menschen, heute in der Perspektive der politischen Diakonie sehen müssen«. Wobei er glaubte, Wert darauf legen zu müssen, wie diese politische Diakonie »von unseren marxistischen Freunden gewürdigt« wird.[64] An anderer Stelle rief er die Unionschristen dazu auf, »einen großen Beitrag zum Sieg über die Feinde des Friedens und unserer Nation in Westdeutschland« zu leisten.[65] Eine letzte Kostprobe:

»Indem unsere Partei seit spätestens 1950 die Lehren aus dem Roten Oktober zog und indem sie, hierauf aufbauend, im Sommer 1952 die führende Rolle der Partei der Arbeiterklasse anerkannte, konnte sie den 1945 in breitem Umfang in Gang gekommenen Prozeß der gesellschaftlichen und geistigen Neuorientierung der Christen im Osten Deutschlands (...) zugleich fördern und ihm neue, klarere, präzisere Ziele geben.«[66]

Niemandem in der CDU, schon gar nicht dem kirchlich engagierten Lothar de Maizière, konnte entgangen sein, wer Günter Wirth war. Zu oft hatte dieser sich öffentlich für die Ziele des realen Sozialismus eingesetzt und sich als ein Garant des Blockflötendaseins der Union bewährt. Aber möglicherweise hat er sich dabei Qualifikationen angeeignet, die dem gewöhnlichen Betrachter bislang verborgen geblieben sind. Jedenfalls durfte Günter Wirth nach den Wahlen vom 18. März 1990 als Redenschreiber de Maizières auch an dessen Regierungserklärung mitformulieren.

Ein andere Episode aus dem Wirken des Günter Wirth mag bislang weniger bekannt sein. Um sie zu schildern, kehren wir zurück zur Unterdrückung von jungen Christen in der DDR.

Mit dem Datum des 26. März 1953 verschickte Günter Wirth ein vertrauliches Schreiben an die Bezirksvorstände seiner Partei.[67] Der Inhalt des Briefs sei den Kreissekretären und Kreisvorsitzenden zur Kenntnis zu bringen, diese hätten ihrerseits die Ortsgruppenvorsitzenden zu informieren. In letzter Zeit, klagt Wirth in dem Brief, habe sich die Junge Gemeinde »in immer zunehmenderem Maße« zu einem moralischen und politischen Widerstandszentrum »gegen die geschlossene Front der Friedenskämpfer« entwickelt. Es könne in den Parteigruppen keine Diskussion geben darüber, wie sich die CDU der Jungen Gemeinde gegenüber verhalte. Sie werde den »prinzipiellen ideologischen Standpunkt der fortschrittlichen Christen vertreten und [sich] den gesetzlichen Maßnahmen der demokratischen Staatsmacht anschließen und ihre Verwirklichung unterstützen«. Und dann weist er die Bezirks- und Kreisvorstände an, jeweils einen »qualifizierten und fortschrittlichen Funktionär« damit zu beauftragen, sich der Jungen Gemeinde anzunehmen.

Der Sieg war den Erbauern des Sozialismus gewiß. Wie viele junge Christen wurden verhaftet und mußten Jahre ihres Lebens hinter Gittern verbringen? Wie viele wurden aus ihrer Heimat vertrieben und entzogen sich den Nachstellungen der Blockfreunde, indem sie nach West-Berlin oder in die BRD flohen? Ich kenne die Zahlen nicht. Aber das ändert nichts an der Tatsache, daß massenhaft Verbrechen gegen die Menschlichkeit begangen worden sind. Und wieder: Kein Gericht wird sich jemals mit den Verantwortlichen beschäftigen. Zu ihnen zählen neben Götting und seinen Helfern unzählige CDU-Funktionäre auf allen Ebenen. Wehe etwa dem Kreissekretär, der in solch zentraler Frage von der Linie der Quadriga abwich!

Das Jahr 1953 hielt, wie schon erwähnt, eine weitere Bewährungsprobe der christdemokratischen SED-Treue bereit: den Aufstand vom 17. Juni 1953.

Ihm folgte eine hektische Aktivität der CDU-Führung. Auch sie war betroffen von der phänomenalen Sprachlosigkeit der SED auf dem Höhepunkt der ersten fundamentalen Krise des DDR-Sozialismus. Insofern ist die Lage im Juni 1953 vergleichbar mit der Situation im Sommer und Herbst 1989, als Honecker und seine Getreuen nicht zur Kenntnis nehmen wollten, daß ihr Staat zu zerbrechen begann. Was die Ereignisse voneinander unterschied und ihren Ausgang bestimmte, war, daß im Herbst 1989 die sowjetischen Panzer den Protest nicht überrollten wie in all den Jahren und bei allen ähnlichen Gelegenheiten zuvor im Warschauer Pakt.

71

Als der Aufstand niedergeschlagen war, entzündeten sich heftige Diskussionen in den Gliederungen der CDU. In manchen Zusammenkünften von Parteifreunden wurden Neuwahlen zu den Vorständen gefordert, hier und da sogar der Rücktritt Nuschkes und Göttings.

Letzterer machte sich auf eine Rundreise in die Bezirke, um »diese Diskussionen in den Kreisverbänden zu zerschlagen«. Dort erläuterte er den neuen Kurs der SED: vor allem Zurücknahme der Normerhöhung und bessere Förderung der Leichtindustrie statt überproportionale Konzentration auf die Schwerindustrie. Der Klassenkampf habe sich verschärft, auch weil der Aufbau der Grundlagen des Sozialismus rascher vorangeschritten sei, als das Bewußtsein der Bevölkerung der Entwicklung hätte folgen können – so war das in der neuen deutschen Demokratie. Die »ehrlichen Werktätigen« hätten sich an den »Ausschreitungen« nicht beteiligt, »wogegen faschistisches Gesindel glaubte, diesen Tag für die Befriedigung seines Sadismus ausnützen zu können«. Die Putschisten hätten die DDR dem amerikanischen Imperialismus ausliefern wollen, was aber »durch das bedachtsame und kluge Eingreifen der Sowjet-Armee verhindert werden [konnte], der wir deshalb zu größtem Dank verpflichtet sind«.

Immerhin distanzierte sich das Haupt der Quadriga vorsichtig von den Exzessen gegen die Junge Gemeinde, die mit dazu beigetragen hatten, daß die politische Führung sich größter Unbeliebtheit erfreute bei den meisten ihrer Bürger. Er sah sich allerdings außerstande, die Bemerkung zu unterdrücken, »daß die vergangenen Ausschreitungen von Mitgliedern der ›Jungen Gemeinde‹ zweifellos stimmen«. Was war Göttings Konsequenz aus den Schwierigkeiten und Fehlern der Vergangenheit?

»Der Schwerpunkt unserer Arbeit liegt in der Verbesserung der Arbeit des Demokratischen Blocks. Wir haben sehr klar erkannt, daß jeder Fehler einer Partei alle Parteien mit angeht. (...) Die Christlich-Demokratische Union wird beweisen, daß sie unerschütterlich fest und treu zu unserem Präsidenten Wilhelm Pieck, zur Regierung der DDR und zur Zusammenarbeit aller demokratischen Kräfte steht. (...) Nicht ein einziger Fall trat in meinen Besprechungen auf, wo Funktionäre oder Mitglieder unsere Partei zu einer Oppositionspartei verwandelt wissen wollten.«[68]

Die letzte Behauptung entspricht mit Sicherheit höchstens insofern der ganzen Wahrheit, als die Unionsfreunde inzwischen wußten, was sie sich antäten, wenn sie dem Haupt der Quadriga eine von der Parteilinie abweichende Position entgegenhielten. Das Ostbüro der West-CDU registrierte eine deutliche Steigerung der Zahl der aus der DDR geflüchteten Christdemokraten im Jahr 1953, analog zur Zunahme der allgemeinen Fluchtbewegung aus Ulbrichts Reich.[69]

Götting hatte während seiner Rundreise erkannt, daß die CDU an ihrem Profil arbeiten mußte. Sie war in ihrer Diktion und im Auftreten ihrer Repräsentanten praktisch nicht mehr zu unterscheiden von der SED. In der Tat bestand die wichtigste Konsequenz des Aufstands in der DDR für die CDU darin, ihr Politmarketing zu revidieren. Sie ging daran, sich eine neue Verpackung zu geben, ohne an den Inhalten etwas zu ändern. Seitdem legten die Quadriga und ihre Zöglinge Wert darauf, den eigenen spezifischen Beitrag zum realen Sozialismus bei allen sich bietenden Gelegenheit hervorzuheben. Präzise wurden nun die Vorschläge gezählt, die Unionschristen der SED unterbreiteten – es versteht sich von selbst, daß solcherlei Initiativen vorher unter Freunden abgestimmt worden waren.

Manchmal sagen CDU-Mitglieder heute, zum Ende der DDR habe beigetragen, daß die »guten Vorschläge« der CDU nicht angenommen worden seien. Das ist in der Sache falsch, denn es bereitete der SED Genugtuung, als Adressat von Anregungen zur Verbesserung des realen Sozialismus angesehen zu werden. Denn auch darin drückte sich die Devotion aus, die autoritäre Machthaber so schätzen.

Um die CDU als eigenständige Partei zu profilieren, überschritt ihre Sprache nun die Grenze des revolutionären Klassenkampfs und bezog, wo immer es ging, Versatzstücke aus dem Herz-Jesu-Wortschatz mit ein.

Im März 1972 wagten einige christdemokratische Volkskammerabgeordnete es sogar, öffentlich gegen das Gesetz über den kostenfreien Schwangerschaftsabbruch zu stimmen, das die SED vorgelegt hatte. Ähnliches war zuvor nie geschehen und würde danach nicht mehr stattfinden. Von 52 Abgeordneten der CDU votierten 14 dagegen, und 8 übten Stimmenthaltung. Zum einen forderte hier das Werben um Mitglieder in den Kirchen seinen Preis, denn auch in der DDR akzeptierten die Kirchen die Abtreibung nicht. Zum anderen aber steckte dahinter wahrscheinlich taktisches Kalkül. Das jedenfalls geht hervor aus einem Schreiben – »Streng vertraulich!« – des Geschäftsstellenleiters des Staatsrats an den Chef der Arbeitsgruppe befreundete Organe beim ZK der SED:

»(...) Am Montag, den 3. Januar 1972, informierte mich Gerald Götting bei einem Besuch unter anderem über folgendes:

Die vom Politbüro der SED und dem Ministerrat beschlossene Änderung der gesetzlichen Bestimmungen zur Unterbrechung von Schwangerschaften führe die CDU in eine äußerst schwierige Situation.

Die Fraktion der CDU könne einem solchen Antrag nicht ihre Stimme geben; sie müsse sich zumindest der Stimme enthalten, um als Christen gegenüber den kirchlichen Körperschaften glaubwürdig zu bleiben. Selbst im Hauptvorstand der CDU sei eine einfache Mehrheit dafür nicht zu gewinnen. Es gäbe einen massiven Druck und solche Auffassungen, daß bei Zustimmung zur Schwangerschaftsunterbrechung die CDU ihre Eigenständigkeit aufgebe und ihren Antrag auf Aufnahme als Abteilung der SED stellen könne.

Gerald Götting befindet sich in einer komplizierten Situation und wirft die Frage auf, welche Konsequenzen eine Stimmenthaltung haben würde, da eine vereinzelte Suspendierung von der Teilnahme an der Sitzung der Volkskammer durch solche Abgeordnete wie Kirchenrat Lotz u. ä. das Problem nicht löst, da er glaubt, die Gesamtfraktion weder gewinnen noch das Antlitz der CDU halten zu können.

Ich habe im Gespräch empfohlen, eine Aussprache mit Genossen Erich Honecker oder Genossen Willi Stoph zu suchen (...).«[70]

Ob dieses Gespräch stattgefunden hat, weiß ich nicht. Es ist aber zu vermuten, daß das Politbüro es einigen CDU-Abgeordneten freigestellt hat, wie sie abstimmen wollten. Es galt wohl, den christlichen Schein zu wahren und gleichzeitig zu demonstrieren, daß selbst in der CDU sich eine Mehrheit für das Gesetz aussprach. Es ist nicht überliefert, daß die widerspenstigen Unionsfreunde zur Verantwortung gezogen worden wären, was in viel geringeren Abweichungsfällen sonst die sichere Folge war. Warten wir mit einer abschließenden Interpretation, bis weitere Quellen vorliegen.

Blockflöten im Talar

Die CDU, die Kirche und der »Friedensstaat«

Weil zu ihrem Wirkungsspektrum das größte Konfliktpotential des realen Sozialismus zählte, war die CDU, entgegen dem protokollarischen Anschein, die wichtigste Blockpartei. Seit Gründung der DDR richteten die Einheitssozialisten ein mißtrauisches Auge auf die Kirchen, vor allem auf die Protestanten, die sich erfolgreich dagegen wehrten, gleichgeschaltet zu werden. Was mit den Parteien, Gewerkschaften, Sportverbänden und allen anderen Organisationen gelungen war, scheiterte mit den evangelischen Kirchen[71]. Ihnen gegenüber halfen in den Augen der Machthaber deshalb vor allem die Mittel der Ausspähung und Zersetzung.

Kein Zweifel kann bestehen daran, daß bei der Überwachung der Kirche zahlreiche Berührungspunkte entstanden zwischen dem Ministerium für Staatssicherheit und der Union. Welcher Unterschied könnte bestehen zwischen dem Spitzelbericht eines Inoffiziellen Mitarbeiters der Staatssicherheit und dem Spitzelbericht eines CDU-Mitglieds über eine kirchliche Veranstaltung, wenn doch beide schließlich auf demselben Schreibtisch landeten?

Ein Beispiel: Im Mai 1982 übermittelt die SED-Kreisleitung Leipzig-Land dem 1. Sekretär der dortigen Bezirksleitung Papiere, die den Vermerk »Nur für innerkirchlichen Dienstgebrauch!« trugen. Unter den zehn abgelichteten Seiten findet sich etwa die Stellungnahme des evangelischen Bischofs Werner Krusche zur Losung der DDR-Friedensbewegung »Schwerter zu Pflugscharen«, in der dieser klug die bedrängten DDR-Pazifisten in Schutz nimmt: »Wir stehen zu den jungen Christen, die mit Worten oder Taten anzeigen, daß auch die Friedensbemühungen unseres Staates den christlichen Abrüstungsimpuls nicht erübrigen«, erklärt der Bischof im Namen der Konferenz der Evangelischen Kirchenleitungen in der DDR. In anderen Aussagen verwahren sich die Kirchenoberen gegen die Verfolgung von Anhängern der Friedensbewegung, sie gestehen aber gleichzeitig ein, daß sie die meist jungen Menschen, die sich trotz aller hektischen Staatsaktivität weiterhin sichtbar zur unabhängigen Friedensbewegung bekennen, nicht mehr vor bitteren Konsequenzen bewahren können. »Die Aufnäher zeigen eine deutlich auf Abrüstung zielende Aussage. Das Verbot, den Aufnäher zu tragen, zerstört auf nachhaltige Weise das Vertrauen dieser jungen Menschen«, heißt es resignierend.

Wie kamen diese Papiere auf den Schreibtisch der SED? Aufschluß darüber gibt das Begleitschreiben des 1. Sekretärs der Kreisleitung Leipzig-Land an seinen Bezirkschef:

»Werter Genosse S.!
Ich bin in den Besitz beiliegenden Materials gekommen und möchte es Dir zu Deiner Information übersenden.
Das Originalmaterial hat der Pfarrer V. aus M. dem Kreissekretär der CDU unseres Kreises zur Einsichtnahme gegeben.
Der Pfarrer V., der diese Position des Materials nicht vertritt, wollte damit unterbreiten, mit welchen Mitteln zur Zeit seine Kirchenleitung arbeitet. (...)«[72]

Die CDU als Schwert und Schild der SED! In dieser Rolle entdecken wir die Christenunion Ost bereits in den fünfziger Jahren.

Im Juli 1958 übersandte Gerald Götting SED-Chef Walter Ulbricht eine umfängliche Studie über die Situation in der evangelischen Kirche auf dem Gebiet der DDR.[73] Damit führte er einen Auftrag aus, den der SED-Chef ihm auf einer Blocksitzung erteilt hatte. In dem Papier ist die Rede von innerkirchlichen Auseinandersetzungen. Es regiert die Sprache des kalten Kriegs. Wer sich nicht zur DDR bekennt, findet sich auf seiten der »Konterrevolution« wieder. Zwischentöne sind nicht gefragt.

Was sollten die Einheitssozialisten und ihre Blockfreunde in der Union tun, um der von ihnen diagnostizierten Obstruktion in Kirchenkreisen Herr zu werden? Die CDU-Präsidialen hatten eine Idee: Der Staat solle die Tätigkeit der Kirche respektieren, sofern die Kirche ihre Loyalität gegenüber dem Staat bekunde. Die Kirchenführung hatte sich demnach zu verpflichten »zur Anerkennung der Souveränität und der Gesetzlichkeit der DDR und zu einer positiven Haltung zu den Lebensfragen unseres Volkes«. Die Bischöfe und anderen Würdenträger sollten sich darüber hinaus in einem »Auslegungsprotokoll« – das Mißtrauen war nicht zu übertreffen – bereit finden, prokommunistische Geistliche nicht zu behindern, im Ausland stets im Sinne der DDR aufzutreten und in ihren Gliederungen »die unter Mißbrauch christlicher Glaubenswerte und kirchlicher Einrichtungen betriebene Kreuzzugs- und Kriegspropaganda zu unterbinden«. Ulbricht wird außerdem darüber informiert, »daß sich eine prinzipielle politische und geistige Neuorientierung auf die gesellschaftlichen und staatlichen Gegebenheiten unserer Republik anbahnt«.

Weiteren Auftrieb bei der versuchten Gleichschaltung der Kirche solle der zu gründende Bund Evangelischer Pfarrer in der DDR geben. Trotz aller immer wieder geäußerten Bekundungen, die CDU werde sich nie in Kirchenangelegenheiten einmischen, diente der 1958 gegründete Bund DDR-treuer Pfarrer dem Zweck, die weitgehend geschlossene Haltung der evangelischen Kirche im realen Sozialismus aufzuweichen.

Ein Ergebnis hatte dieses Bemühen in gewisser Hinsicht, als sich 1969 die kirchlichen Landesverbände im Osten zum selbständigen Bund der Evangelischen Kirchen in der DDR zusammenschlossen. Wobei es sich hierbei aber weniger

78

darum handelte, daß die Kirchenoberen kapituliert hätten, sondern vielmehr darum, daß sie die politische Wirklichkeit anerkannten angesichts der aufkommenden Entspannungspolitik. Die Arbeitsbedingungen der Kirchen sollten sich dadurch verbessern, sie konnten sich Freiräume schaffen. Bald verlor die CDU ihre vermeintliche Mittlerrolle zwischen Staat und Kirche, die Gespräche in den siebziger und achtziger Jahren führten Staatsfunktionäre der SED, auch Erich Honecker tat sich dabei hervor.

Schon 1964 hatte sich Staatsratsvorsitzender Ulbricht mit dem thüringischen Landesbischof Moritz Mitzenheim getroffen. Mitzenheim war der beste Fang, der den Leimrutenlegern in die Falle gegangen war. Auf vielen Veranstaltungen der CDU durfte sich der thüringische Kirchenfürst präsentieren. So etwa anläßlich einer Hauptvorstandstagung im Oktober 1967 auf der Wartburg, wo er die Unionsfreunde mit Erkenntnissen einer Sowjetunionreise beglückte und Martin Luther mit der russischen Revolution zusammenspannte. In seiner Begrüßungsansprache unter der programmatischen Überschrift »Der Mensch, das gemeinsame Anliegen« zitierte er einen staatstreuen Vertreter der russischen orthodoxen Kirche mit folgenden Worten:

»Sie, meine Gäste aus der Deutschen Demokratischen Republik, feiern in diesem Jahr den 450jährigen Gedenktag an die Reformation Martin Luthers, unser Volk feiert den 50. Jahrestag der Großen Sozialistischen Oktoberrevolution. Bei aller Verschiedenheit dieser Gedenktage verbindet diese Gedenktage eins: Es ging bei der Reformation ebenso wie bei der Oktoberrevolution 1917 um die Freiheit des Menschen.«

Mitzenheim zeigte sich beeindruckt:

»Ich glaube, das ist ein gutes Wort, dem wir nachdenken sollten. Die Befreiung des Menschen aus der mittelalterlich kirchlichen Gesetzlichkeit und die Befreiung des Menschen von Ausbeutung und Unterdrückung gehören im Tiefsten zusammen.«[74]

Moritz Mitzenheim lieferte seinen Unionsfreunden einen Berg von Zitaten, von denen es in den Reden der darob dankbaren CDU-Führer wimmelte. Kein Protokoll einer Hauptvorstandstagung, ohne daß der Landesbischof als Vorbild erwähnt wurde. Entsprechend unbeliebt war der Mann in Kirchenkreisen. Auf ihn angesprochen, verloren selbst Geistliche die Contenance und ließen sich zu Bemerkungen hinreißen wie »Roter Moritz«, »Gesinnungslump« oder »seniler Greis«.[75]

Sein Sohn Hartmut brachte es übrigens zum Oberkirchenrat und folgte seines Vaters Spuren als eifrige Blockflöte im Talar.

Aber solche Erfolge beim Werben um kirchliche Amtsträger blieben Einzelfälle. Schließlich mußten auch die SED-Führer einsehen, daß es ihnen nicht gelingen würde, die Kirche im Sozialismus in eine sozialistische Kirche umzuwandeln, nachdem sie schon zuvor hatten Abschied nehmen müssen vom atheistischen Traum der Kirchenlosigkeit.

Der Bund Evangelischer Pfarrer in der DDR gab zunächst das »Evangelische Pfarrerblatt« heraus, dann die Zeitschrift »Standpunkt«; in beiden Organen hat Günter Wirth zeitweise als Chefredakteur oder Herausgeber gewirkt. Es hat nicht viel geholfen – der Pfarrerbund, von der Kirche abgelehnt, hat sich nie zu einer einflußreichen Vereinigung mausern können. Das Motto der vom realen Sozialismus begeisterten Theologen lautete: »Als Christen sozialistisch leben.« Der Charakter des Bundes als ideologisches Dienstleistungsunternehmen der Herren in der Otto-Nuschke-Straße war offensichtlich. Unter der Garnierung durch theologische Abhandlungen stach hervor die Sprache des Klassenkampfs. Ein Auszug aus einem Artikel im »Evangelischen Pfarrerblatt« vom Dezember 1968 mag dies illustrieren:

»Es läßt sich nun einmal nicht leugnen – und wir können diese Frage nicht ernst genug nehmen –, daß sich der Kampf zwischen dem sozialistischen und dem imperialistischen Gesellschaftssystem, der unversöhnliche Kampf zwischen Fortschritt und Reaktion, auch im kirchlichen Raum widerspiegelt (...).«[76]

Die Unionsfreunde ließen nicht locker. Sie hatten den Auftrag, die Kirche zu bearbeiten, und sie mühten sich redlich. Unentwegt buhlten sie um Mitglieder oder Bündnispartner im Talar. Kaum eine Vorstandssitzung, gleich auf welcher Ebene, auf der nicht erörtert wurde, wie man vorankommen könne bei der Suche nach beitrittswilligen Pfarrern und anderen kirchlichen Würdenträgern.

Es war ein schwieriges Unternehmen, wie beispielhaft die Äußerung des stellvertretenden Erfurter CDU-Bezirkschefs auf einer Vorstandssitzung im April 1982 dokumentiert. Er zeigte sich bei dieser Gelegenheit erfreut darüber, daß sein Bezirksverband zu den wenigen gehöre, die jährlich mindestens zwei kirchliche Amtsträger aufgenommen hätten.[77] Im Bezirk Karl-Marx-Stadt dagegen monierte die Abteilung Staatsfragen der SED-Bezirksleitung im Juni 1980, »daß innerhalb der letzten 10 Jahre lediglich 5 Pfarrer neu gewonnen werden konnten«.[78]

Die erfolgreich Umworbenen konnten sich allerlei Aufmerksamkeiten gewiß sein. Zweifellos war die Eitelkeit eine Einfallsschneise der christdemokratischen Kryptokommunisten in die evangelische Kirche. Aber sie war nicht breit.

Ein weiteres Betätigungsfeld für die christdemokratischen Kirchenkämpfer war die Arbeitsgruppe Christliche Kreise beim Nationalrat der Nationalen Front. In einer Erklärung der Arbeitsgruppe vom Juni 1971 heißt es:

»Entscheidung für den Sozialismus – das ist die Aufgabe für die Kirchen in ihrer Gesamtheit. Ihre Bewährung als Zeugnis- und Dienstgemeinschaft in der sozialistischen Gesellschaft der DDR erfordert sowohl eine Entscheidung für die humanistischen Zielsetzungen unseres sozialistischen Staates als auch eine unmißverständliche Abgrenzung gegenüber antisozialistischen Ideologien.«[79]

Die aus der Volkskongreßbewegung hervorgegangene Nationale Front war die »von der Partei der Arbeiterklasse geführte sozialistische Volksbewegung, in der alle Kräfte des Volkes kameradschaftlich für die Sicherung des Friedens und die weitere Gestaltung der entwickelten sozialistischen Gesellschaft in der DDR zusammenarbeiten«, wie es das offizielle »Handbuch gesellschaftlicher Organisationen in der DDR« ausweist.[80] Die Liste der Mitgliedsorganisationen ist lang, sie reicht von der SED bis zum Zentralausschuß für Jugendweihe. Mit im Mittelpunkt des Wirkens der Nationalen Front stand die »Bürgerinitiative ›Schöner unsere Städte und Gemeinden – Mach mit!‹« Selbstverständlich waren auch die Blockparteien mit von der Partie. Die CDU sorgte sich in der Nationalen Front vor allem darum, daß die Christen ein realsozialistisches Verhältnis zum »Friedensstaat DDR« fanden.

Ab Anfang der achtziger Jahre, als im Westen und dann auch im Osten, unabhängige Friedensbewegungen rasch stärker wurden, delegierte die SED die CDU an die ideologische Front gegen pazifismusanfällige Christen. Durften schon früher auf allen Konferenzen CDU-Mitglieder den Militärdienst als christliche Friedenspflicht preisen, so rückte die Unterstützung der Außen- und Sicherheitspolitik der SED jetzt in den Mittelpunkt. Das Präsidium der CDU beschloß im Juni 1981 folgsam eine umfängliche »Erklärung zum Frieden« – Grundtenor: »Wir haben gelernt und handeln danach, daß der Frieden um so fester wird, je stärker der Sozialismus ist.«[81] Und zu Recht etwa freute sich ein SED-Beobachter der 15. Bezirksdelegiertenkonferenz der Dresdener CDU im August 1982:

»Die Aussagen in Bezug auf den unversöhnlichen Kampf gegen die aggressivsten Kreise des Imperialismus, einschließlich der Notwendigkeit der Stärkung des Sozialismus, der auch seine bewaffnete Verteidigung umfaßt, waren eindeutig.«[82]

Kein Diskussionsbeitrag auf einer Konferenz der CDU, der nicht vorher schriftlich eingereicht, überprüft und gegebenenfalls geändert worden wäre. Etwaige mißliebige Beiträge wurden unterdrückt. Parteitage oder Konferenzen der CDU unterlagen – wie bei der SED – einer präzisen Regie, eine spontane Diskussion fand nicht statt. Die Themen der Wortbeiträge und die Redner wurden Monate vor Veranstaltungsbeginn sorgfältig ausgesucht. Und immer mußte mindestens ein Vertreter der »bewaffneten Organe« zu Wort kommen. So etwa auf der 16. Bezirksdelegiertenkonferenz der Erfurter CDU 1985 ein Unteroffizier der Grenztruppen, der vortrug, daß zum christlichen Auftrag der Schutz des Friedens gehöre. »Deshalb bemühe ich mich um höchste militärische Ausbildungsergebnisse.«[83]

Ein Jahr später wird die SED dem Drang der Unionsfreunde zur Kalaschnikow stattgeben, indem sie ihnen erlaubt, in den Betriebskampfgruppen mitzumarschieren. Lange Zeit hatte sich die CDU beklagt über die Diskriminierung, daß die SED die Betriebskampfgruppen als eigene Domäne monopolisiert habe. Nun endlich konnte sich die Christenunion eines neuen großen Vertrauensbeweises der »Partei der Arbeiterklasse« erfreuen.

Das Wettrüsten und die Friedensbewegung beschäftigten im Frühjahr 1982 zum Beispiel auch die christdemokratischen Funktionäre im Bezirk Erfurt in wachsendem Maße. Auf der Bezirksvorstandssitzung am 19. Februar erklärte ein Spitzenfunktionär, daß die politische Situation nicht nur die Abrüstung, sondern auch die »Sicherung des Friedens« verlange. »Von uns fordert es, daß wir uns den jungen Menschen bewußter stellen, in ihnen eine klare Haltung zu Krieg und Frieden festigen.«[84]

Am 10. März meldet der Bezirksvorstand Erfurt in einem der üblichen monatlichen Informationsberichte an den Ost-Berliner Hauptvorstand, trotz einiger Diskussionen über den Pazifismus, »vor allem im Raum der evangelischen Kirchen, bleibt festzustellen, daß es in den Reihen unserer Mitglieder keine nennenswerten gegenteiligen Auffassungen zur Friedenspolitik unseres Staates gibt«. Stolz verweisen die Unionsfreunde darauf, »daß christliche Demokraten im wehrpflichtigen Alter in vorbildlicher Weise ihren Ehrendienst leisten, davon viele als Längerdienende«. Es folgt die rein rhetorisch gemeinte Frage zum Thema Wehrerziehung in den Schulen: »Ist die Entwicklung des Feindbildes gleichzusetzen mit der Erziehung zum Haß?«[85] Natürlich nicht.

Wenig später, am 18. März, tagte das »Aktiv Kirchenfragen« beim Bezirksvorstand. Hier hatte der schon kurz vorgestellte Oberkirchenrat Hartmut Mitzenheim einen seiner zahlreichen bekennenden Auftritte. Der Protokollant vermerkt, daß laut Mitzenheim Friedenserziehung den bewaffneten Dienst für den Sozialismus einschließe. Der Oberkirchenrat forderte, durch hohe ökonomische Leistungen und gute militärische Ergebnisse zur Sicherung der sozialistischen Gesellschaftsordnung beizutragen. Zu den Losungen »Schwerter zu Pflugscharen« und »Frieden schaffen ohne Waffen« merkte er an, daß sie von »vielen jungen Menschen, die mit der Kirche gar nichts zu tun haben wollen, aber auch von Christen zweckentfremdet werden«.

Noch ein Teilnehmer der Runde ließ sich zu den »Ärmelaufklebern« aus: »Eine Welt ohne Waffen sei zwar das erstrebenswerte Ziel der Christen von der Botschaft der Bibel her, aber gegenwärtig keine Alternative.« Andere Redner erklärten, daß viele Christen bereit seien, länger als achtzehn Monate in der Nationalen Volksarmee (NVA) zu dienen, wenn die staatlichen Organe bessere Überzeugungsarbeit leisten würden. Die Pfarrer sollten zwar nicht für die NVA werben, sie könnten aber »wesentlich zur Bewußtseinsbildung beitragen«.[86]

Schon am folgenden Tag bewegt der Frieden wieder die Gemüter, diesmal auf einer Bezirksvorstandstagung. Der Bezirksvorsitzende eröffnet die Zusammenkunft mit einem Referat, in dem er darauf verweist, daß das jahrhundertelange Streben von Christen, der Friedensverheißung gerecht zu werden, »in der sozialistischen DDR breite Betätigungsmöglichkeiten« gefunden habe. Außerdem »unterstrich er die Bereitschaft junger christlicher Demokraten, neben ihrer gesetzlichen Pflicht im Rahmen der NVA länger zu dienen. Damit unterstrichen diese Freunde, daß sie die aus dem Evangelium abgeleitete Forderung, den Frieden auch mit Waffen zu schützen, in unserer Zeit richtig verstehen.« Ein Bezirksvorständler assistierte mit den Worten: »Je stärker wir das sozialistische Lager ökonomisch, politisch und militärisch festigen, um so sicherer ist der Frieden.«

Den beeindruckendsten Beitrag lieferte die Synodale O. Das Protokoll vermerkt:

»Sie sieht als Mutter und Mitglied der CDU das Bemühen der Partei, christlichen Eltern zu helfen und ihnen den Weg in die sozialistische Gesellschaft zu zeigen, positiv an. Wenn alle – Elternhäuser, Schule, gesellschaftliche Organisationen und staatliche Organe – eine einheitliche gemeinsame Erziehung und Bildung der Kinder und Jugendlichen vornehmen, dann hat sie keine Angst um die Zukunft unserer Republik. Sie erklärt abschließend, daß sich diese Erziehung bei ihren Kindern u. a. darin ausdrückt, daß zwei Söhne drei Jahre ihren Dienst bei der NVA geleistet haben und ein Sohn gegenwärtig seiner Verpflichtung nachkommt.«[87]

Im darauffolgenden Monat hebt das Bezirkssekretariat im fälligen Monatsbericht lobend hervor, daß angesichts »der zunehmenden Aggressivität des USA-Imperialismus« sich viele Unionsfreunde verpflichtet hätten, in der Zivilverteidigung, beim Roten Kreuz, bei der Freiwilligen Feuerwehr und als Grenzhelfer Einsatz zu zeigen. »Besonders deutlich wurde das in den Grenzkreisen Heiligenstadt, Worbis, Nordhausen und Eisenach sichtbar.«[88]

Im Mai, die Friedensbewegung war nicht kaputtzukriegen, sorgten sich die Unionsfreunde schon wieder um ihren »Friedensstaat«. Der Vorsitzende übertrieb kräftig, als er den Kirchen nachsagte, daß sie »die Friedenspolitik unseres sozialistischen Staates nach Kräften unterstützen«. In diesem Sinne sprach auch der unvermeidliche Oberkirchenrat Mitzenheim: Die Friedensarbeit der Kirchen dürfe nicht als eigenständige Friedensbewegung bewertet werden. Die Kirchen und die Christen unterstützten die Friedenspolitik der DDR. Ein anderer Vorständler deklarierte, daß weder die Kirchenleitungen noch die staatlichen Organe »pazifistisches Handeln« zulassen sollten.

Waren die Eltern schuld an derlei gefährlichen Umtrieben im »ersten deutschen Friedensstaat«? Diese Vermutung wird jedenfalls durch die Aufforderung eines Diskussionsredners genährt:

»Gerade in den christlichen Elternhäusern und in den Pfarrgemeinden ist es wichtig, den jungen Menschen die gefährliche Ideologie des Imperialismus klar zu machen und ihnen die Vorzüge der sozialistischen Gesellschaftsordnung zu beweisen. (...) Ziel jedes Gesprächs und jeder politischen Arbeit muß die Erhöhung der ökonomischen Leistungskraft der DDR sein.«[89]

Übrigens: Wer hier genau hinhört, der vernimmt eine geänderte Tonlage – die Konzentration aller Energie auf die Wirtschaft. »Mein Arbeitsplatz – mein Kampfplatz für den Frieden«, wird es bald heißen. Denn Erich Honecker, Günter Mittag und die anderen Politbürokraten haben sich übernommen. Es wird sie nicht daran hindern, weiterzumachen auf ihrem Kurs, mehr auszugeben, als Industrie, Landwirtschaft und Schalck-Golodkowski erwirtschaften. Der Schuldenberg türmt sich Jahr für Jahr höher, und damit wächst der Druck auf die Parteien und Massenorganisationen, mehr zu tun, um die Talfahrt der sozialistischen Wirtschaft zu bremsen. Jetzt sind weniger Bekundungen gefragt – auch wenn es sie bis zum Ende in barockesten Formen geben wird –, jetzt fordert der Staat Taten von den ihn tragenden Parteien. Wir werden auf diese Ausgangslage zurückkommen, wenn wir die Biographie des Bundesverkehrsministers Günther Krause beleuchten.

Wir wissen heute, daß all die Mühen der großen und kleinen Göttings um die in der DDR lebende Christenheit nicht viel gefruchtet haben. Für die Kirchen hat sich seit der Wende manches geändert. Sie sind nun nicht mehr der Ausspähung durch die Staatssicherheit ausgesetzt. Eines aber ist geblieben: Nach wie vor bemüht sich die CDU, die Kirchen zum Transmissionsriemen ihrer Politik zu degradieren. Das geht jedenfalls hervor aus einem Papier des Evangelischen Arbeitskreises der CDU/CSU vom Herbst 1990. Darin heißt es unter anderem:

»Die Möglichkeiten der Union, auf die Entwicklung in der evangelischen Kirche und den Protestantismus Einfluß zu nehmen, sind momentan äußerst günstig. Der Erfolg hängt ab von einem zielgerichteten, koordinierten und vor allem programmatisch orientierten Vorgehen ab. (...) Zugleich ist diese Aufklärungsarbeit aber auch notwendig, um zu verhindern, daß das kirchliche Widerstandsverständnis aus Zeiten des SED-Regimes in demokratische Strukturen transformiert wird.«[90]

Fachleute für solcherart Kirchenbearbeitung gibt es seit der Vereinigung der deutschen Unionschristen ja nun genug in der Partei des »Kanzlers der Einheit«.

Christdemokratische Kundschafter

Wie die CDU auf den Sozialismus aufpaßte

Der CDU war aber weit mehr aufgetragen, als allein die Kirchen auszuspähen. Sie war darüber hinaus dafür verantwortlich, die ihr zugewiesene Bevölkerungsgruppe in ihrem sozialen und politischen Denken und Verhalten auszuforschen. Diesem Zweck diente unter anderem ein aufwendiges Berichtswesen. Jede Ortsgruppe, jeder Kreis- oder Bezirksverband der Partei mußte allmonatlich einen ausführlichen Informationsbericht an den übergeordneten Vorstand schikken. Darin wurde detailliert eingeschätzt, was Mitglieder und parteilose Christen über aktuelle oder grundlegende Fragen der Politik dachten. Eine typische Fragestellung:

»Zu welchen Fortschritten führte die politisch-ideologische Arbeit bei der Festigung des sozialistischen Staatsbewußtseins unserer Mitglieder, insbesondere bei der Vertiefung ihrer Erkenntnis über die wachsende Rolle des sozialistischen Staates als Hauptinstrument der von der Arbeiterklasse geführten Werktätigen bei der Gestaltung der entwickelten sozialistischen Gesellschaft, über die Bedeutung der politischen Macht der Arbeiterklasse und ihrer Verbündeten sowie über die Vervollkommnung der sozialistischen Demokratie? Inwieweit erkennen sie, daß sozialistisches Rechtsbewußtsein [ein] unverzichtbares Merkmal des sozialistischen Staatsbürgers ist?«[91]

Die CDU-Führung nahm ihren Auftrag ernst, jede Bewegung in ihrer Zielgruppe zu orten, damit die SED auf dem laufenden blieb und nicht wieder überrascht wurde wie im Juni 1953. Bei wichtigen politischen Ereignissen spitzten die christdemokratischen Überwacher folgsam die Ohren, damit ihnen nichts entging.

Als zum Beispiel DDR-Präsident Wilhelm Pieck am 7. September 1960 starb und Ulbricht unmittelbar darauf dessen Amt abschaffte, um sich zum Vorsitzenden des neuge-

bildeten Staatsrats aufzuschwingen, reagierten die Unionsfreunde rekordverdächtig schnell. Schon am 13. September
präsentierten sie in siebenfacher Ausfertigung eine »Zusammenstellung zur Meinungsbildung unserer Mitglieder und
der parteilosen christlichen Bevölkerung zur Wahl des Staatsrates«[92]. Darin wird ausgeführt, daß die meisten Mitglieder
diese Veränderung der politischen Struktur begrüßten. Besonders erfreut hätten sich die Unionsfreunde darüber gezeigt, daß Generalsekretär Götting zum stellvertretenden
Vorsitzenden des neuen Gebildes berufen worden sei. »Des
weiteren begrüßten größtenteils auch unsere Mitglieder die
Wahl Walter Ulbrichts als Vorsitzender des Staatsrates, weil
er ständig ein unentwegter Kämpfer für die Interessen und
das Wohl des deutschen Volkes für Frieden und Sozialismus
gewesen ist.« Dann folgt, Bezirk für Bezirk, eine Sammlung
von Meinungen aus der Mitgliedschaft – meist Zustimmung,
manchmal aber Kritik, so etwa aus Leipzig: »Vereinzelt nehmen unsere Mitglieder auch Anstoß an der Wahl Walter Ulbrichts (...).« In der Tat, Ulbrichts kaum zu übertreffende
Unbeliebtheit in der Bevölkerung der DDR findet ihren Wi-
derschein sogar in den Berichten der christdemokratischen
Blockflöten.

Ein anderes Beispiel. Im Bericht des Bezirkssekretariats
Dresden an den Hauptvorstand vom November 1987 wird
die Reaktion der Mitglieder auf den 16. CDU-Parteitag geschildert. Hervorgehoben wird etwa, daß auffällig viele Pfarrer um Parteitagsmaterial gebeten hätten. Und dann folgt
pure Begeisterung:

»Mit Freude und Stolz wird auch zur Kenntnis genommen, was das
Mitglied des Politbüros und Sekretär des ZK der SED in seiner Grußansprache bezüglich der Würdigung, aber auch der Erwartungen gegenüber der CDU zum Ausdruck brachte. Diese Ansprache wird als
eine der bedeutendsten Reden auf Parteitagen der CDU eingeschätzt,
und mehrfach wurde auf die Aussagen Bezug genommen, daß die

Mitarbeit der CDU in unserem Lande nicht zu ersetzen sei und Worte und Taten unserer Freunde in der DDR Gewicht haben.«[93]

Der hier nicht namentlich genannte SED-Prominente, über dessen Rede die christdemokratischen Berichterstatter in Verzückung gerieten, war niemand geringerer als Joachim Herrmann, Honeckers Agitproplaufbursche, dessen intellektuelles Niveau das bescheidene seines Herrn noch um ein erstaunliches Quantum untertraf. Wir werden mit ihm zu tun bekommen, wenn wir versuchen, die Frage zu beantworten, warum Sachsens ehemaliger CDU-Innenminister Rudolf Krause in seiner Blockflötenzeit ausgerechnet Herrmann als Zitatgeber heranzog.

Gewohnte Praxis war es auch, daß die Kreis- und Bezirksleitungen sowie der ZK-Apparat die Mitgliederentwicklung der befreundeten Parteien genau beobachteten und auswerteten. Vor allen Dingen sollte verhindert werden, daß diese in Gebieten wilderten, die außerhalb ihrer Klientel lagen. So konstatiert ein Informationsbericht der SED-Bezirksleitung Dresden über die Mitgliederentwicklung der Blockparteien im Jahr 1988 mit Befriedigung, daß von ihnen im Territorium 32 Arbeiter weniger gewonnen worden seien als im Jahr zuvor. »Darin zeigt sich, daß frühere Kritiken, besonders gegenüber der CDU, Beachtung fanden.«[94]

Die Berichte, die die Blockfreunde anfertigten, wurden – wie alle anderen wichtigen parteiinternen Papiere – in Kopie den jeweils zuständigen Leitungen der SED übergeben. Auch deshalb achteten die Berichterstatter darauf, die eigenen Taten für den Sozialismus nicht unter den Scheffel zu stellen. Nahmen sie es mit der parteiinternen Wahrheit nicht ganz genau, setzte es eine SED-Rüge. So im Bezirk Karl-Marx-Stadt, wo die SED-Bezirksleitung den Bezirksvorsitzenden der CDU, G., im September 1979 in rüdem Ton aufforderte, die »Informationsberichte an den Hauptvorstand (wohlgemerkt: der CDU; C. D.) real abzufassen und die enthaltenen Angaben exakt und gewissenhaft zu überprüfen«. Außerdem war ein weiteres gravierendes Versäumnis festzustellen:

»Freund G. wurde dargelegt, daß es üblich sei, daß die befreundeten Parteien mit uns offen über ihre Probleme sprechen, beabsichtigte Maßnahmen und Höhepunkte mit uns abstimmen und uns über Schulungen und zentrale Beratungen informieren.

Offensichtlich geht der Bezirksverband der CDU von diesem Prinzip ab, denn sonst hätte er uns rechtzeitig darüber informiert, daß der Vorsitzende der CDU, Gerald Götting, die Absicht hat, in Karl-Marx-Stadt vor Funktionären der CDU zu sprechen.«[95]

Die Einheitssozialisten ihrerseits dachten natürlich nicht daran, den Blockpartnern Einblick in ihr Innenleben zu gewähren. Das ständige Gerede von der führenden Rolle der »Partei der Arbeiterklasse« war ein Euphemismus besonderer Güte. Die SED führte nicht, sie diktierte nach Gutdünken ehemaligen Parteien, die zu Transmissionsriemen verkommen waren, was diese zu tun hatten.

Vor dem Hintergrund der Ausforschung ganzer Bevölkerungsgruppen durch die Blockparteien ist es zumindest einseitig, den Begriff Spitzelsystem allein mit dem Ministerium für Staatssicherheit zu identifizieren. Auch Mitglieder und Funktionäre der CDU haben – wie die der LDPD, DBD und NDPD – systematisch ausgekundschaftet und penibel notiert, was einzelne Menschen und Gruppen dachten und taten. Die auffallend große Zahl von in die Staatssicherheit verstrickten CDU-Mitgliedern spricht ebenfalls dagegen, eine Mauer zu bauen zwischen dem Apparat des Erich Mielke und der Partei des Gerald Götting.

Als der später letzte Kulturminister der DDR Herbert Schirmer Ende November 1989 zum Vorsitzenden des CDU-Bezirksverbands Frankfurt/Oder gewählt worden war, hatte er ein erstaunliches Erlebnis. Sein Vorgänger Werner

Zachow, inzwischen Ferienheimleiter im Erzgebirge, reichte ihm bei der Amtsübergabe einen Zettel, auf dem eine Zahl stand: »Das ist die Nummer der Staatssicherheit. Einmal in der Woche!« Das war zu dem Zeitpunkt, als die Bürgerbewegungen mit Unterstützung der Polizei die Zentrale sowie die Bezirks- und Kreisämter der Mielke-Behörde besetzten.

Alle Bezirksvorsitzenden der Blockparteien waren aufgefordert, regelmäßig bei den MfS-Bezirksverwaltungen Bericht zu erstatten. Der Kreissekretär einer Blockpartei war der Kreisdienststelle des MfS oder der Abteilung Inneres beim Rat des Kreises verpflichtet. Häufig trafen sich auch die Kreissekretäre der Blockparteien mit dem 1. Sekretär der SED-Kreisleitung, um unter anderem Sicherheitsfragen zu besprechen. Das Zusammenwirken der Blockflöten mit der Staatssicherheit reichte in vielen Fällen weit hinaus über einen rein telefonischen Kontakt. Viele CDU-Funktionäre ließen es sich nicht nehmen, mit den Kollegen des MfS intensive persönliche Verbindungen zu pflegen. Wer sich der Zusammenarbeit mit der Staatssicherheit widersetzte, mußte mit seiner Ablösung rechnen.

Heute allerdings trennt eine tiefe Kluft die pflichteifrigen Unionsfreunde von ihren ehemaligen MfS-Partnern: Die einen haben teil an der Macht, und den anderen wird es verwehrt, bei der Berliner Müllabfuhr zu arbeiten – ganz vergessen inzwischen die Forderung »Stasi in die Produktion!« Wie praktisch, daß die deutsche Öffentlichkeit einen Sündenbock gefunden hat, auf den sie alles abladen kann, was dem DDR-Regime an Untaten zuzurechnen ist. Selbst Inoffizielle Mitarbeiter der Staatssicherheit berufen sich auf die Gefährlichkeit des Mielke-Imperiums, wenn sie die angebliche Alternativlosigkeit ihrer damaligen Situation beklagen. Als hätte es in der DDR keine Bürger gegeben, die sich den Versuchungen und Drohungen der MfS-Werber mutig entzogen haben.

Sofern nicht die Gauck-Behörde ihr Verdikt spricht oder himmelschreiende Inkompetenz zum Fallstrick einzelner wird, werden die meisten Blockflöten davonkommen. Sie gehörten zu den Privilegierten im SED-Staat, und heute sind sie Bürgermeister, Abgeordnete, Landräte, Parteifunktionäre, als wäre nie etwas geschehen.

Die Analogien zwischen dem Ministerium für Staatssicherheit und der CDU gehen weit über die Innenpolitik hinaus. Sie bestehen auch im Bemühen, die Bundesrepublik politisch zu beeinflussen durch offene wie verdeckte Aktionen.

Seinen ersten organisierten Höhepunkt fand das Unternehmen Westarbeit Ende 1954, als Konrad Adenauer die Pariser und Londoner Verträge unterzeichnete. Sie machten den Weg frei zur Aufrüstung der BRD und zu ihrer Eingliederung in die NATO und in die Westeuropäische Union. Die Trümmer des Zweiten Weltkriegs waren in Ost wie in West noch nicht beseitigt, da sollten wieder deutsche Männer Uniformen anziehen, und wieder stand der Feind im Osten.

Die Remilitarisierung wurde zum Gegenstand einer heftigen innenpolitischen Diskussion. SPD und Gewerkschaften organisierten Großkundgebungen, und auch unter den Christdemokraten und in Kirchenkreisen stieß Adenauers Politik nicht nur auf Zustimmung. In erregten Debatten stritt sich der Bundestag um den westdeutschen Wehrbeitrag und dessen deutschlandpolitische Folgen.

Die SED-Führung tat alles, um im Einklang mit Moskau die Stimmung in Westdeutschland zu beeinflussen mit dem Ziel, die Ratifizierung der Abkommen zu verhindern. Dazu bediente sie sich auch der CDU, vor allem um die Adenauer-Partei zu beeinflussen.

Gehorsam machten sich die Blockflöten daran, sich ihrem Auftrag zu widmen. Als ihre Hauptaufgabe betrachten sie, wie sie in einem Arbeitspapier festhielten: »Die innerhalb der CDU/CSU bestehenden Widersprüche sind von uns auszunutzen und zu verstärken.« Wie wollten sie dieses Ziel erreichen? Zunächst gedachten sie, sich einen genauen Überblick zu verschaffen über die Kräfte, zu denen sie bereits in Verbindung standen. »Dabei sind besonders wichtig Bundestagsabgeordnete, die noch nicht ganz adenauerhörig sind, um diese in unserem Sinne zu beeinflussen.« Darüber hinaus seien weitere Parlamentarier gegen die »Kriegspolitik Adenauers« zu gewinnen.

Wenn es Ost-CDU-Mitgliedern gelungen war, mit Vertretern westdeutscher Christdemokraten ins Gespräch zu kommen, dann sollten sie diese Kontakte brieflich pflegen. Außerdem sollten Westdeutsche eingeladen werden, um ihnen »ein wahres Bild über die politischen und wirtschaftlichen Verhältnisse in der DDR zu vermitteln«. Auch sei die Einflußnahme zu verstärken auf die »christliche Intelligenz« und »christliche Künstler« in der BRD. Bei Großveranstaltungen wie der Leipziger Messe wollten die Unionsfreunde »gesamtdeutsche Gespräche« initiieren.

Die Arbeit in katholischen Arbeitervereinen allerdings durfte nur beobachtet werden. Die Informationen waren an die SED weiterzureichen, »ohne jedoch selbst Maßnahmen in Richtung auf die Aktionseinheit der Arbeiterklasse einzuleiten«. Auch die Arbeiter Westdeutschlands gehörten der SED.

Eine effektive Beeinflussung der Politik im Westen erforderte außerdem, vor Ort aktiv zu werden. Christdemokratische Blockflöten sollten auf Versammlungen der westdeutschen CDU auftreten, um gegen Adenauer Stimmung zu machen. Der »Union Pressedienst« (UPD) sollte verbessert und in höherer Auflage gen Westen geschickt werden. Leserbriefkontakte wollten die Unionsfreunde zu festen Verbindungen ausbauen. Schließlich planten die Götting-Leute,

»Tagungen der CDU/CSU schon in der Vorbereitung agitatorisch zu beeinflussen« und auf ihnen Mitglieder der Ost-Union auftreten zu lassen.[96]

All die Mühe sollte nichts helfen. Die Westintegration der Bundesrepublik war genausowenig zu verhindern wie die Ostintegration der DDR. Aber das hinderte die Unionsfreunde und ihre Auftraggeber nicht daran, ihre Politik der Ausforschung und Beeinflussung gegenüber der BRD zu verfeinern und zu intensivieren. Jetzt bemühten sie sich gezielt, Kontakte zu Parteivorstandsmitgliedern, Bundestagsabgeordneten und Mitarbeitern der Bundesgeschäftsstelle der West-CDU aufzubauen. Innerhalb der Ost-CDU wurde nun überprüft, welcher Unionsfreund »berufliche, persönliche oder andere Verbindungen« zu Funktionären der westdeutschen Christdemokratie besaß und wie diese ausgenutzt werden konnten. Zum Beispiel um den Hamburger Parteitag der Adenauer-CDU im Mai 1957 zu beeinflussen.

Frühzeitig wollten die Herren in Ost-Berlins Jägerstraße herausbekommen, wer zu diesem Parteitag delegiert wurde, um gleich mit der Bearbeitung beginnen zu können – oder, wie es so schön heißt, zu klären, »mit wem man über Fragen, die von beiderseitigem Interesse sind, einmal sprechen könnte«. Und: »Nach Möglichkeit sind Originale von Delegiertenkarten, Einladungen usw. von Besuchen (…) mitzubringen.« Um die Westarbeit besser zu organisieren, beschlossen die Unionsfreunde überdies, in den Bezirksverbänden Leipzig, Erfurt und Dresden »Stützpunkte« zu schaffen. Sie sollten die »Gesamtdeutsche Abteilung« beim Hauptvorstand der CDU unterstützen.[97] Über dieses Organ ist in seinem Gründungsdokument vermerkt: »Die gesamte Arbeit der Abteilung hat besonders vertraulichen Charakter.«[98]

Als die gesamtdeutsche Option in den Hintergrund geriet und Ulbrichts »sozialistische Menschengemeinschaft« allein die Arbeiter-und-Bauern-Macht auf deutschem Boden errichten mußte, verwandelte sich die Gesamtdeutsche Abteilung in die Abteilung West. Die Propaganda orientierte sich nun an dem Ziel »der Stärkung unserer Republik und des ständigen Wachstums der Ausstrahlungskraft unserer sozialistischen Gesellschaftsordnung«. Weiterhin sollten die Unionsfreunde die »widerchristliche« Politik der CDU/CSU bekämpfen und »die objektive Übereinstimmung der Friedensinteressen der christlichen Bürger Westdeutschlands mit der Friedenspolitik unseres Staates« beweisen. Jetzt ging es den Konspirateuren in Ost-Berlin darum, die politische Situation in der BRD zu verändern, christliche Bürger »für den Kampf um echte demokratische Veränderungen an der Seite der fortgeschrittensten Teile der westdeutschen Arbeiterklasse zu gewinnen«.

Gemeint mit den »fortgeschrittensten Teilen der westdeutschen Arbeiterklasse« ist die Deutsche Kommunistische Partei (DKP), der als Nachfolgeorganisation der verbotenen KPD im Zeichen der Entspannungspolitik von Bonn zugelassene Satellit und Geldempfänger der SED. Nicht nur Ehefrau und Chauffeur des späteren DKP-Vorsitzenden Herbert Mies standen auf der Gehaltsliste des Alexander Schalck-Golodkowski, wie wir heute wissen. Ein DKP-Medienkonzern und eine Legion hauptamtlicher Funktionäre, in Ost-Berlin oder Moskau geschult, kämpften für Erich Honecker und Leonid Breschnew.

Wir erinnern uns noch gut an die schäumende Empörung in Ost-Berlin oder Moskau, wenn westliche Politiker oder Medien es wagten, auf Menschenrechtsverletzungen im sozialistischen Machtbereich hinzuweisen: völkerrechtswidrige Einmischung in innere Angelegenheiten fremder Staaten wurde ihnen vorgeworfen. Götting-Vertreter Wolfgang Heyl erklärte 1989 auf einer Hauptvorstandstagung:

»Wo hört da die Einwirkung auf, und wo beginnt die Einmischung? Das ist an der Stelle der Fall, an der versucht wird, nicht nur – berechtigterweise – sich selber und sein System ins rechte Licht zu setzen und das des anderen – berechtigt oder nicht – zu kritisieren, sondern es zu destabilisieren und die eigenen politischen und geistigen Leitvorstellungen für den anderen als verbindlich zu erklären.«[99]

Wer wollte dem widersprechen?

Um den als politischen Feind definierten Staat BRD zu zersetzen, finanzierte die DDR die ausbleibende Revolution in Westdeutschland, ließ sie dort eine Sabotagetruppe auf ihren Einsatz warten, setzte sie das Ministerium für Staatssicherheit ein, um ihre politischen Ziele zu verfolgen, unterstützte sie Terroristen – und bediente sie sich der CDU.

Stolz verkündeten die Unionsfreunde im Juni 1970, ihr Einfluß auf bestimmte christliche Kreise in Westdeutschland habe sich erhöht. Für die Auseinandersetzung mit der Politik der CDU/CSU von wesentlicher Bedeutung sei das Buch »CDU/CSU – Kreuzritter des Kapitals«. »Dieses Buch, das (…) gezielt nach Westdeutschland versandt wurde, hat viele christliche Bürger, vor allem zahlreiche Pfarrer und andere kirchliche Amtsträger, in die Lage versetzt, die Demagogie der CDU/CSU zu durchschauen.« Den Rand dieses Absatzes im »Bericht über die Arbeit der Abteilung West vom 12. Parteitag bis Mai 1970«[100] ziert ein handschriftliches Fragezeichen. Ob es vom Adressaten im ZK der SED stammt? Er hätte jedenfalls Grund gehabt zur Skepsis angesichts solcher christdemokratischen Selbstbeweihräucherung.

Ein anderes Buch, das unter tätiger Mithilfe der CDU-Politverleger entstanden ist, trägt den Titel »Die CDU in der DDR – oder was wir von unseren Brüdern und Schwestern lernen können« und ist im Kölner Plan-Verlag erschienen. Der Bericht übertreibt auch hinsichtlich der Wirkung dieses Pamphlets maßlos – allerdings fehlt an dieser Stelle aus leicht einsichtigem Grund das fällige Fragezeichen:

»Dieses Buch hat in Westdeutschland ein beachtliches Echo gefunden. Der Erste Sekretär des Zentralkomitees der SED und Vorsitzende des Staatsrates, Walter Ulbricht, wertete in einem Brief an den Parteivorsitzenden diese aus der Sicht westdeutscher progressiver Christen geschriebene Publikation als einen Beweis, ›wie die Errungenschaften und Erfolge unserer nationalen Politik in der DDR nach und nach immer stärker auf Westdeutschland ausstrahlen und realistisch eingestellte Menschen aus verschiedenen Schichten der westdeutschen Bevölkerung ernsthaft nachzudenken beginnen. Diese Haltung verdient Beachtung und jede mögliche Unterstützung.‹«

Während offiziell von »friedlicher Koexistenz« und der »Friedenspolitik der sozialistischen Staatengemeinschaft« gesprochen wird, sind der SED und ihren christdemokratischen Helfershelfern keine Mittel zu schade, um sie gegen den Westen, besonders gegen die BRD, einzusetzen. Und während die Führung der DDR öffentlich kein wichtigeres Thema kennt, als die Souveränität ihres eingezäunten Staates zu deklamieren, kennt sie bei ihrer Zersetzungsarbeit keine Grenzen. Sie sieht, wie ihr großer Bruder in Moskau, angesichts der Entspannung zwischen den weltpolitischen Lagern neue Chancen heranwachsen, den eigenen Machtbereich auszudehnen und den Gegner zu schwächen. Und tatsächlich ändert sich in den siebziger Jahren die politische Weltkarte zugunsten des realen Sozialismus. Vor allem in der Dritten Welt gewinnt er zeitweilig neuen Einfluß.

Es würde hier zu weit führen, zu erörtern, daß auch der Westen keineswegs zimperlich ist, wenn er seine Interessen durchsetzen will; der Hinweis darauf muß genügen.

Aber die Entspannungspolitik beschwört für den Sozialismus auf deutschem Boden auch neue Gefahren herauf. Die Menschenrechte werden zum internationalen Thema, die entstehenden Friedens- und Bürgerrechtsgruppen pochen darauf, daß sie von ihren Regierungen eingehalten werden.

Die realen Sozialisten sorgen sich um das politische Bewußtsein ihrer Bürger.

Der »Tag X«, den Ulbricht und seine Mannen wieder und wieder strapaziert hatten, um vor der Angriffslust des Imperialismus zu warnen, wanderte in die Klamottenkiste des kalten Kriegs. Die internationale Anerkennung, welche die DDR nach der deutsch-deutschen Annäherung erfuhr, widerlegte die These, der Westen wolle bei der erstbesten Gelegenheit »mit klingendem Spiel durchs Brandenburger Tor marschieren«, wie eine Propagandaformel der fünfziger Jahre es ausmalte. Diese absurd erscheinenden Sprüche der Machthaber im Osten konnten sich immerhin auf das häufig martialische Vokabular der antikommunistischen Rhetorik vieler westlicher Politiker stützen.

Die gemeinsam empfundene Bedrohung kittete viele Bürger im deutschen Osten zusammen mit ihrer Führung, obwohl diese sich zu keinem Zeitpunkt großer Beliebtheit erfreute. Wer oft in die DDR gereist ist, kennt diese Ambivalenz des Denkens, in dem sich schroffe Ablehnung der Parteidiktatur verband mit Zustimmung zu vielen Absichtserklärungen der SED, vor allem hinsichtlich der Sicherung des Friedens.

Das plumpe Feindbild, das die SED mitsamt ihren Kokonspirateuren entworfen hatte – und dem eine kaum weniger grobe Verzerrung auf der Gegenseite entsprach –, verlor jede Wirkung und damit seine Funktion als geistige Mauer um die Gesellschaft der DDR. Wir wollen hier nicht analysieren, welche staatszerstörende Wirkung die Ausdehnung des Reiseverkehrs und der zunehmende Konsum westlicher Massenmedien auf die Köpfe der DDR-Bürger hatte. Wir möchten ebensowenig ausführen, welcher Zusammenhang besteht zwischen der relativ friedlichen Systemkonkurrenz und dem ökonomischen Kollaps der überforderten DDR-Wirtschaft. Uns genügt es, an dieser Stelle darauf zu verweisen, daß der Untergang des SED-Staats begann, als der NATO-Krieger das Messer zwischen den Zähnen verlor.

Die DDR war ein Produkt des kalten Kriegs, und sie zerfiel, als er endete. Selten ist eine politische These glänzender bestätigt worden als Egon Bahrs Wort vom »Wandel durch Annäherung«. Es besteht aber kein Zweifel daran, daß die militanten Antikommunisten nicht einmal sich selbst eingestehen werden, daß ihre Politik dazu beitrug, den ideologischen Feind am Leben zu erhalten.

Blockflötenbildung

Über die Erziehung zum Unionsfreund

Für die SED und die mit ihr befreundeten Parteien bedeutete Entspannungspolitik von Anfang an, die ideologische Arbeit zu verstärken. Im Jahr 1970 wurden die Verträge von Moskau und Warschau unterzeichnet, und Bundeskanzler Willy Brandt traf sich zum zweitenmal mit dem Vorsitzenden des DDR-Ministerrats Willi Stoph. Wenige Monate später zog der Hauptvorstand der CDU die Konsequenz aus der Annäherung der beiden Lager, indem er den christdemokratischen Funktionären auftrug,

»den zunehmenden Prozeß der Abgrenzung zwischen der sozialistischen DDR und der imperialistischen BRD allen Freunden überzeugend zu erläutern, ihnen den Zusammenhang zwischen unseren Anstrengungen zur Stärkung der DDR und dem Kampf gegen das imperialistische System verständlich zu machen und sie auch von daher zur bewußten Mitarbeit zu gewinnen«.[101]

Mit besonderer Sorgfalt widmeten sich die führenden Unionsfreunde jenen Mitgliedern, die angesichts der Entspannungspolitik »die Gefährlichkeit des westdeutschen Imperialismus« unterschätzten.

Und dann kommen die CDU-Vorständler einmal mehr auf ihr Lieblingsthema: das Militär. Diskussionen mit Mitgliedern hätten gezeigt, daß bei ihnen die Erkenntnis gewachsen sei, wonach die Frage Krieg oder Frieden »insbesondere auch eine Frage des militärischen Kräfteverhältnisses ist«. Schwächen entdeckten die Panzer- und Raketenfans allerdings in der Einstellung mancher Christdemokraten zum Zivilschutz – Grund zu ernsthaftem Bedenken, »weil es im Ernstfall beim Stand der modernen Militärtechnik keinen Unterschied zwischen Front und Hinterland gibt«. Aber es kommt auch Zufriedenheit auf: »Von den für den aktiven

Wehrdienst in Frage kommenden Unionsfreunden ist uns kein Fall der Wehrdienstverweigerung bekannt geworden.«[102]

Im Herbst 1971 wollten die CDU-Führer sehen, was herausgekommen war beim Umstellen ihrer Partei auf die neue, komplizierte Situation. Wieder einmal also unterzogen sie die Union einer internen Überprüfung. Und wieder stand im Vordergrund die Frage, in welchem Maß die Unionsfreunde bereit waren, sich militärisch für den Staat der SED zu engagieren:

»Inwieweit haben die Bezirksvorstände auf der Grundlage des Beschlusses des Präsidiums des Hauptvorstandes ›Unsere Mitarbeit zur ideologischen Unterstützung der sozialistischen Wehrerziehung und der Verteidigungsbereitschaft‹ (vom 17. 11. 70) die politisch-ideologische Arbeit unter allen Mitgliedern entwickelt, um die sozialistische Wehrerziehung unter ihnen zu verstärken und ihre Bereitschaft zum Schutz und zur Verteidigung unseres sozialistischen Staates zu erhöhen?«[103]

Zufrieden stellen die Überprüfer fest, daß »ca. 60–70 % der Unionsfreunde (...) im Ehrendienst christlicher Bürger in den bewaffneten Organen der sozialistischen Landesverteidigung eine notwendige und legitime Form der Wahrnehmung christlicher Verantwortung für den Frieden« sehen. Die verbleibenden dreißig bis vierzig Prozent nähmen aber in »Teilfragen« eine »abweichende Haltung« ein, wenn sie auch »grundsätzlich die Notwendigkeit des bewaffneten Schutzes unserer sozialistischen Errungenschaften bejahen«. Die meisten Unionsfreunde seien davon überzeugt, daß die Frage Krieg oder Frieden eine Frage des Kräfteverhältnisses zwischen Sozialismus und Imperialismus sei. Allerdings unterschätzten rund dreißig Prozent »besonders die imperialistischen Kräfte in der BRD« und verstünden unter Stärkung des Sozialismus noch zu einseitig die Lösung ökonomischer Aufgaben. Bei aller Kritik gibt es doch Grund zur Freude:

»Ca. 90 % unserer Mitglieder sehen in der weiteren Stärkung der politischen Einheit und Geschlossenheit der sozialistischen Staatengemeinschaft und ihres engen militärischen Bündnisses die wichtigste Voraussetzung für Sicherheit und Frieden in Europa. Diese Freunde werten die Zusammenarbeit der DDR mit der Sowjetunion und den anderen Staaten des Warschauer Vertrages und die Waffenbrüderschaft zwischen ihren Armeen als sichere Garantie für den weiteren Ausbau unserer sozialistischen Gesellschaft.«

Genugtuung auch darüber, daß alle 1971 das Studium aufnehmenden Theologiestudenten »im Ergebnis der Zulassungsgespräche« zugestimmt hätten, sich militärisch ausbilden zu lassen. »Die Studentinnen und die aus gesundheitlichen Gründen nicht wehrtauglichen Studenten beteiligen sich an der Zivilverteidigung.«

Keine Anstrengung war den Unionsfreunden zu groß, um den Sozialismus stark zu machen. Stolz erklärten sie im März 1971, daß »im Ergebnis der jahrelangen politisch-ideologischen Erziehungsarbeit (...) sich heute fast alle unsere Mitglieder zur DDR als ihrem Staat« bekennten und sich als »sozialistische Staatsbürger der DDR« betrachteten.[104] Wie sah sie aus, diese langjährige erfolgreiche Erziehungsarbeit?

Die SED hatte den von ihr regierten Menschen den Sozialismus ungefragt übergestülpt. Weil diese Gesellschaftsordnung weder auf demokratischem Weg errichtet worden war noch jemals die Unterstützung einer Bevölkerungsmehrheit gewinnen konnte, bedurfte es der Gewalt und der Ideologie. Beide waren eng miteinander verzahnt. Die Sprache der Ideologie war gewalttätig. In ihr tummelten sich »Feinde«, »Abweichler«, »Renegaten«, »Agenten«, »Konterrevolutionäre« und »Ausbeuter«, die »vernichtet«, »zerschmettert«, »zerschlagen« und »liquidiert« werden mußten. Die Gewalt wiederum wurde ideologisch gerechtfertigt – wo gehobelt wird, fallen Späne. Und die Ideologie hatte zu verhindern, daß die Partei zu oft zur Gewalt greifen mußte, um ihre Herrschaft aufrechtzuerhalten.

Das Ziel der Einheitssozialisten und der mit ihnen befreundeten Parteien war, die gesamte eingezäunte Gesellschaft ideologisch zu durchdringen. Von Kindesbeinen an unterlag der DDR-Bürger der politisch-ideologischen Fürsorge, kämpften die Kommunisten und ihre Helfer um seinen Kopf. Das war häufig ein kompliziertes Unterfangen, schließlich stand der reale Sozialismus Ulbrichts und Honeckers einem »Klassenfeind« gegenüber, der die gleiche Sprache sprach und der mittels der Massenmedien Eingang fand in fast jedes Wohnzimmer der DDR.

Dieser alltäglichen Herausforderung und der Aufgabe, die DDR-Bürger an ihre Führung zu binden, entsprach ein ungeheurer politisch-ideologischer Aufwand, der geleistet wurde von staatlichen Einrichtungen sowie von Parteien und Massenorganisationen. Sie wollten die Menschen auf die nicht immer gleiche Linie der SED einschwören und versöhnen mit jenen Widrigkeiten, die eine in vielen Teilen marode Wirtschaft und die Diktatur des Politbüros hervorriefen.

Es versteht sich von selbst, daß dies nicht gelingen konnte. Agitation und Propaganda müssen, wenn sie effektiv sein wollen, an der Wirklichkeit anknüpfen. Sie dürfen diese verzerren, aber nicht das Gegenteil behaupten von dem, was Menschen tagtäglich erleben. Die Realsozialisten haben daraus nicht die Konsequenz gezogen, ein offenkundig zum Scheitern verurteiltes Projekt einzustellen. Sie haben vielmehr ihre Anstrengung verstärkt, um wenigstens eine gewisse Mindestloyalität im öffentlichen Bewußtsein zu erzeugen. Im Hintergrund standen die sowjetischen Panzer. Deren Existenz allein genügte, um die Ziele der Indoktrination zu fördern.

Immer wieder erinnerte die SED ihre Blockfreunde an »gemeinsame Absprachen, die zentral mit den befreundeten

Parteien erfolgten, daß die Haupttätigkeit der befreundeten Parteien und auch der CDU darin besteht, politisch-ideologische Arbeit mit allen ihren Mitgliedern zu leisten und nicht vorrangig neue Mitglieder zu werben«[105] – so ein Rüffel der Abteilung Staatsfragen der SED-Bezirksleitung Karl-Marx-Staat an den dortigen CDU-Bezirksvorsitzenden.

Wer Mitglied werden wollte, mußte einen Aufnahmeantrag unterschreiben, in dem unter anderem folgende Sätze auffallen:

> »Ich habe mich mit den politischen Grundsätzen und Zielen der CDU vertraut gemacht und bitte, mich als Mitglied aufzunehmen. Ich erkläre mich bereit, die in der Satzung der CDU festgelegten Pflichten zu erfüllen. Ich versichere, daß ich im Besitz der bürgerlichen Ehrenrechte bin, keiner anderen Partei angehöre und nicht aus einer dem Demokratischen Block angehörenden Partei ausgeschlossen wurde.«

Es versteht sich von selbst, daß die CDU sich in ihrer Satzung als Partei des Sozialismus definierte und die führende Rolle der SED unterstrich.

Die politisch-ideologische Arbeit der CDU erfaßte das gesamte Parteileben durch Versammlungen und Konferenzen, durch die parteieigenen Zeitungen und Schulungsveranstaltungen. Letztere bildeten den Kern der »Erziehungsarbeit«. Auf allen Ebenen der Partei fanden Schulungen statt, die dem Ziel dienten, die Politik der Partei in den Köpfen zu verankern. Alle Mitglieder sollten an den Studienjahren der CDU teilnehmen, um sich für die geistige Auseinandersetzung mit »feindlichen Positionen« zu munitionieren. Dazu publizierte der Hauptvorstand der CDU Studienhefte, die gewährleisteten, daß die Unionsfreunde zwischen Rostock und Plauen ihre politische Weiterbildung gemäß den zentralen Themenvorgaben absolvierten.

Das Studienheft Nr. 4 des Studienjahres 1974/75 zum Beispiel steht unter der Überschrift »Christliche Demokraten bewähren sich als sozialistische Staatsbürger«. Nach der

Lektüre von 22 eng bedruckten Seiten stößt das bildungswillige CDU-Mitglied auf folgende Passage:

»Beantworten Sie nun bitte folgende *Kontrollfragen* (Hervorhebung im Original; C. D.):

1. Erläutern Sie, wieso in der klassengespaltenen Gesellschaft der gemeinsame christliche Glaube kein gemeinsames gesellschaftliches Handeln von Ausbeutern und Ausgebeuteten bewirkt!

2. Würdigen Sie das Wirken Thomas Müntzers und weisen Sie nach, daß das Vermächtnis des Großen Deutschen Bauernkriegs in der DDR erfüllt wird!

3. Kennzeichnen Sie an Beispielen die Differenziertheit antifaschistischer Aktionen christlicher Persönlichkeiten! Erläutern Sie, daß und wie wir christlichen Demokraten ihr Vermächtnis erfüllen!

4. Weisen Sie nach, daß die revolutionäre Arbeiterbewegung, geführt von der KPD, die Hauptkraft des antifaschistischen Widerstandskampfes war! Zeigen Sie, wie aus der antifaschistischen Volksfrontpolitik der KPD die Gemeinsamkeit aller werktätigen Klassen und Schichten der sozialistischen Gesellschaft in der Nationalen Front unter Führung der Arbeiterklasse und ihrer Partei erwuchs!«[106]

Das Studienjahr 1989/90 haben die Unionsfreunde nicht mehr abschließen können. Dabei hatte es im ersten Studienheft so verheißungsvoll begonnen: »Christliche Demokraten für eine gesicherte Zukunft der Menschen. Ein friedliches Europa in einer friedlichen Welt«. Das Manuskript für diese Broschüre wurde am 10. August 1989 abgeschlossen – der Niedergang der DDR hatte schon begonnen. Es wäre »grundfalsch und gefährlich, zu meinen, mit ›weniger Sozialismus‹ könnte der Frieden sicherer werden«[107], lernt der Unionsfreund, während seine Partei mitsamt dem Sozialismus in den Abgrund stürzt.

Eine besondere Schulung genossen wichtige Funktionsträger im Staatsapparat und in der Partei. In der Nomenklatur der CDU entdecken wir schon auf der zweiten Ebene – also direkt etwa nach den Sekretären des Hauptvorstands – die Kreissekretäre.[108] Sie spielten, im Tandem mit den ehrenamtlichen Kreisvorsitzenden, eine herausragende Rolle in .

der CDU, weil sie die hauptamtlichen Repräsentanten ihrer Parteien gegenüber den Mitgliedern wie gegenüber den Bürgern waren. Sie hatten ständig Kontakt mit der Öffentlichkeit, und ihr Verhalten bestimmte in hohem Maß das Ansehen ihrer Partei vor Ort. Zu ihren wichtigen Aufgaben zählte, die Parteilinie in der Mitgliedschaft zu erläutern und durchzusetzen. Ihre Loyalität galt dem Parteiapparat, besonders dem Sekretariat des Bezirksvorstands. Monatliche Dienstbesprechungen bei den Bezirkssekretariaten trugen dazu bei, ihre Einbindung in die Partei zu festigen. Sie waren verpflichtet, eng mit der jeweiligen Kreisleitung der SED zusammenzuarbeiten und mit dieser alle die CDU betreffenden Fragen zu erörtern. Sie mußten außerdem, wie erwähnt, auf Verlangen der Kreisdienststelle des MfS oder der Abteilung Inneres beim Rat des Kreises berichten. Kurz und einfach: Niemand konnte Kreissekretär oder Kreisvorsitzender der CDU werden, ohne bewiesen zu haben, daß er mit fester Überzeugung die Politik seiner Partei vertrat.

Ein erstaunliches Phänomen ist, daß viele oft langjährige Kreissekretäre der CDU heute nach wie vor in Amt und Würden sind, wie auch fast der gesamte Apparat der Partei – unterhalb der wenigen aus wahlkosmetischen Gründen geschaßten Spitzenpolitiker – aus seligen Blockflötenzeiten stammt. Die Kreissekretäre, die sich heute marktwirtschaftsgerecht Geschäftsführer nennen, haben sich wie die Kreisvorsitzenden der CDU in großer Zahl als außerordentlich wendig erwiesen. Vielleicht liegt es mit daran, daß sie sorgfältig ausgesucht und nicht weniger sorgfältig geschult worden sind. Wie im Zusammenhang mit der Bauernpartei bereits angesprochen: Wohl keine Bundestagspartei zählt so viele ausgebildete Marxisten-Leninisten in ihren Reihen wie die CDU/CSU.

Die Kreissekretäre und Kreisvorsitzenden hatten die Parteiideologie durchzusetzen dort, wo es am wichtigsten war:

an der Basis. Deshalb legte die Führung der CDU enormen Wert auf eine intensive Schulung ihrer Funktionäre in den Territorien. Die Maßstäbe, die an einen Kreissekretär gestellt wurden, waren hoch. Wer ihnen nicht wenigstens in Annäherung genügte, konnte sich auf Dauer als christdemokratischer Berufsrevolutionär nicht halten. Auf einer Mitarbeiterkonferenz formulierte Gerald Götting neun Kriterien, nach denen die Führung ihre Angestellten an der Basis bewertete:

»Was kennzeichnet einen gut arbeitenden Kreissekretär?

1. Ein Kreissekretär arbeitet gut, wenn er die Beschlüsse des Hauptvorstandes und seiner Organe gründlich studiert und imstande ist, sie schöpferisch auf die Probleme seines Kreises, auf die Schwerpunkte der territorialen Entwicklung anzuwenden.

2. Ein Kreissekretär arbeitet gut, wenn er dabei stets die Einheit von Politik, Ökonomie und Kultur beachtet, wenn er jederzeit davon ausgeht, daß die politisch-ideologische Arbeit das Kernstück unserer Parteiarbeit darstellt, wenn er also das Schwergewicht seines Wirkens darauf legt, politische Einsichten und Erkenntnisse der Mitglieder zu fördern und in Taten für unsere sozialistische Republik umzusetzen.

3. Ein Kreissekretär arbeitet gut, wenn er möglichst viele Freunde zu ehrenamtlicher Mitarbeit gewinnt, wenn er maßgeblich hilft, die notwendige Kollektivität in der Arbeitsweise des Kreisvorstands herauszubilden, die sich in gemeinsamer Verantwortlichkeit bei der Beratung und Lösung der Aufgaben äußert. (...)

4. Ein Kreissekretär handelt richtig, wenn er zusammen mit dem Kreisvorsitzenden vertrauensvoll mit der Kreisleitung der SED, mit den staatlichen Organen, mit dem Kreisausschuß der Nationalen Front, mit allen gesellschaftlichen Kräften zusammenarbeitet (...).

5. Ein Kreissekretär arbeitet gut, wenn er seine Aufmerksamkeit auf die Ortsgruppen konzentriert, wenn er ihren Vorsitzenden und Vorständen kontinuierlich hilft, ihre politischen Aufgaben in der Gemeinde oder im städtischen Wohngebiet zu erfüllen, wenn er aktiv dazu beiträgt, gute Erfahrungen aus der Arbeit der Ortsgruppen zu vermitteln und zu verallgemeinern.

6. Ein Kreissekretär arbeitet gut, wenn er ständig im politischen Gespräch mit parteilosen christlichen Bürgern steht, wenn er die diffe-

renzierte Arbeit mit kirchlichen Kreisen, mit Handwerkern und Gewerbetreibenden fördert. Das entspricht auch seiner Verantwortung als Sekretariatsmitglied der Nationalen Front und hilft, die Basis unsere politischen Wirkens zu verbreitern.

7. Ein Kreissekretär arbeitet gut, wenn er nie vergißt, daß Arbeit mit den Menschen auch bedeutet, die Anliegen und Hinweise unserer Mitglieder und uns nahestehender Bürger sorgfältig zu prüfen und sich darum zu kümmern, daß berechtigte Vorschläge aufgegriffen werden.

8. Ein Kreissekretär arbeitet gut, wenn er die übergeordneten Vorstände regelmäßig und wirklichkeitsgetreu über die Situation im Kreisverband, über die politische Meinungsbildung und gesellschaftliche Aktivität unserer Freunde, über den Stand der Parteiarbeit informiert.

9. Ein Kreissekretär arbeitet gut, wenn er seinen klaren politischen Standpunkt konsequent und parteilich vertritt, wenn er die Fragen unserer Mitglieder und parteiloser Christen mit überzeugenden Argumenten beantwortet, wenn er sich fortwährend weiterbildet. Von seiner Zuverlässigkeit, seiner Einsatzbereitschaft, von der Vorbildwirkung seines persönlichen Verhaltens und Auftretens hängt sein politisches Durchsetzungsvermögen entscheidend ab.«[109]

Um ihre Kreissekretäre und andere Funktionäre zu trimmen, hatte sich die CDU die Zentrale Schulungsstätte (ZSS) »Otto Nuschke« im Schloß Burgscheidungen zugelegt. Die ZSS verfügte über stattliche 250 Internatsplätze und organisierte fortlaufend Grund-, Mittel- Oberstufen- und Speziallehrgänge. Zwischen zwei Wochen und einem halben Jahr wurden die Unionsfreunde für besondere Aufgaben kaserniert und politisch auf den Stand der SED-Linie gebracht. Regelmäßig dozierten Spitzenfunktionäre der CDU, aber auch Referenten der »Partei der Arbeiterklasse« den Marxismus-Leninismus mit verbalchristlichen Beigaben.

Wie ehemalige Teilnehmer berichten, durften die Unionsfreunde in Burgscheidungen relativ offen über ihre Sorgen und Bedenken sprechen. Die ZSS diente insofern auch als Ventil, und sie war der Ort, wo der manchmal nur noch gedämpfte historische Optimismus der Unionsfreunde wieder aufgefrischt wurde.

Die Unionsfreunde, die in den Genuß der weltanschaulichen Weiterbildung kamen, sollten dazu erzogen werden, »als bewußte Staatsbürger bei der Gestaltung des entwickelten gesellschaftlichen Systems des Sozialismus überall freudig Verantwortung zu tragen«. So steht es im 1970er Lehrplan[110] des Christdemokrateninternats in Burgscheidungen. Weiter heißt es dort, im Mittelpunkt der Schulungsarbeit stehe »die Erziehung zur Liebe zu unserem sozialistischen Vaterland und zur Tat für die Vollendung des Sozialismus«.

Das pädagogische Ziel der Grundstufe war, »die Teilnehmer in ihrer Überzeugung und Entschlossenheit zu bestärken, ihre ganze Liebe und Kraft für die Deutsche Demokratische Republik, unser sozialistisches Vaterland, einzusetzen (...)«. Dem Parteischüler sollten gesellschaftswissenschaftliche Grundkenntnisse vermittelt werden, und er sollte lernen, Leitungstätigkeiten in der Partei oder staatliche Funktionen auf unterer Ebene wahrzunehmen. Anreisen zu diesem Zweiwochenlehrgang durften nur Unionsfreunde, die bereits ein Jahr Parteiarbeit hinter sich gebracht hatten. Sie hörten dann Referate zum »gesellschaftlichen Auftrag der CDU«, zu aktuellen außenpolitischen Fragen, zum »ökonomischen System des Sozialismus«, bevor sie am Schluß Übungen zur Leitungstätigkeit absolvierten: Dazu gehörten Argumentieren und Reden, Durchführen von Mitgliederversammlungen und die Arbeit mit dem Ortsgruppenprogramm und dem Kaderentwicklungsplan.

Wer am Mittelstufenlehrgang teilnahm, hatte zwölf Wochen Zeit, das verordnete Erziehungsziel zu erreichen. Bei den Teilnehmern sollte sich eine bewußte Parteinahme für den Sozialismus herausbilden, und sie sollten dessen gesellschaftliches System in allen seinen Teilen verstehen lernen.

Sie sollten die Politik der CDU und der DDR »wissenschaftlich begründen, überzeugend vertreten und ergebnisreich unterstützen« können und Fähigkeiten erwerben zur »wissenschaftlichen Leitungs- und Führungstätigkeit«. Dieser Lehrgang war für Blockflöten gedacht, die auf Kreis- oder Bezirksebene ehrenamtliche oder hauptamtliche Leitungsfunktionen ausübten oder für solche vorgesehen waren. Der Lehrplan war vollgepackt mit allen wesentlichen Ingredienzen realsozialistischer Indoktrination. Gelehrt und gelernt wurde bei vielen Themen auf der Grundlage der einschlägigen Literatur der SED. Das »Lehrgebiet: Aus der Geschichte des deutschen Volkes« etwa liest sich wie die schon erwähnte »Geschichte der deutschen Arbeiterbewegung« Walter Ulbrichts.

Den Mitgliedern von Bezirkssekretariaten, den Kreisvorsitzenden und -sekretären der CDU war die Oberstufe vorbehalten, ein Halbjahreskurs, der seine Teilnehmer befähigen sollte, selbständig Leitungstätigkeit auszuüben. Sie gliederte sich in eine Mittel- und eine Aufbaustufe. Zehn Lehrgebiete erwarteten die Teilnehmer, so etwa »Die DDR – der deutsche Rechtsstaat«, »Die Militärdoktrin der DDR« oder »Die nationale Frage unseres Volkes – bei uns ist sie gelöst!« Unter der Rubrik Geschichte ließen sich die Unionsfreunde unter anderem aufklären über das Thema »Der Revisionismus und der Verrat der SPD-Führung in Vergangenheit und Gegenwart«.

Den Kreissekretären standen weitere Möglichkeiten der Bildung offen. In jährlich stattfindenden Speziallehrgängen zum Beispiel konnten sie sich an Perlen aus der Schatzkammer des Marxismus-Leninismus delektieren. Der Lehrplan des Jahres 1971[111] zum Beispiel hielt folgende Themen für die Geschäftsführer bereit: »Die Arbeiterklasse und ihre marxistisch-leninistische Partei – Haupt- und Führungskraft unserer Gesellschaft« (vier Stunden Vorlesung, je sechs

Stunden Selbststudium und Seminar); »Grundfragen des Perspektivplanes 1971–75 und die politisch-ideologischen Aufgaben unserer Partei bei der Verwirklichung seiner ökonomischen Zielstellungen« (je sechs Stunden Vorlesung, Selbststudium und Seminar); »Der Beschluß des Staatsrates vom 16. 4. 1970 ›Zur Entwicklung sozialistischer Kommunalpolitik‹ und die Aufgaben unserer Partei bei der Gestaltung sozialistischer Arbeits- und Lebensbedingungen in den Territorien« (je sechs Stunden Vorlesung und Selbststudium, acht Stunden Seminar); »Unsere Aufgaben bei der weiteren Festigung der sozialistischen Verteidigungsbereitschaft in unserer Republik« (vier Stunden Vorlesung, zwei Stunden Selbststudium und sechs Stunden Seminar); »Forum zu außenpolitischen Fragen« (zwei Stunden Selbststudium, vier Stunden Seminar); »Die bildungspolitischen Aufgaben unserer Partei und die Schulungs- und Kaderarbeit in den Kreisverbänden« (zwei Stunden Vorlesung, je vier Stunden Selbststudium und Seminar); schließlich »Übungen im Argumentieren« (vier Stunden Seminar).

Damit hinsichtlich des Charakters solcher Veranstaltungen keine irrigen Vorstellungen entstehen, sei darauf hingewiesen, daß es am Ergebnis all der parteipädagogischen Anstrengungen nichts zu rütteln gab. Es handelte sich nicht um Diskussionsveranstaltungen, sondern um eine Schule für Parteifunktionäre, in der die Lehrer auf der Grundlage detaillierter Lehrpläne bestimmten, was zu lernen war. Wer nicht eifrig büffelte und parteimäßig diskutierte, mußte sich ernsthafte Sorgen machen um seine berufsrevolutionäre Zukunft – am Schluß des Lehrplans für Kreissekretäre steht folgender Satz:

»Über jedes Seminar ist ein zusammenfassender Lehrgangsbericht zu fertigen, in dem vor allem auch das Auftreten und die Leistungen der einzelnen Teilnehmer eingeschätzt werden.«

Die Beurteilungen der ZSS kamen in die Kaderakte und spielten bei Personalentscheidungen eine wichtige Rolle. Auch wenn manche heute das Gegenteil behaupten, vom Kreisverbandsfunktionär aufwärts gab es keine Oppositionellen. Und unterhalb dieser Ebene war Widerstand spärlich gesät. Schon der Verdacht ideologischer Zurückhaltung genügte, um die Karriere eines Parteifunktionärs wenigstens stark zu knicken. Um diese Gefahr abzuwenden, haben die ehemaligen CDU-Kreisvorsitzenden Günther Krause, Josef Duchac und ihre Kollegen viel getan.

Unter Freunden

Aus dem Innenleben der Blockpolitik

»Außerdem, so wurden wir informiert, soll sie kurz danach zweimal zum Beichten gewesen sein.«[112] Warum drängte es die CDU-Bürgermeisterin einer kleinen Gemeinde im Kreis Worbis zur Beichte? Die Hintergründe sind verworren und lassen sich kaum mehr vollständig auflösen. Doch wir können einige Tatsachen nennen: Im Frühling des Jahres 1986 trat das Ehepaar S. mitsamt seinen vier Kindern – davon war eines adoptiert – in die katholische Kirche ein. Bald darauf erschienen zwei Herren, die sich nicht auswiesen, aber den Eindruck erweckten, sie kämen von der Kreisverwaltung. Vermutlich handelte es sich um Mitarbeiter der Abteilung Inneres beim Rat des Kreises Worbis. Sie erkundigten sich beim Ehepaar S., wie es dem adoptierten Kind gehe, und wiesen die Bürgermeisterin darauf hin, daß sie sich bei der Adoption verpflichtet habe, das Kind im sozialistischen Sinne zu erziehen. Sie hätte demnach das Kind nicht taufen lassen dürfen. Die beiden Herren drohten ihr, die Adoption widerrufen zu lassen.

Bürgermeisterin S. war verzweifelt. Sie wandte sich an den örtlichen Pfarrer, der ihr versicherte, dem Bischof den Fall vorzutragen. Außerdem beschwerte sie sich beim Kreisvorsitzenden der CDU. Dieser ging zu dem für die Blockparteien zuständigen Sekretär für Agitation und Propaganda in der Kreisleitung der SED und beklagte sich darüber, daß ein Mitglied seiner Partei aus Glaubensgründen unter Druck gesetzt werde. Der SED-Funktionär erklärte, daß die Kreisleitung ein solches Vorgehen auch nicht billige, machte den Unionsfreund aber darauf aufmerksam, daß die Einheitssozialisten »trotz Eintritts in die Kirche von einem Staatsfunktionär (...) erwarten, daß er seinen staatspolitischen Pflichten nachkommen muß. Dazu gehört auch, wenn es soweit ist, daß die Kinder an der Jugendweihe teilnehmen.« Der CDU-Kreisvorsitzende stimmte diesem Prinzip »voll inhaltlich zu«.

Die Bürgermeisterin hatte in ihrer Angst und Verwirrung bei der Schilderung des Ereignisses einiges durcheinandergebracht und unter anderem den stellvertretenden Ratsvorsitzenden, ein SED-Mitglied, beschuldigt, an der Drohaktion beteiligt gewesen zu sein. Das war ein Fehler. Der CDU-Kreisvorsitzende erklärte seinen SED-Freunden:

»1. Die Angelegenheit wird innerhalb der Partei geklärt. Der Kreisvorstand der CDU distanziert sich vom Verhalten seines Mitglieds Kollegin S.

2. Der KV (Kreisvorstand; C. D.) der CDU behält sich die Durchführung innerparteilicher Maßnahmen vor.«

Der christdemokratische Kreisvorsitzende seinerseits wurde darüber informiert, daß der Rat des Kreises möglicherweise ein Disziplinarverfahren gegen die Bürgermeisterin einleite. Über die Tatsache, daß Staatsfunktionäre der CDU-Bürgermeisterin S. angedroht hatten, ihr eines ihrer Kinder wegzunehmen, wurde nicht mehr gesprochen. Das war unbedeutend, verglichen mit der Ungeheuerlichkeit, daß Bürgermeisterin S. es in ihrer Verwirrung gewagt hatte, ein Mitglied der »Partei der Arbeiterklasse« falsch anzuschuldigen.

Wenige Millimeter schmal war der Grat, auf dem die Blockflöten wanderten. Alles, wirklich alles, was in den mit der SED befreundeten Parteien vorfiel, wanderte über die Schreibtische der Einheitssozialisten. Keine Entscheidung ohne ihre Genehmigung. Und wenn ein Unionsfreund einmal aus dem Ruder lief, war die Kreis- oder Bezirksparteikontrollkommission der SED zur Stelle. Sie schalteten sich immer dann ein, wenn es Unstimmigkeiten gab.

So wenn ein Unionsfreund mit Recht und Gesetz in

Konflikt geriet wie im Fall des Altstoffhändlers H. Die Bezirksparteikontrollkommission informierte den zuständigen Mitarbeiter der Abteilung Staat und Recht der SED-Bezirksleitung, das CDU-Mitglied H. sei wegen verbrecherischen Betrugs inhaftiert worden – »mit der Bitte, das Problem mit den Parteifreunden der CDU auszuwerten«.[113]

Es genügte eine Kleinigkeit, um von heute auf morgen in Ungnade zu fallen. In Karl-Marx-Stadt ging es so schnell wie anderswo in der Republik, die sich demokratisch nannte, aber ihre höchste Effektivität erreichte beim Verfolgen abweichender Meinungen. Mitte März 1979 beispielsweise beantragte der CDU-Bezirksvorstand bei der Nationalen Front eine Mandatsänderung:

»Der Bezirksvorstand Karl-Marx-Stadt der CDU hat in seiner Sitzung am 14. 3. 1979 beschlossen, den Antrag zu stellen, S. (...) mit sofortiger Wirkung von seiner Funktion als Abgeordneter des Bezirkstages abzuberufen.

In einem Brief an den Bezirksvorsitzenden der CDU und in einer mündlichen Aussprache am 13. 3. 1979 hat er sich dazu bekannt, anläßlich eines Besuches der Leipziger Messe am 12. 3. 79 am Buchstand der BRD eine Broschüre entwendet und gegenüber den Sicherheitsorganen sein Abgeordnetenmandat mißbraucht zu haben.

In der gleichen Sitzung des Bezirksvorstandes wurde er aus der CDU ausgeschlossen.«[114]

Die Wahrheit dürfte sich so darstellen: Der arme Mann hatte am Messestand eines westdeutschen Verlags eine Broschüre genommen, stehlen mußte er sie wohl kaum. Das entging leider nicht dem wachsamen Auge der Staatssicherheit, die darauf achtete, daß keine westliche »Hetzpropaganda« die Harmonie im realsozialistischen Paradies störte. Alle Ausreden, auch der Verweis auf seine staatstragende Funktion, sollten S. nicht davor bewahren, binnen drei Tagen vom christdemokratischen Bezirkstagsabgeordneten zum Feind gestempelt zu werden. So war das mit der christlichen Nächstenliebe.

Ein anderer Fall: In einem Eisenacher Betrieb gab es Anfang der achtziger Jahre erhebliche Personalprobleme, und die Bezirksparteikontrollkommission trat auf den Plan. Sie fühlte sich nämlich auch für die Klärung der Frage zuständig, wie Leiter in Kombinaten zu arbeiten hatten, gleich welcher Partei sie angehörten. Der Genosse in der Abteilung Staat und Recht wird in dieser Sache gebeten, »über die entsprechenden Institutionen der CDU mit darauf einzuwirken, den Kollegen B. zur vollen Wahrnehmung seiner Verantwortung in der Herausbildung sozialistischer Leitungsmethoden bei der Anleitung und Kontrolle (...) zu veranlassen«.[115]

Als außerordentlich kompliziert erwies sich die »Kaderangelegenheit« des Unionsfreundes S. in einem kleinen thüringischen Städtchen. Hier schaltete sich außer dem 1. Sekretär der Erfurter Bezirksleitung der SED und dem CDU-Bezirksvorsitzenden auch der Hauptvorstand der Union ein. Schließlich ging es darum, einen ins Straucheln geratenen Spitzenmanager mit einer geeigneten Position zu versorgen. Die Schwierigkeiten wuchsen noch, als sich herausstellte, daß S. den »Dienstweg« verlassen und sich direkt an Götting gewandt hatte.

Angefangen hatte das Verwirrspiel mit Unregelmäßigkeiten in einer Textilfabrik. Noch heute, mehr als ein Jahrzehnt danach, hört man, die Fabrik habe auf Betreiben ihres Betriebsleiters S. außer der Reihe gegen Schwarzgeld oder aus Gefälligkeit Jagdkleidung für Prominente geschneidert, und dies sei schließlich aufgeflogen. Für diese Version spricht wenigstens der Umstand, daß solche krummen Geschäfte geradezu zum DDR-Alltag gehörten. Und über das pathologische Jagdfieber der Crème de la crème des realen Sozialismus brauchen wir keine Worte zu verlieren. Wie dem nun gewesen sei, S. konnte nicht Direktor in der volkseigenen Textilfabrik bleiben.

Allerdings war S. Mitglied des Hauptvorstandes der CDU und mit Götting gut bekannt. Dieser wiederum war, wie wir wissen, ein treuer Gefolgsmann Honeckers. Man mußte also vorsichtig sein. Das hieß in diesem Fall: Was andere ins Gefängnis gebracht hätte, bedeutete für unseren S., daß ihm sieben gehobene Funktionen, darunter zwei Direktorenstellen, im Raum Gotha angeboten wurden. Das jedenfalls teilte der Bezirksvorsitzende der CDU dem »lieben Gerhard«, dem 1. Sekretär der SED-Bezirksleitung, »mit sozialistischem Gruß« mit. Nebenbei bemerkt, hatte der CDU-Bezirkschef in Briefen an seine Oberen in Berlin nur »freundliche Grüße« im Sinn.

Es dauerte ein Vierteljahr, bis S. sich endlich bereit fand, Betriebsleiter einer volkseigenen Möbelfabrik zu werden. Das war das Ergebnis eines Gesprächs im Haus der Gothaer SED-Kreisleitung zwischen S., dem CDU-Bezirksvorsitzenden und zwei SED-Kreissekretären. Der CDU-Bezirksvorsitzende meldete erleichtert an seinen Hauptvorstand: »S. hat sich bereit erklärt, seine gesellschaftlichen Funktionen weiter auszuüben.« Nun war alles wieder gut.

S. hatte übrigens zu jenen Unionsfreunden gehörte, die sich 1972 mit Freude von ihren Unternehmensanteilen trennten, nachdem sie zuvor schon den Staat zum Miteigentümer ihrer Firmen gemacht hatten, um den Aufbau des Sozialismus nach Kräften zu fördern. Wer heute im schönen Thüringen unterwegs ist, stößt vielleicht in einem Städtchen auf eine Textilfabrik mit blendend weißer Fassade, darauf in dicken schwarzen Großbuchstaben S.s Name, dahinter das Kürzel »GmbH«. Sogar jenen, die sich selbst enteigneten, um sich zum eigenen Nutzen dem realsozialistischen Staat anzudienen, wurde das Unternehmen zurückgegeben – so heilig ist das Privateigentum in der Marktwirtschaft.

Das Gerangel um Stellenbesetzungen zwischen den Block-flöten beschäftigte die Schreibkräfte in den örtlichen Partei-zentralen stark. Gestritten wurde nicht nur um Direktoren-posten, sondern auch um unbedeutende Funktionen. Die Parteipolitik und die Eifersüchteleien um die besten Plätze am Futtertrog kannten keine Beschränkung nach unten. Oft schlugen Entscheidungen über unbedeutende Stellenbeset-zungen Wellen bis nach Ost-Berlin. Die christdemokrati-schen Funktionäre in den Bezirken und Kreisen wußten, daß Götting bei aller Liebe zur »Partei der Arbeiterklasse« mit Argusaugen auf den Blockproporz achtete. Oft gelang es ihm, Entscheidungen von SED-Bezirks- und Kreisleitungen aufheben zu lassen. Aber immer beugte er sich schließlich den Beschlüssen der SED.

Die CDU-Funktionäre hatten manchmal Grund, sich über die Zurücksetzung von Unionsfreunden zu beklagen, wenn zum Beispiel niedere SED-Würdenträger klassenkämp-ferischen Übereifer zeigten. So etwa, als dem Stationsleiter eines Dorfbahnhofs im Thüringischen erklärt wurde, daß er sein Amt verlöre, wenn er Mitglied der CDU würde, wie dieser es beabsichtigte. »Als Grund wurde die Bedeutung der Eisenbahnstrecke Gerstungen-Erfurt als wichtige strategi-sche Linie angegeben«[116], wie in einer Aktennotiz des CDU-Kreisverbands Eisenach an die dortige SED-Kreisleitung for-muliert wird.

Aber bei all den kleinen Mißlichkeiten des Blockflötenall-tags, meist strahlte doch realsozialistischer Sonnenschein. Freundschaft herrschte unter den Erbauern des Sozialismus. Sah man vom Klassenfeind und den ihm auf den Leim ge-henden Verrätern ab, gab es überall nur Freunde. »Freunde« nannte man kurz und kräftig die sowjetischen Verbündeten, vor allem deren Soldaten im Land. Ihnen widmete sich eine der größten Massenorganisationen im Land: die Gesellschaft für Deutsch-Sowjetische Freundschaft. Thüringens heutiger

Ministerpräsident Duchac etwa betätigte sich hier eifrig als stellvertretender Kreisvorsitzender in Gotha. Den Bezirksverband Frankfurt/Oder der DSF führte Professor Immo Lieberoth an. Er sitzt heute für die CDU im Bundestag, und es ist sicherlich auf die Nachlässigkeit einer Schreibkraft zurückzuführen, daß diese wichtige Funktion in seiner offiziellen Vita im Bundestagshandbuch nicht genannt wird.

Als »Freunde« redeten sich auch die Mitglieder der vier Parteien untereinander an. »Unionsfreunde« war, wie wir schon wissen, die parteispezifische Sprachregelung für CDU-interne Zwecke. Meist wurde nach innen wie nach außen »freundlich« gegrüßt, manchmal beschloß ein Unionsfreund ein höfliches Schreiben an einen anderen Unionsfreund mit »freundlichen Unionsgrüßen«. Die »Partei der Arbeiterklasse« erfreute sich naturgemäß größter freundschaftlicher Gefühle ihrer Freunde, und so fanden sich im Lauf der Jahrzehnte schließlich auch die Christdemokraten bereit, ihr »sozialistische Grüße« zu senden.

Die Demokratische Bauernpartei, neben der Block-CDU Helmut Kohls zweite Erbschaft aus der untergegangenen DDR, war beim Anreden und Grüßen übrigens etwas prosaischer: »Kollegen« nannten sich die Bauernparteiler untereinander. Auf den Bezirksparteischulen der SED aber wären die Bauernfreunde beleidigt gewesen, hätte man sie nicht als »Genossen« tituliert. Aber das nur nebenbei.

Auf freundschaftliche Hilfe angewiesen war, wer den Kampf gegen die realsozialistischen Mangelerscheinungen erfolgreich bestehen wollte. Ob Autos oder Wohnungen, für den DDR-Bürger war beides verbunden mit unerträglichen Wartezeiten. Das galt nicht für führende Unionsfreunde. Ihnen standen Dienstwagen zur Verfügung, und wenn im HO-Laden mal etwas fehlte, wurde es eben woanders besorgt. Wohnungen bestellten und erhielten die Funktionäre nach Wunsch.

Es genügte zum Beispiel, wenn der Bezirksvorsitzende der CDU sich für einen hochgestellten Unionsfreund beim 1. Sekretär der SED-Bezirksleitung verwandte. So im Fall des Herrn S., der eine Dreizimmerneubauwohnung in Erfurt-Mitte geordert hatte. Die Intervention des CDU-Bezirksvorsitzenden an den Bezirkschef der Einheitssozialisten erfolgte am 7. September 1983. Die Sache war erledigt am folgenden Tag. Die SED-Stadtleitung teilte ihren Vorgesetzten mit:

»Wie bereits fernmündlich besprochen, können wir für den Kollegen S. eine den Wünschen (...) entsprechende Wohnung am südlichen Juri-Gagarin-Ring bereitstellen. (...) Der voraussichtliche Übergabetermin an die KWV (Kommunale Wohnungsverwaltung; C. D.) ist der 30. 9. 1983. Das Schreiben des Bezirkssekretariats der CDU reiche ich anbei zurück.«[117]

Und da sagen manche, der Sozialismus sei nicht effektiv gewesen!

Wirksam und – um es auf DDR-deutsch zu sagen – allumfassend war auch die fürsorgliche Betreuung bei Personalfragen, die die SED der CDU angedeihen ließ. »Die Kader entscheiden alles«, hatte Stalin dereinst deklamiert, und in der Tat waren Entscheidungen über die Besetzung von Funktionen in den Blockparteien von großer Bedeutung für die freundschaftliche Zusammenarbeit unter Führung der »Partei der Arbeiterklasse«. Nicht eine einzige personalpolitische Festlegung wurde in den Kreis- und Landesverbänden oder im Hauptvorstand der CDU getroffen, ohne vorher die SED um Zustimmung zu bitten. Standen Kreis- und Bezirksdelegiertenkonferenzen oder gar Parteitage ins Haus, prüfte die SED frühzeitig die Wahlvorschläge für die Vorstände.

Ein Beispiel aus dem Bezirk Erfurt: Am 12. September 1987 sollte turnusgemäß eine Bezirksdelegiertenkonferenz der CDU stattfinden. Sechs Wochen vorher hatte die SED-Abteilung befreundete Parteien und Kirchenfragen mit ihren

CDU-Freunden alles abgeklärt. Genauestens wurden die Details der Konferenz notiert und in einer Aktennotiz dem 1. Sekretär der Bezirksleitung der SED übermittelt. »Alle 11 Neuvorschläge wurden mit den Kreisleitungen abgestimmt«[118] – so lautet der zentrale Satz des Dokuments. Keine Berufung eines christdemokratischen Funktionärs, ohne daß vorher dort, wo der Betreffende wohnte, erforscht wurde, ob es Bedenken gegen ihn gab.

Ein ehemaliger Leiter einer Kreisdienststelle des MfS schilderte mir, daß die wöchentlichen Berichte der Staatssicherheit über alles Erdenkliche im Territorium in Kopie auf dem Schreibtisch des 1. Sekretärs der SED-Kreisleitung landeten. Außerdem konnten die Parteiarbeiter bei den Kreissekretären der CDU und anderen SED-hörigen Blockfreunden ausreichend Informationen einholen, um abzusichern, daß auf keinen Fall ein dem realen Sozialismus nicht hundertprozentig gewogener Kandidat in Amt und Würden kam.

Sollte es trotz strengster Auslese Schwierigkeiten geben, war sofort die SED mit brüderlicher Hilfe zur Stelle. So hatte die SED-Kreisleitung Erfurt-Land im Juli 1988 bei dem von ihr zu betreuenden CDU-Kreisvorstand Anlaß zur Sorge über »eine Reihe Probleme, an deren Überwindung mit Hilfe des Bezirksvorstandes der CDU gearbeitet werden müßte«:

»In der letzten Beratung mit befreundeten Parteien in Auswertung der 6. Tagung des ZK erklärte der Vorsitzende (der Kreisvorsitzende der CDU; C. D.), N., (...), daß im Sekretariat des KV der CDU Auseinandersetzungen zur gegenwärtigen ungenügenden Wirksamkeit der CDU zu verzeichnen seien (...). Bei N. zeigten sich schon mehrfach Positionen eines Betrachters, der Kritik z. B. an Einwohnerforen übt, statt konstruktiv als Vorsitzender seiner Partei zu wirken. (...)
In Gesprächen mit dem Kreissekretär der CDU, H., 32 Jahre, gibt es ebenfalls pessimistische Positionen zu ungenügender Arbeit des Kreisvorstandes. (...) Die ungenügende Reife des Kreissekretärs zeigte sich

auch im politischen Fehlverhalten bei einer Bloßstellung des Bürgermeisters von S., Genossen K., durch die Leitung der Handballsektion, deren Vorstandsmitglied H. ist.

In einer von mir geführten Auseinandersetzung zeigte er sich einsichtig, daß er inkonsequent war, weil er Kenntnis von der beabsichtigten Verunglimpfung des Bürgermeisters durch ein Plakat mit der Aufschrift: ›Wir grüßen den Märchenprinz und seine Kickers‹ im Stadion beim Fußballspiel in S. hatte und sie nicht verhinderte. (...)

Es wäre angebracht, zu prüfen, die Funktion des Vorsitzenden durch ein anderes, im Kreis wohnendes CDU-Mitglied mit größeren Erfahrungen zu besetzen.«[119]

Ärger mit einem CDU-Kreissekretär gab es im Frühjahr 1984 auch im sächsischen Kreis Pirna. Freund H. hatte es gewagt zu kritisieren, daß der Bürgermeister des Dorfes W. nicht auf einen Brief geantwortet habe und daß die Kandidatenliste für die Kommunalwahlen SED-lastig sei. Außerdem wußte die SED-Kreisleitung nach oben zu berichten, daß es mit ihm häufig Auseinandersetzungen gebe und H. sich selten an der »gesellschaftlichen Arbeit« im Ort beteilige. Die SED-Kreisleitung zeigte H. die gelbe Karte:

»Es wurde Übereinstimmung erzielt, daß sofort ein Gespräch mit dem Vorsitzenden des Kreisverbandes und dem Kreissekretär der CDU zu dieser Problematik in offener und vorwärtsweisender Art geführt wird.«[120]

Dem damaligen CDU-Kreissekretär B. in Plauen wurde im Sommer 1979 vorgeworfen, ein Theologie-Fernstudium aufgenommen zu haben und im Bezirk Gera in Gottesdiensten gepredigt zu haben. Außerdem habe er 1964 den Wehrdienst verweigert, ein schwerwiegender Vorwurf, der nicht völlig ausgeräumt werden konnte durch den Umstand, daß B. die Fehlerhaftigkeit dieses Schrittes inzwischen eingesehen hatte. Schließlich wird er zunächst der Scheckbetrügerei bezichtigt, dann wird diese Unterstellung nach einer Überprüfung zurückgenommen[121], um einige Wochen später erneut erhoben zu werden. Diesmal mit der Folge, daß der inzwischen von seiner Funktion abgelöste B. in Untersuchungshaft genommen wird. Als dem Leiter der SED-Bezirksleitungsabteilung für Sicherheitsfragen die entsprechende Meldung auf den Tisch flattert, notiert er »Neuer Sekt« (neuer Sekretär) und streicht diese unabweisbare Erkenntnis dick an.[122]

Die Aktenbestände der SED strotzen vor solcherlei Dokumenten, die belegen, wie schmal das Seil war, auf dem die Blockflöten balancieren durften. Sie zeigen außerdem, daß die Unionsfreunde selbst und unaufgefordert in unzähligen Fällen an die Einheitssozialisten herangetreten sind, wenn sie der kaderpolitische Schuh drückte. Sie hatten die führende Rolle der SED nicht nur anerkannt, sie gehörte auch zu ihrem politischen Selbstverständnis.

Aber wie gesagt: Meistens herrschten Frieden und Freundschaft in Honeckers DDR. Eifrig bemühten sich die christdemokratischen Blockfreunde, »durch neue Taten, die dem Sozialismus und dem Frieden dienen, ihre Verbundenheit mit unserem sozialistischen Vaterland zu bekunden«, wie es zum Beispiel in einem Brief des Ortsgruppenvorsitzenden des Kurorts Friedrichroda vom August 1984 an die Ortsparteileitung der SED heißt – »Betreff: Abrechnung Wettbewerbsverpflichtungen«. Gegenüber der SED verpflichteten sich alljährlich die gut 100 000 Christdemokraten, große Leistungen für den Sozialismus und die Sicherung des Friedens zu vollbringen, und alljährlich legten sie Rechenschaft ab über ihre guten Taten.

Die Friedrichrodaer Ortsgruppe verbuchte bei der Abrechnung ihrer Leistungen im sozialistischen Wettbewerb im August 1984 sechs eingereichte Neuerervorschläge, von denen drei zu Neuerervereinbarungen führten mit einem volkswirtschaftlichen Nutzen von 87 000 Mark. Außerdem hatten die Unionsfreunde fleißig gesammelt: 600 Kilogramm Altpapier, 1950 Flaschen, 1100 Gläser, 400 Kilogramm Metallschrott, 120 Kilogramm Alttextilien, 15 Kilogramm Plaste und 600 Kilogramm Futtermittel für die ansässige LPG Tierproduktion. Darüber hinaus steuerten sie zur Eigenversorgung Gemüse, Obst, Fleisch und Eier bei. Allerdings mußten sie »Fehlmeldungen« verzeichnen bei Mastschweinen, Mastbullen, Wolle und Honig.[123]

Ein Jahr später fielen die Leistungen deutlich besser aus, nur bei Textilien und Futtermitteln für die LPG mußten Einbußen zugegeben werden. »Aus Anlaß des 40jährigen Gründungstages der CDU wurden bereits im Juni zu Ehren des XI. Parteitages der SED im April 1986 (...) Zusatzverpflichtungen zum Ortsgruppenprogramm aufgenommen«.[124] Die beiden Großereignisse hatten die Unionsfreunde an der Basis offenkundig beflügelt.

Im Jahr darauf wurde noch eins draufgetan, schließlich hatte der SED-Parteitag stattgefunden und Honeckers Jubelkundgebung auf Kosten einer leeren Staatskasse zusätzliche Kräfte mobilisiert bei den christdemokratischen Blockflöten, die auf keinen Fall schlechtere Leistungen vorweisen wollten als die Freunde der LDPD, NDPD oder DBD. Auch hatte der SED-Generalsekretär in seinem Rechenschaftsbericht die befreundeten Parteien gelobt ob ihres Engagements für den realen Sozialismus. Voller Enthusiasmus bringt der CDU-Ortsgruppenvorsitzende unter anderem die folgenden Sätze zu Papier:

»Die eindrucksvolle Bilanz seit dem X. Parteitag wurde dargelegt als Ergebnis eines engen Vertrauensverhältnisses zwischen Partei und Volk. Die ausgesprochene Wertschätzung und der Dank an die befreundeten Parteien für die Wahrnehmung der gesellschaftlichen Mitverantwortung erfüllt uns mit hoher Genugtuung. Eindeutig wurde herausgestellt, daß dem Sozialismus die Zukunft der Menschheit gehört. (...) Wie bereits in der ›Willensbekundung‹ vom 16. Mai zum Ausdruck gebracht wurde, sind und bleiben wir christlichen Demokraten aktive Mitgestalter der entwickelten sozialistischen Gesellschaft in der DDR.«[125]

Also übernehmen die Unionsfreunde zusätzliche Verpflichtungen: 50 Stunden Nachbarschaftshilfe, 50 Kilogramm Alttextilien, 5 Kilogramm Plaste, 100 Kilogramm Altpapier, 400 Flaschen und Gläser usw.

In der erwähnten Willensbekundung hatten sich die Unionsfreunde übrigens unter anderem verpflichtet, bei den für Juni angesetzten Volkskammerwahlen die Kandidaten der Nationalen Front zu wählen, und zwar bis acht Uhr morgens.[126] Ein realsozialistischer Wähler mußte früh aufstehen.

Bei der CDU-Ortsgruppe Friedrichroda handelte es sich keineswegs um eine besonders SED-begeisterte Grundorganisation – ihre Aktivität wird vielmehr geschildert, weil sie typisch ist für das Verhalten der Unionsfreunde in der gesamten DDR. Friedrichroda allerdings ragt aus dem Republikdurchschnitt heraus, zum einen weil es schön eingebettet liegt im Thüringer Wald und zum anderen weil es zwei ehemalige Ferienheime für Angehörige der Staatssicherheit beherbergt, in denen der heutige Landesvater Thüringens sich kulturpolitische Meriten verdiente. Dazu später mehr.

Hier ist nun auf ein republikweites Phänomen einzugehen, das seine Wurzeln unverkennbar in der Begeisterung für den realen Sozialismus findet: auf das Phänomen der überplanmäßigen Vermehrung ohne materiellen Hintergrund. So gelang es etwa einem Unionsfreund, der sich zur »Produktion« von neun Schweinen verpflichtet, aber nur acht hochgepäppelt hatte, zehn Schweine gegenüber seinem Kreisvorstand und der SED-Ortsparteileitung abzurechnen. Bei der rechnerischen Bearbeitung der Ergebnisse des sozialistischen Wettbewerbs im Kreismaßstab wurden aus den zehn Säuen elf, und das innerhalb von zwei oder drei Wochen! Das Bezirkssekretariat zählte dann schon wenigstens zwölf solcher vermehrungssüchtigen Grunzer, und der Hauptvorstand fügte ihnen noch ein paar hinzu, um den Beitrag der Christdemokraten zum realen Sozialismus gegenüber der »Partei der Arbeiterklasse« ins rechte Licht zu rücken. Da mußte Gott seine Hand im Spiel haben! Wie Pennäler freuten sich die Unionsfreunde dann über das fällige Lob der SED. Daß sich imaginäre Schweine nicht schlachten lassen und die Versorgung mit Schweinefleisch sich trotz der wundersamen Säuevermehrung nicht verbesserte, stand auf einem anderen Blatt.

Jeder kannte dieses Phänomen der überplanmäßigen Vermehrung ohne materiellen Hintergrund, das sich auf Schweinereien nicht beschränkte. Wenn der CDU-Ortsgruppenvorsitzende dem SED-Ortparteisekretär vom sozialistischen Wettbewerb berichtete, dann wußten beide, worüber gesprochen wurde. Denn auch die SED folgte dem beschriebenen Abrechnungsprinzip. Es war eine Seite der Medaille.

Deren andere bestand darin, Planvorgaben angesichts verfehlter Ziele im nachhinein herabzusetzen, um dann stolz das Übersoll zu feiern. Eine exakte Darstellung des Planbetrugs zur Produktion von Erfolgsmeldungen in der Ägide des SED-Wirtschaftssekretärs Mittag liefert der ehemalige ZK-Abteilungsleiter Carl-Heinz Janson in seinem lesenswerten Buch »Totengräber der DDR. Wie Günter Mittag den SED-Staat ruinierte«.[127]

Die Ideologie siegte über die Ökonomie. Ob im kleinsten Dorf, ob in der »Hauptstadt der DDR« – schlimmer als die oft bedrückenden Mangelerscheinungen des Alltags wäre es für die Politbürokraten gewesen, sich und der Öffentlichkeit einzugestehen, daß das Plansoll einmal mehr verfehlt wurde. Das wußten die kleinen und großen Fürsten in der Provinz. Positive Meldungen waren gefragt im Klassenkampf.

Die Zusammenarbeit der Blockparteien war auch in einer anderen Hinsicht höchst freundschaftlich. Auf Orts- und Kreisebene duzten sich die Partner meist, und die Kontakte beschränkten sich keineswegs auf die Politik. Die Freunde der SED, CDU, DBD, NDPD und LDPD betrachteten sich als Gemeinschaft, und alle zogen an einem Strick, beim Mogeln wie beim Einsatz für den Sozialismus. Meist rief der Ortsparteisekretär der SED die Blockflöten zur allmonatlichen Sitzung zusammen, in den Kreisen war dafür der Agitpropsekretär der SED-Kreisleitung zuständig. Auf der nächsthöheren Ebene engagierten sich die Mitarbeiter einer SED-Bezirksleitungsabteilung, die je nach Ort und Zeit den Namen »Parteiorgane«, »Staatsfragen«, »Staat und Recht« oder »befreundete Parteien« trug. Noch heute schwärmen ehemalige Leiter dieser Abteilungen von der vorzüglichen Zusammenarbeit mit den Blockparteien. Ich habe keinen ehemaligen Agitpropsekretär einer SED-Kreisleitung und keinen ehemaligen Leiter der zuständigen Abteilung der SED-Bezirksleitungen gefunden, der sich an Oppositionelle unter den Blockfreunden erinnern konnte. Im Gegenteil, alle lobten den freiwilligen Einsatz der Unionsfreunde für den Sozialismus.

Die Parteien des realen Sozialismus bildeten eine große Familie. Da kamen natürlich auch einmal Reibungen auf, man eifersüchtelte und stritt sich hin und wieder, wie wir es an manchen Stellen geschildert haben. Am Schluß aber sorgte das Familienoberhaupt SED dafür, daß Harmonie einkehrte. Zur Familie gehörten selbstverständlich die Vettern und Nichten aus den Sicherheitsorganen: die Volkspolizei, die Abteilungen Inneres in Städten, Kreisen und Bezirken und die Staatssicherheit. Man traf sich oft in Sitzungen und Versammlungen im Demokratischen Block, in der Nationalen Front, in den Parlamenten, auf Kultur- und Politveranstaltungen oder in Vereinen. Man war nett zueinander, besonders zur SED, und teilte die Sorgen des Alltags. Erstaunlich, daß viele Unionschristen sich heute daran nicht mehr erinnern wollen. Wechseln die Zeiten, wechseln die Freunde.

Eine Folge hat die enge Versippung der Blockfreunde allerdings bis in unsere Tage. Bei allen lauten Anti-SED-Deklamationen der CDU in der Öffentlichkeit, viele Unionsfreunde riskieren keine dicke Lippe gegen die PDS in Neufünfland. Deren Mitglieder und Abgeordnete nämlich wissen viel über die Ex-Blockpartner, und nicht selten behalten sie ihr Wissen für sich, weil sie sich davon zu Recht versprechen, daß sie in den Auseinandersetzungen geschont werden, solange sie schweigen. Viele ostdeutsche Parlamentarier, Minister und Ministerpräsidenten sind nicht nur ihrem Gewissen und Amtseid verpflichtet, sondern auch ihrer nicht aufgearbeiteten Vergangenheit und denen, die diese Altlast kennen.

Was immer langgediente CDU-Funktionäre heute behaupten, sie haben alle mitgesungen im großen Chor der SED-Bewunderer. Ob im Hauptvorstand oder im Vorstand der Ortsgruppe, die Unionsfreunde haben ohne Unterlaß ihre Treue zum Sozialismus, zur Sowjetunion und zur »Partei der Arbeiterklasse« beteuert. Im folgenden einige Kostproben, Zitate aus Dokumenten der Devotion.

Im Januar 1963 fand der VI. Parteitag der SED statt, auf dem Walter Ulbricht das neue Parteiprogramm begründete mit den Worten: »Die Interessen des Volkes, die Bedürfnisse der Werktätigen sind eine starke Triebkraft. (...) Sie verlangen den Sozialismus in seiner Gesamtheit und in seiner Vollständigkeit.«[128] Als das ZK der SED den Parteitag einberief, meldete sich der Hauptvorstand der CDU zu Wort mit einem Brief an Ulbricht:

»Die christlichen Demokraten in der Deutschen Demokratischen Republik erblicken in der Einberufung des VI. Parteitages der Sozialistischen Einheitspartei Deutschlands ein Ereignis von außerordentlich großer Bedeutung für alle in der Nationalen Front des demokratischen Deutschland vereinigten Kräfte, ja für unser ganzes Volk. Daß die Dokumente, die der VI. Parteitag zu verabschieden haben wird, im

Entwurf vor der Öffentlichkeit zur Diskussion gestellt worden sind, zeugt von der sich immer mehr verbreiternden sozialistischen Demokratie in unserer Republik.«[129]

Im selben Jahr tagte die Kreisdelegiertenkonferenz der CDU Brandenburg-Land. In einem achtseitigen Bekenntnisdokument versichern die Unionsfreunde wenige Monate, nachdem Honecker sich um den Bau der Berliner Mauer verdient gemacht hatte:

»Wir werden die Überzeugung festigen, daß wir Christen unsere Heimat in der DDR haben. Alle Mitglieder unserer Partei müssen erkennen, daß dieses Neue, der Sozialismus und der Friede um so mächtiger ist, je mehr Menschen, durchdrungen von der Gewißheit des Sieges des Sozialismus und des Friedens, dafür kämpfen. (...)
Das Unglück der deutschen Nation liegt nicht in der Spaltung Deutschlands, sondern im Bestehen der imperialistischen Kräfte in Westdeutschland. (...) Nicht der antifaschistische Schutzwall in Berlin gefährdet den Frieden, sondern die Kriegsvorbereitungen und die Atomaufrüstung der westdeutschen Militaristen.«[130]

Mit Erich Honeckers Inthronisierung als SED-Chef kam zur Unterwürfigkeit der Schwulst. Die barockesten Ausmaße erreichte er ab Mitte der achtziger Jahre, als der Generalsekretär des Zentralkomitees der Sozialistischen Einheitspartei Deutschlands und Vorsitzende des Staatsrates der Deutschen Demokratischen Republik, wie er sich gerne nennen ließ, sichtlich zu vergreisen begann. Der XI. Parteitag der SED im April 1986 stellte einen Höhepunkt des kollektiven Kriechertums dar, an dem auch die Unionsfreunde sich rege beteiligten.

So befleißigte sich ein Mitglied des Stadtbezirkssekretariats Dresden-Ost zu bemerken: »Mein Dank gilt der SED für ihre umsichtige Wirtschafts- und Friedenspolitik, die gerade in der Gegenwart ein besonderes Gewicht erhält, wo uns erneut die Aggressivität des Imperialismus wiederum sehr deutlich vor Augen geführt wird.« Ein VEB-Werkleiter freut sich: »Es konnte festgestellt werden, durch die Anstrengungen der Werktätigen und die bewährte Blockpolitik mit allen Parteien sind die Beschlüsse des X. Parteitages realisiert worden.« Ein Ortsgruppenvorsitzender erklärt: »Es lohnt sich, jung zu sein.« Ein Betriebsteilleiter ist dankbar: »Die hohe Wertschätzung und der Dank an diese befreundeten Parteien durch Freund Honecker bestätigt unsere gute Zusammenarbeit und wird uns weiter Ansporn sein.« Ein Medizinalrat zu Honeckers Ausführung zum Frieden: »Mit einem solchen humanistischen Ziel, das in der Liebe zur Menschheit wurzelt, stimme ich voll überein, und nicht zuletzt wurde die klare Perspektive, die jeder Bürger in unserer sozialistischen Gesellschaft hat, überzeugend dargelegt.« Ein Diplomingenieur stößt ins gleiche Horn: »So unterstütze ich aus ganzem Herzen die Feststellung Erich Honeckers, daß unser Land dem überaus kühnen und großartigen Programm der Sowjetunion zur Befreiung der Welt von Atomwaffen seine volle Zustimmung gibt.« Der Leiter für Ein- und Verkauf in einem Schlachthof glaubt, daß die Beschlüsse des X. SED-Parteitags erfüllt worden seien: »Und das ist ein Beweis dafür, daß die Partei der Arbeiterklasse ihr Wort gehalten hat.« Ein Kreistagsabgeordneter und Leiter der Milchproduktion einer LPG ist optimistisch: »Auch wir als christliche Demokraten werden die vom XI. Parteitag der SED gebrachte Direktive zum Volkswirtschaftsplan mittragen und schöpferisch in die Tat umsetzen.« Eine Unionsfreundin beschwört: »Wir als christliche Demokraten sind jederzeit verläßliche Mitstreiter bei der allseitigen Stärkung der Republik. Mein Arbeitsplatz ist auch ein Kampfplatz für den Frieden.« Ein Diplomingenieur sieht sich bestätigt: »Als Christ, der sich mit unserem sozialistischen Staat identifiziert, waren die Worte der Anerkennung – so, wie sie E. Honecker im Bericht zur Block- und Bündnispolitik dargelegt hat – eine erneute Bestätigung für die Richtigkeit auch meines persönlichen Hoffens.« Der Sachbearbeiter einer Kreissparkasse fordert: »In wünsche mir bis in die kleinste Ebene eine solche offene und ehrliche Haltung zur Bündnispolitik, wie es im Bericht vom XI. Parteitag zum Ausdruck kam.«

Lassen wir abschließend einen selbständigen Friseurmeister zu Wort kommen. Der Parteitag hat gerade erst angefangen, als er verkündet: »Weil die christlichen Demokraten wissen, daß durch die führende Rolle der Partei der Arbeiterklasse die Stellung des Menschen im Sozialismus uns allen ein menschenwürdiges Dasein in Frieden garantiert, deshalb unterstützen die Freunde der CDU mit ganzem Herzen die Politik und damit Ergebnisse und Ziele des XI. Parteitages der SED.«[131]

Das haben sie getan, und sie waren treu bis nach der Wende.

Gewiß, es hat Widerspruch gegeben von CDU-Mitgliedern. Aber viele verwechseln heute die Kritik an alltäglichen Mangelerscheinungen und anderen Widrigkeiten des realen Sozialismus mit Opposition. Die Unzufriedenheit mit Unzulänglichkeiten ist nicht selten geäußert worden. Wenn der Kritiker sie in die verlangte »konstruktive Form« verpackt hat, mußte er mit Verfolgung nicht rechnen.

Ich habe in unzähligen Gesprächen mit ehemaligen Mitgliedern der SED und der Blockparteien erlebt, wie immer wieder der Hinweis kam, man sei doch mit vielem nicht einverstanden gewesen und habe dagegen protestiert. Wenn ich fragte, was das Viele war, mit dem der Betreffende nicht einverstanden gewesen sei, dann erhielt ich meist die Antwort, die Kritik habe sich gegen die schlechte Versorgung mit diesem oder jenem gerichtet.

Manchmal aber stieß ich bei meinen Recherchen auf mutige Menschen, die unter dem Einsatz ihrer persönlichen

Freiheit mehr Demokratie gefordert und, wo es in ihrer Macht stand, auch praktiziert haben. So zum Beispiel die Bürgermeisterin eines kleinen Dorfes im mecklenburg-vorpommerschen Kreis Teterow, die sich etwa weigerte, die obligatorische alljährliche Begehung ihres Ortes durch Vertreter des Rates des Kreises mitzumachen mit der Begründung, daß sich dadurch erfahrungsgemäß sowieso nichts ändere. Auch lehnte sie es ab, bei Wahlen die Bürger ihres Dorfes zum Gang zur Urne zu veranlassen, wie es republikweit üblich war und wobei sich auch Thüringens heutiger Innenminister Willibald Böck bewährt hat. Sie hatte ständig Streit mit ihrer vorgesetzten Dienststelle, und als sie sich vor den Fälscherkommunalwahlen im Mai 1989 nicht bereit zeigte, einen Stellvertreter zu verpflichten, weil sich freiwillig keiner fand, steigerte sich der Psychoterror der SED-Oberen, bis die alleinstehende Mutter glaubte, einen Ausweg nur noch in der Selbsttötung zu entdecken. Sie überlebte durch glückliche Umstände. Während der Wende trat sie aus der CDU aus und engagierte sich im Neuen Forum.

Die CDU verlassen hat inzwischen auch Herbert Schirmer. Er gehört zu den wenigen Unionsfreunden, die Mitbegründer des Neuen Forums waren. Das hat ihm bis in die Wende hinein nur Ärger gebracht, auch wenn er, wenn man mit ihm spricht, dazu neigt, die Gefahr zu unterschätzen, der er sich aussetzte. Als der Sturz des SED-Regimes perfekt war, sahen die Blockflöten in Schirmer plötzlich einen Vorzeigekandidaten. Nun begann eine rasante Karriere für den engagierten Kulturpolitiker: Binnen weniger Wochen war er Bezirksvorsitzender der CDU in Frankfurt/Oder, dann brandenburgischer Landesvorsitzender, schließlich Kulturminister in Lothar de Maizières Kabinett nach der Volkskammerwahl im März 1990. Aber dann stellten seine Parteifreunde fest, daß Schirmer es mit der Demokratisierung ernst meinte und daß er die eiskalte Annektion der Ost-

CDU durch das Konrad-Adenauer-Haus nicht hinnahm. Dem steilen Aufstieg folgte mit der Vereinigung am 3. Oktober der tiefe Fall. Heute belebt Schirmer das Burgmuseum in Beeskow bei Berlin mit guten Ideen. Wir werden noch auf seine Erlebnisse zurückkommen.

Unter Unionsfreunden kursiert der Satz, der Eintritt in die CDU zu DDR-Zeiten sei ein Akt des Widerstands gewesen. Daß diese Aussage eine Schutzbehauptung ist, ergibt sich aus der Blockflötengeschichte. Wie auch die Tatsache, daß es sich bei den Christdemokraten Gerald Göttings nicht um Mitläufer gehandelt hat, wie Wolfgang Schäuble die schuldhafte Verstrickung seiner neugewonnenen Parteifreunde im Osten verharmlost hat. Die Empörung über Göttings SED-Hörigkeit ist Heuchelei, denn die Unionsblockflöten haben in den Bezirken, Kreisen und Gemeinden politisch nicht anders gewirkt als ihr Parteivorsitzender. Es hat einen Widerstand der CDU gegen Honeckers, Mittags und Mielkes Diktatur nie gegeben. Es ist davon weitgehend auch nichts zu entdecken *in* der CDU. Mit zwei Ausnahmen[132]: die Arbeit der Ortsgruppe Neuenhagen bei Berlin und der »Brief aus Weimar«. Über letzteren informiert das folgende Kapitel, da der Brief in die Zeit der Wende fällt. Die Aktivität der Neuenhagener Gruppe dagegen beginnt, als jeder, der den Untergang der DDR prognostiziert hätte, zum Phantasten erklärt worden wäre.

»Wer sich in die politische Kleie mischt, den fressen die politischen Schweine.‹ Wir werden schon nicht gefressen werden (...).« So machten sich die Unionsfreunde Neuenhagens Mut, als sie im Juni 1988 zu einer Mitgliederversammlung einluden. Zuvor hatten sie ein Thesenpapier verbreitet. »Mit den Thesen, die ich Ihnen am 2. 6. 88 übergeben habe, muß man natürlich vorsichtig umgehen. Meine größte Sorge ist, daß sie in falsche Hände kommen. Ich habe deshalb alle Exemplare numeriert und Ihrem Exemplar die Nummer 3 gegeben.« So die Vorsitzende der Ortsgruppe, die Ärztin und heutige Bundestagsabgeordnete Else Ackermann, an den in Eisenhüttenstadt lebenden Redakteur der CDU-Zeitung »Märkische Union« Günter Fromm. Und dann steht da noch: »Jeder Unionsfreund hat die Möglichkeit, seine Gedanken zu äußern und damit seine demokratischen Grundrechte wahrzunehmen.«

In ihren Thesen forderten die Neuenhagener Reformen nach dem Vorbild der Perestrojka und kritisierten die DDR-typische »Entmündigungspraxis«. Sie verweisen auf das Stalinsche Erbe und erklären:

> »Die geschlossene Gesellschaft ist aber in der heutigen Zeit der politischen Öffnung eine ideologische Deformation und wird von den Menschen als Anachronismus empfunden. (...) Der Vorstand der CDU-Ortsgruppe in Neuenhagen fragt nach der Eigenständigkeit der CDU in unserem Land, die sich nicht in Appellen an die christliche Ethik und Moral erschöpfen darf.«[133]

Das Papier endet mit Matthäus 5,6: »Selig sind, die da dürsten nach der Gerechtigkeit, denn sie sollen satt werden.«

Die Neuenhagener haben Glück gehabt, daß die Staatssicherheit ihnen nicht auf die Spur kam. Ein Jahr später, im Sommer 1989, wird ihre Sprache deutlicher, in ihr schlägt sich die Stimmung nieder, wie sie kurz vor dem Aufruhr gegen das Regime in Teilen der Bevölkerung herrscht. Die Christdemokraten Neuenhagens sprechen von einem »offensichtlichen Mißverhältnis zwischen der Realität der sozialistischen Wirklichkeit und dem vom Apparat verordneten Traumbild einer heilen sozialistischen Welt«. Sie verlangen, den demokratischen Zentralismus abzuschaffen. Die Medienpolitik solle den Erfordernissen einer »modernen sozialistischen Industriegesellschaft angepaßt und modernisiert werden. Das bedeutet Transparenz und einen Pluralismus der Meinungsbildung.«[134]

Den Sozialismus will niemand abschaffen. Von der

deutschen Einheit ist nicht die Rede. Die Vorstellung, Helmut Kohl als Parteivorsitzenden zu haben, wäre ihnen ein Greuel. Sie diskutieren über die Verbesserung des Sozialismus. Als dann alles ganz anders kommt, als die Ost-CDU beginnt, sich nach Westen zu orientieren, und den Sozialismus aus ihrer Programmatik tilgt, wird nicht mehr diskutiert.

Das schwarze Loch

Wie die CDU aus der Geschichte floh

Ottokar Wundersee, letzter Vorwendeoberbürgermeister der »ersten sozialistischen Stadt der DDR«, sagt: »Von Eisenhüttenstadt wäre die Revolution nicht ausgegangen.« In der Tat, in der Stadt an der Oder war der Wohnraummangel weniger bedrückend als anderswo in Honeckers Republik, und da die ältesten Wohnbezirke noch solide gemauert worden sind, machen die Fassaden bis heute einen ordentlichen Eindruck. Es zahlte sich aus, daß die Stadtverwaltung und die Kreisleitung der SED immer mal wieder nicht ganz legal Baukapazitäten abgezweigt hatten. Auch die Versorgung war besser als im Republikdurchschnitt, was sich im vergleichsweise reichhaltigen Sortiment des Kaufhauses »Magnet« und anderer Geschäfte in der Leninallee sowie in den sieben Wohnbezirken zeigte.

Das riesige Eisenhüttenkombinat Ost (EKO) gab den meisten Bewohnern der »Metallurgenstadt« gute und gutbezahlte Arbeit. Und mehr als das: Das EKO ist der Daseinsgrund Eisenhüttenstadts, nur für seine Arbeitskräfte ist die Stadt ab 1950 gebaut worden. Wie die Stalinallee in Berlin sollte Stalinstadt, so ihr Name bis zum 22. Parteitag der KPdSU, der Stein und Zement gewordene Ausdruck der neuen Zeit sein. In einer Reportage aus dem Jahr 1955 lesen wir:

»Im Werk ist Schichtwechsel. Hochöfner, Angestellte, Wissenschaftler, Techniker und Ingenieure beleben das Bild der schönen Stadt. Jetzt strömt in über 1000 Wohnungen warmes Wasser in die Badewannen. Und in acht Stunden ist wieder Schichtwechsel, und in 1000 anderen Wohnungen wird wieder Wasser in 1000 Badewannen strömen. Für die Menschen in Stalinstadt ist das nicht mehr ungewöhnlich. Wir aber gehen durch die Straßen und hören förmlich das Rauschen der 1000 Hähne. Es gibt in dieser Stadt keine Wohnung ohne Bad, aber es gibt viele Wohnungen mit einem Wintergarten. Was für eine Stadt! Hier wurde nicht für Arme und Reiche gebaut. Hier wurde eine Stadt für Menschen gebaut.«[135]

Die meisten Menschen, die dort leben, sind nicht begierig auf Veränderungen. Nur reisen würden sie gerne, wohin sie wollten. Spät erst gründet sich das Neue Forum, und das erste Bürgerforum wird einberufen von der SED. Bei den Kommunalwahlen im Mai 1990 wird die PDS stärkste Partei, und Ottokar Wundersee erhält mehr Stimmen als alle anderen Kandidaten, über tausend mehr als sein Nachfolger im Amt, der heutige CDU-Oberbürgermeister Wolfgang Müller.

Das Neue Forum ist immer noch in der Opposition, und es hat oft genug mit Menschen zu streiten, die früher schon auf der anderen Seite gestanden hatten: nicht nur mit Wolfgang Müller, der zu SED-Zeiten hauptamtlicher Stadtrat für Öffentliche Versorgungswirtschaft war. Auch der Kreissekretär der CDU, Werner Schulz, ist geblieben, nur nennt er sich heute Geschäftsführer. Der Stadtrat für Kultur heißt nach wie vor Frank Gericke, allerdings hat er das SED-Parteibuch abgegeben.

Detlef Kirchhoff, ehemals Stadtrat für Energie, sitzt inzwischen für die CDU im brandenburgischen Landtag. In seiner offiziellen Biographie hat er viel angegeben, etwa, daß er im Verband der Kleingärtner, Siedler und Kleintierzüchter e. V. mitwirkt, aber nicht, daß er lange Jahre Funktionär der SED-Bruderpartei DBD gewesen war und sogar ein Jahr lang erfolgreich die Bezirksparteischule der Einheitssozialisten in Frankfurt/Oder besucht hat. Dort ließ er sich selbstverständlich mit »Genosse« ansprechen, und genauso selbstverständlich unterschrieb er Briefe, die er im Rathaus an Bürger diktierte, »mit sozialistischen Grüßen«.

Der verantwortliche Lokalredakteur heißt unverändert Klaus Käthner. Früher war er zuständig für die Berichterstattung des Organs der SED-Bezirksleitung »Neuer Tag« – Träger des Vaterländischen Verdienstordens in Gold und des Ordens »Banner der Arbeit« –, heute heißt das Blatt »oder-anzeiger«. Auch Käthner, vor der Wende hundert Prozent linientreuer Verkünder von realsozialistischen Erfolgsmeldungen, hat sein Parteibuch abgegeben.

Aber wir greifen der Zeit voraus. Unsere Schilderung, wie die CDU sich in der Wende verhielt, soll am Anfang beginnen, als von Wende noch keiner sprach, obwohl die DDR schon am Ende war. In unserer Chronik der Ereignisse[136] werfen wir einen konzentrierten Blick auf die Bezirke Frankfurt/Oder, Cottbus und Potsdam, die heute das Bundesland Brandenburg bilden, und hier besonders auf Eisenhüttenstadt. Ich stütze mich dabei in hohem Maß auf bisher unveröffentlichtes Material, so häufig auch auf parteiinterne Dokumente der CDU und der SED. Ereignisse der großen Politik und in anderen Bezirken wollen wir nicht ausblenden bei unserem Versuch, mit der Lupe vor dem Auge den Zeitpunkt zu entdecken, an dem die CDU beschloß, sich vom Sozialismus zu verabschieden, um eine Partei des Kapitalismus zu werden.

Wann hat die Wende begonnen? Nach den gefälschten Kommunalwahlen im Mai 1989? Am 7. August, als die Medien der DDR zum erstenmal meldeten, daß DDR-Bürger in Botschaften der Bundesrepublik saßen, um ihre Heimat zu verlassen? Oder erst Anfang September, als sich die Gruppen der Opposition zusammenfanden und das Neue Forum gegründet worden ist? Das genaue Datum ist eine Interpretationsfrage, auf die wir uns hier nicht einlassen wollen.

21. bis 27. August 1989
Uns, die wir auf den Spuren der CDU sind, fällt als erstes eine Erklärung Gerald Göttings auf, die er, etwas verfrüht, zum 40. Jahrestag der DDR abgibt:

»(...) In diesen vier Jahrzehnten ist uns christlichen Demokraten zur Gewißheit geworden: In unserem Staat dient alle Arbeit dem Wohl des Nächsten und dem Frieden – hier ist unser Vaterland, dem wir verbunden sind und das wir aktiv mitgestalten, weil wir hier so leben und wirken können, wie es uns durch die gesellschaftlichen Konsequenzen aus christlicher Ethik, durch die Lehren der Geschichte, durch unser eigenes Wollen und Streben geboten ist. (...)«

Erich Honecker hat sich soeben Gallensteine entfernen lassen, Günter Mittag führt die Geschäfte des Politbüros und damit die DDR. Die Mächtigen schweigen. In Budapest und Prag sind die Botschaften der BRD überfüllt von auf ihre Ausreise wartenden DDR-Bürgern.

Die staatliche DDR-Nachrichtenagentur ADN verbreitet eine Meldung unter der Überschrift »Kampagne gegen die DDR im Stile des kalten Krieges«. Darin wird der Bundesrepublik vorgeworfen, Bürger der DDR zum Verlassen ihrer Heimat anzustiften. West-Berlins Regierender Bürgermeister Walter Momper erklärt, die Zusammenarbeit zwischen den beiden deutschen Staaten und die Schaffung einer neuen europäischen Friedensordnung dürfe nicht blockiert werden durch Diskussionen um die deutsche Frage und durch »Wiedervereinigungsrhetorik«.

Unionsfreund F. aus Cottbus, Vorsitzender des Reservistenkollektivs in seinem Betrieb, sagt: »Gerade als Christ ist es mein ureigenstes Interesse, das zu verteidigen, was ich mit aufgebaut habe.« Der NVA-Hauptmann erinnert sich genüßlich an die militärische Ausbildung während seines Studiums an der Ingenieurschule für Bauwesen in Zittau. Dort hat er gelernt, wie man eine Maschinenpistole reinigt und wie man am schnellsten und kräftesparendsten die Sturmbahn überwindet. Die Christdemokraten des Kreises Herzberg wollen ihre Mitgliederversammlungen interessanter gestalten. Dazu sollen Referenten in die Ortsgruppen eingeladen werden, die dort sprechen über die Bedeutung der Blutspende, Verhaltensweisen, die zur Festigung von Ehe und Familie beitragen, Möglichkeiten des Kreditwesens. Kreissekretär Dieter Jagode meint, besonders wichtig sei das Thema sozialistische Demokratie in der Kommunalpolitik. Aus Potsdam meldet die »Märkische Union«: »Tomatensaft gelangt nun in den Handel«.

In Eisenhüttenstadt wird die Thälmannstraße um drei Meter verbreitert. Im EKO wird auf Hochtouren gearbeitet: »Auch unsere Kollektive der Baustoffe bekennen sich zu anspruchsvollen Zielstellungen anläßlich des Weltfriedenstages«, des 1. Septembers, erklärt eine Steinfegerin dem SED-Bezirksblatt »Neuer Tag«. Die CDU-Zeitung »Märkische Union« berichtet erfreut, daß Eisenhüttenstadt über zwölf Freiluftgaststätten verfügt.

28. August bis 3. September 1989
DDR-Außenminister Oskar Fischer trifft sich mit seinem ungarischen Amtskollegen Gyula Horn. ADN berichtet, aber unterschlägt, daß beide sich nicht einigen darüber, was mit den rund 1400 DDR-Bürgern in Budapest geschehen soll. Erich Honecker tritt einen Genesungsurlaub an. Günter Mittag schweigt weiterhin. Die Zahl der in ungarischen Lagern wartenden DDR-Bürger hat sich auf etwa 3500 erhöht. Der evangelische Bischof der Kirchenprovinz Sachsen, Christoph Demke, schreibt: »Die Zumutung des Widerspruchs zwischen dem, was der einzelne im Alltag erfährt, und dem, was er in der Zeitung liest, wird unerträglich.«

Der Bezirksvorsitzende der Frankfurter CDU, Werner Zachow, empfängt Gäste: Eine Delegation des Vorstands der Wojewodschaftsabteilung Gorzow der Vereinigung Pax reist in den Oderbezirk. Die »Märkische Union« vermerkt unter der Überschrift »Der Ranzen ist gepackt«, daß der 31. August der letzte Tag der Sommerferien ist. »Worüber in den Pausen gesprochen wird, läßt sich denken: über

Ferienreisen und Abenteuer.« Ein absichtsvoller Irrtum. Wolfgang Schulze, Brigadeleiter in einem Baukombinat in Strausberg, schreibt über die »Friedensschicht«, die er und seine Kollegen hinter sich gebracht haben, im »Neuen Tag«: »Als wir 6.30 Uhr wieder zur Schicht antraten, steckte uns die Anstrengung zwar noch in den Knochen, aber das Gefühl, diesen Kraftakt für eine gute Sache, die beste der Welt – den Frieden – geleistet zu haben, überwog bei allen.« Berufsschullehrer Unionsfreund Paul Hammer aus Müncheberg freut sich auf einer Bezirksvorstandssitzung in Frankfurt/ Oder über die Erfolge des realen Sozialismus. »Das Streben nach einer hohen Leistung im Beruf, im Wohngebiet und auch in der gesellschaftlichen Arbeit ist auch für das Funktionieren der sozialistischen Gesellschaft unabdingbar.« Wenn man heute mit diesem oder jenem unzufrieden sei, dann liege das lediglich am Versagen einzelner.

Stadtrat Detlef Kirchhoff (DBD) freut sich, daß in Eisenhüttenstadt eine »stabile Versorgung mit Elektroenergie, Gas, Wärme und festen Brennstoffen« gewährleistet ist, »so daß sich jeder wohlfühlt«. Unionsfreund Pfarrer Bruno Müller, ein überzeugter Anhänger des Sozialismus, betreut die »VI. Gratwanderung für den Frieden«, die von der Christlichen Friedenskonferenz veranstaltet wird. OB Ottokar Wundersee und Stadtrat Frank Gericke beantworten Bürgerfragen, so etwa, ob die versprochene Blumenverkaufsstelle im VI. Wohnkomplex nun endlich eingerichtet werde. In diesem schon in der häßlichen Plattenbauweise errichteten Stadtviertel wäre ein wenig Buntes wahrhaftig angebracht. Die Jugendbrigade »Solidarität« im EKO verspricht, Höchstleistungsschichten zu Ehren des Weltfriedenstags durchzuführen.

4. bis 10. September 1989
Immer mehr DDR-Bürger versuchen auszureisen über die
ČSSR, Polen und Ungarn. Vertreter der sozialistischen Opposition verabschieden in Böhlen bei Leipzig einen Aufruf
»Für eine Vereinigte Linke in der DDR«, in dem es unter
anderem heißt, »daß die DDR vor einer historischen Chance
radikaler Erneuerung des sozialistischen Gesellschaftskon-
zepts steht«. Das Neue Forum wird gegründet: »Allen Bestrebungen, denen das Neue Forum Ausdruck und Stimme
verleihen will, liegt der Wunsch nach Gerechtigkeit, Frieden
und Demokratie sowie Schutz und Bewahrung der Natur
zugrunde.« Günter Mittag, der nach wie vor den genesungs-
bedürftigen Parteichef vertritt, schweigt noch immer.

Die Oberstudienrätin Annemarie Klenke, Vorsitzende
des CDU-Kreisverbandes Zossen, erinnert sich öffentlich an
die Anfänge der DDR und der Blockpolitik: »Man respek-
tierte uns aktive Christen voll und ganz. (...) 40 Jahre
DDR – vier Jahrzehnte Wirken für den Frieden, für die Stärkung unseres Staates, das ist uns christlichen Demokraten
Auftrag und Aufgabe.«

An der Volkshochschule in Eisenhüttenstadt wird ein
Lehrgang zur Pilzkunde eröffnet.

11. bis 17. September 1989
Ungarn öffnet seine Grenze zu Österreich. 11 000 DDR-
Bürger reisen in die BRD ein. Das »Neue Deutschland« ti-
telt: »Provokation gegen die DDR stabsmäßig organisiert –
Eiskaltes Geschäft mit DDR-Bürgern – Silberlinge für Ungarn«. Demonstration in Leipzig, 104 von 1300 Teilnehmern
werden festgenommen und teilweise mißhandelt. Die SDP –
später SPD –, der Demokratische Aufbruch – später CDU –
und die Bürgerbewegung »Demokratie jetzt« – später Bündnis 90 – werden gegründet, die Staatssicherheit ist führend
dabei. Die Eisenacher Tagung der Bundessynode der

Evangelischen Kirche findet statt. Vier Kirchenmitarbeiter und CDU-Mitglieder nutzen die Gelegenheit und veröffentlichen zu diesem Anlaß einen »Brief aus Weimar«. Die Verfasser sind Kirchenrat Gottfried Müller, heute Präsident des thüringischen Landtags; Pastorin Christine Lieberknecht, heute umstrittene Kultusministerin im Kabinett Duchac; Oberkirchenrat Martin Kirchner, später bis zu seiner Enttarnung als MfS-Agent Generalsekretär der Ost-CDU und de-Maizière-Intimus; sowie Martina Huhn, Mitglied der Synode des Bundes der Evangelischen Kirchen in der DDR. Sie fordern Reisefreiheit, innerparteiliche Demokratie und die Profilierung der CDU im Block. »Aus diesem Grunde schlagen wir dem Hauptvorstand vor, für März/April 1990 eine in ihrer Zusammensetzung noch zu bestimmende Mitarbeiterkonferenz einzuberufen, welche die Vorschläge der CDU für den XII. Parteitag der SED berät und beschließt.«

Anläßlich des DDR-Jubiläums organisiert der Nationalrat der Nationalen Front eine Festveranstaltung in Berlin. Zwanzig kirchliche Amtsträger werden mit der Ehrenmedaille oder der Ehrennadel der Nationalen Front in Gold ausgezeichnet. Unter den prominenten Gästen genießt CDU-Vize Wolfgang Heyl den Auftritt des Thomanerchors. Auch der Parteivorstand der Demokratischen Bauernpartei feiert. Grundtenor: Der Sozialismus hat unwiderruflich Fuß gefaßt auf deutschem Boden. Günter Mittag schweigt nach wie vor.

Unionsfreund Bernd Konitzer aus Belzig fragt und antwortet: »Was tue ich als Geschichtslehrer? Ich festige bei meinen Schülern Wurzeln.« Es sei kein überholtes Prinzip, daß der Lehrer an der sozialistischen Schule »Vorbildwirkungen ausüben muß«.

Im Friedrich-Wolf-Theater in Eisenhüttenstadt spielt das Philharmonische Orchester des Kleist-Theaters Frankfurt/Oder. Die Gesellschaft für Deutsch-Sowjetische Freundschaft hat eine »festliche Kreisvorstandssitzung« einberufen. Anläßlich des 40. Jahrestags der DDR werden Ehrennadeln in Gold oder Silber verliehen. Auf dem Platz der Deutsch-Sowjetischen Freundschaft gedenken Bürger der Stadt der dort ruhenden ermordeten sowjetischen Soldaten – Motto: »Mein Arbeitsplatz ist mein Kampfplatz für den Frieden«. Pfarrer Müller erklärt auf der Kreisausschußtagung der Nationalen Front: »Wichtig ist, geschichtliche Erfahrungen an die junge Generation weiterzugeben, auch in unseren Kirchengemeinden. So wollen wir uns den gegenwärtigen Herausforderungen gewachsen zeigen.«

18. bis 24. September 1989
Die LDPD-Zeitung »Der Morgen« veröffentlicht eine Erklärung von Unterhaltungskünstlern, die sich für einen offenen Dialog aussprechen. Das Zentralorgan der CDU, die »Neue Zeit«, kritisiert den »Brief aus Weimar« und wirft seinen Verfassern vor, die innerparteiliche Demokratie verletzt zu haben. In Leipzig wird wieder demonstriert, geprügelt und verhaftet. Das Neue Forum beantragt, staatlich zugelassen zu werden. Die Nationale Front veranstaltet ein Kolloquium unter dem Motto: »40 Jahre DDR – 40 Jahre bündnispolitische Zusammenarbeit zum Wohle des Volkes«. Für die CDU tritt auf Professor Otto Preu, Mitglied des Hauptvorstands und Direktor der Unionskaderschmiede in Burgscheidungen: »Das Parteienbündnis betrachten wir als eine Wurzel und als ein Wahrzeichen der Politik unseres Staates. Die historische geistige Leistung der CDU besteht darin, Christen aus dem bürgerlichen und kleinbürgerlichen Lager auf sozialistische Positionen geführt, ihnen antikommunistische Vorbehalte genommen und sie zu einem vertrauensvollen Verhältnis zu den Marxisten geleitet zu haben.« Zehntausende von DDR-Bürgern verlassen weiter ihre Heimat. Honecker genest, Mittag schweigt, Mielke läßt spitzeln.

Die »Märkische Union« meldet, daß der VEB Getränke Jessen sein Planziel bei der Tomatensaftproduktion überboten hat. FDJ-Aktivist und Unionsfreund Roland Stange aus Beeskow freut sich über die Ehrenurkunde des Zentralrats der FDJ »in Anerkennung der Erfüllung des Aufgebots der FDJ ›DDR 40‹«. Außerdem erhielten er und seine Jugendfreunde das Ehrenbanner der SED-Kreisleitung Beeskow. Der langgediente CDU-Funktionär Kurt Stolle schwärmt in einem Zeitungsbeitrag von den ersten Jahren der DDR: »Der 40. Jahrestag der Gründung der DDR ist (...) Anlaß, daran zu erinnern, daß wir christlichen Demokraten bei der Entwicklung des Bezirkes Cottbus zur Kohle- und Energiebasis unserer Republik nicht nur Zeugen der Leistungen der Arbeiterklasse waren, sondern zu treuen Helfern beim sozialistischen Aufbau unseres Energiebezirkes wurden.« Unionsfreund Arnold Grube aus Pritzwalk trägt sich ins Ehrenbuch des Potsdamer CDU-Bezirksverbandes ein. Die »Märkische Union« legt wert auf die Feststellung, daß die Sommerzeit vorbei ist und wird lyrisch: »Kürzer werden die Tage/Und kühler obendrein,/Es stimmt der goldene Herbst/ Uns auf den Winter ein.«

Außerdem verweist das CDU-Blatt auf das reichhaltige Angebot der EKO-Bibliothek: »Zu diesem Angebot gehört auch eine differenzierte und vielseitige Literaturpropaganda, die den Kollektiven hilft, das geistig-kulturelle Leben aktuell und interessant zu gestalten.« Der 1. Sekretär der SED-Kreisleitung Eisenhüttenstadt meint auf der Parteiaktivtagung im Konverterstahlwerk »Ernst Thälmann«: »Wir stehen trotz Hetze und Verleumdung geschlossen als Partei zum Sozialismus, zu unserer Republik.« Detlef Kirchhoff erklärt in der Stadtverordnetenversammlung, die über die »Festigung der sozialistischen Gesetzlichkeit« berät, daß 255 Wohnungen leerstehen.

25. September bis 1. Oktober 1989

Der Antrag des Neuen Forums auf Zulassung wird vom Innenministerium abgelehnt, weil es für eine solche Organisation keine gesellschaftliche Notwendigkeit gebe. In Leipzig demonstrieren 5000 bis 8000 Bürger. Verhaftungen und Mißhandlungen der Sicherheitskräfte sind die Folge. Knapp 900 DDR-Bürger warten in der Botschaft der BRD in Prag auf ihre Ausreise, in der Warschauer Vertretung Bonns sind es 400. DDR-Außenminister Oskar Fischer spricht vor der UNO-Vollversammlung über alles mögliche, nur nicht über den beginnenden Zusammenbruch seines Regimes. 25 000 DDR-Bürger sind über die ungarisch-österreichische Grenze ausgereist, 6300 dürfen mit Genehmigung der DDR-Regierung aus Warschau und Prag in die Bundesrepublik fahren. Politbüromitglied Egon Krenz besucht China und freut sich über die Niederschlagung der Studentendemonstrationen. Das Sekretariat der Dresdner Bezirksleitung der SED befaßt sich mit der »Ausreisepsychose« und der Lage der befreundeten Parteien. Das Protokoll vermerkt, »daß die Bezirksverbände der befreundeten Parteien fest zur Bündnispolitik der SED stehen«. Honecker gesundet, Mittag sagt nichts, Mielke läßt weiter spitzeln. Vertreter des CDU-Hauptvorstands treffen sich mit den Verfassern des »Briefs aus Weimar«, nachdem einige Unionsfreunde ihr Unverständnis signalisiert hatten, daß das Dokument, das auf die Verbesserung des DDR-Sozialismus ziele, in der CDU-Presse nicht veröffentlicht worden sei. Erst am 9. Oktober informiert die »Neue Zeit« über das Gespräch.

Aus dem Bezirk Potsdam meldet sich Unionsfreund Heinz Kühn zu Wort: »Wir, die Mitglieder der Ortsgruppe Freyenstein, können zufrieden mit dem Erreichten sein, aber sind nicht selbstzufrieden. Die Bilanz kann sich sehen lassen.« Nicht in die Öffentlichkeit treten will die CDU-Ortsgruppe Rüdersdorf. Siebzehn Mitglieder beschließen ohne

Gegenstimme eine Resolution, in der unter anderem steht: »Ständige Zwänge zur Mitgliedschaft bei den Pionieren, der FDJ, des FDGB und der DSF, der Teilnahme an der Jugendweihe, laufende Wettbewerbsverpflichtungen, Aufgebote, Teilnahme an Kundgebungen usw. sind nicht dazu angetan, wirklich mündige, innerlich begeisterte DDR-Bürger zu formen. (...) Wir erwarten Hinweise und Vorschläge gegenüber der führenden Partei, der SED, wie die Lage verändert werden kann, ohne an den Grundfesten des Sozialismus und der von uns in vierzig Jahren mitgestalteten Bündnispolitik rütteln zu wollen.« Der CDU-Kreisvorstand Seelow »verurteilt einstimmig das illegale Verlassen unserer Republik« in einem Schreiben an das Sekretariat des Hauptvorstands. »Es ist uns nicht verständlich, daß so viele Bürger auf die Westpropaganda hereinfallen.« Das Bezirkssekretariat der CDU Frankfurt/Oder schreibt an die Funktionäre auf Bezirks- und Kreisebene. Darin beschwört die Führungsmannschaft unter Werner Zachow die Erfolge des Sozialismus. Die Politik des Dialogs setze den Klassenkampf keineswegs außer Kraft. »Manchen DDR-Bürgern erscheint dieser Weg zu hart und zu steinig. Unter dem Einfluß einer vom Gegner geschürten Psychose verlassen sie illegal die Republik, wandern aus dem gesellschaftlichen Heute und Morgen in das gesellschaftliche Gestern ab. (...) Unsere Entscheidung kann nur darin bestehen, den Sozialismus in der DDR (...) allseitig zu stärken.« Dann folgt scharfe Polemik gegen die Verfasser des »Briefs aus Weimar«. Ihnen wird unterstellt, »objektiv« gegnerische Kräfte zu unterstützen. Für die CDU »als eine staatstragende Partei sei es völlig ausgeschlossen, daß sie sich mit Gruppen (...) identifiziert, die sich selber als ›oppositionell‹ verstehen.«

Die SED-Kreisleitung in Eisenhüttenstadt verzeichnet seit Jahresbeginn 137 Werktätige, die in die »Partei der Arbeiterklasse« aufgenommen wurden. Klaus Käthner lobt

die Küche des Finkenheerder Heizkraftwerks. LPG-Mit-
glieder ärgern sich, daß Bürger oft Stoffe in die Futterkübel
schmeißen, die für Tiere unverdaulich sind. Pfarrer Bruno
Müller kritisiert »eine verlogene Menschenrechtskam-
pagne«, die den Sozialismus destabilisieren solle. »Unter
großen Mühen und durch Bearbeiten unseres eigenen ge-
schichtlichen Versagens als Christen haben wir gerade erst
angefangen zu lernen, daß es falsch und verhängnisvoll ist,
Karl Marx und Jesus gegeneinander auszuspielen.«

2. bis 8. Oktober 1989

Wieder Demonstrationen, Verhaftungen und Mißhandlungen, vor allem in Berlin, Leipzig, Dresden, Magdeburg,
Halle, Erfurt, Potsdam und Plauen. Sonderzüge aus Prag
und Warschau mit ausreisenden DDR-Bürgern, meist jungen Menschen, durchqueren das Territorium des SED-Regimes. Die Grenze zur ČSSR wird geschlossen. Dagegen pro-
testieren einige tausend Menschen im Dresdener Haupt-
bahnhof. Bezirkschef Hans Modrow trifft sich mit den
Bezirksvorsitzenden der Blockparteien, um den vierzigsten
Jahrestag politisch-ideologisch vorzubereiten und »die Maßnahmen zur Visapflicht für Reisende in die ČSSR« zu erläutern. Es gibt keinen Widerspruch. Die Abteilung »Staat und
Recht« der SED-Bezirksleitung plädiert dafür, die befreundeten Parteien »auf ihre eigenen Beschlüsse [zu] orientieren.
In der CDU-Führung existiert eine klare Linie«, freuen sich
die SED-Aufpasser. Über den »Brief aus Weimar« heißt es:
»Es wurde auch eine Pressemitteilung vereinbart (zwischen
Vertretern des CDU-Hauptvorstands und den Verfassern
des Briefs; C. D.), deren Entwurf vorliegt. Daraus geht hervor, daß sich die Verfasser des Briefes von der Wiedergabe
ihrer Positionen zur Block- und Bündnispolitik im West-
fernsehen distanzieren. Mit der Veröffentlichung der Mittei-
lung wird gewartet bis zur Sendung ›Kennzeichen D‹ am

5. 10. 89 und dann entschieden.« Die Macht des Fernsehens! Honecker schreibt einen Artikel für die »Prawda« und tritt auf der Festveranstaltung zum vierzigsten Jahrestag der DDR im »Palast der Republik« auf. Auch Michail Gorbatschow spricht. Am Abend des 6. Oktober sagt er: »Wer zu spät kommt, den bestraft das Leben.« Honecker, Mittag und Mielke fühlen sich nicht angesprochen.

Die CDU-Ortsgruppe Mallnow verurteilt die »massenweise illegale Ausreise« und distanziert sich von den Verfassern des »Briefs aus Weimar«. Die Neuenhagener Unionsfreunde entwerfen einen Brief an alle Mitglieder der CDU. Darin heißt es unter anderem: »Es ist an der Zeit, daß die Verantwortlichen die Situation klar erkennen und endlich Konsequenzen ziehen müssen, damit der Aderlaß und die aufkommende revolutionäre Stimmung nicht das Land und damit auch die sozialistische Zielstellung für eine unabsehbare Zeit zerstören.« Sie rufen auf, eine »Initiativgruppe zur Demokratisierung der CDU« zu gründen. Die entschiedensten Gegner der Götting-Leute sind entschiedene Anhänger des Sozialismus. Der Kreisverband Seelow schreibt einen Brief an Gerald Götting, der in Kopie auch an Honecker geht. Sie appellieren, nicht die großen Errungenschaften des Sozialismus zu vergessen. »Wir alle müssen jedoch auf eine politische Erneuerung hinarbeiten, wollen jedoch in keinem Falle reaktionäre Handlungen hervorrufen.« In Frankfurt/ Oder treffen sich Mitglieder der Arbeitsgruppe »Christliche Kreise« beim Bezirksausschuß der Nationalen Front. Der Vorsitzende der Arbeitsgruppe, Pfarrer Eberhard Krispin, betont, daß es jetzt erst recht darauf ankomme, am bewährten Miteinander von Christen und Marxisten festzuhalten.

In Eisenhüttenstadt wird ein Ökumenisches Forum gebildet, unter anderem unter Federführung von Unionsfreund Pfarrer Bruno Müller. Hervorgehoben wird auf der Veranstaltung die Bedeutung des realen Sozialismus für die Länder

der Dritten Welt. Der 1. Sekretär der SED-Kreisleitung, Siegfried Uhlig, erklärt auf einer FDJ-Veranstaltung im Jugendklub am »Trockendock«: »Wir haben in der DDR ein Vaterland, das jedem von uns eine klare Perspektive bietet. (...) Ihr gebt mit euren Taten die richtige Antwort an jene, die in diesen Tagen und Wochen mit zügelloser Hetze gegen die DDR das enge Vertrauensverhältnis zwischen Jugend und Partei in Frage stellen.« Klaus Käthner beschäftigt sich diesmal mit der Qualität der EKO-Küchen – deren Essen schmeckt, teilt er seinen Lesern mit.

9. bis 15. Oktober 1989

Die Ausreisewelle wächst. Überall in der DDR wird demonstriert. Die Sicherheitskräfte halten sich an manchen Orten zurück. In Leipzig wird nicht geschossen, obwohl die Anweisung zum Schußwaffengebrauch in Berlin erteilt worden ist. Statt dessen stellen sich Vertreter der SED-Bezirksleitung dem Gespräch mit der Opposition. In Dresden trifft sich Oberbürgermeister Wolfgang Berghofer mit der »Gruppe der 20«, als deren karrierebewußtestes Mitglied sich Arnold Vaatz entpuppen wird – heute sitzt das Jung-CDU-Mitglied im Kabinett von Sachsens Ministerpräsident Kurt Biedenkopf. Der Präsident des Schriftstellerverbands, Hermann Kant, schreibt der FDJ-Zeitung »Junge Welt« einen offenen Brief: »Ich weiß meine Antwort auf Eure Frage nach dem Besten der DDR noch genau, zumal ich sie in einem nicht sehr korrekten, dafür aber kaum verkürzbaren Satz geliefert habe. – ›Daß es sie gibt‹, sagte ich. Fragte man mich jetzt nach dem Schlechtesten an ihr, müßte ich wohl sagen: ›Daß es sie so wie derzeit gibt.‹« Der Kulturbund fordert die Erneuerung des Sozialismus. Das Politbüro läßt sich zu einer Stellungnahme herab, die erste, in der es sich zur Krise der DDR äußert – Tenor: Alles war richtig, die nächste Sitzung des ZK wird Vorschläge unterbreiten.

Schuld ist der Imperialismus. »Das Volk der Deutschen Demokratischen Republik hat sich für immer für den Sozialismus entschieden.« Das Neue Forum ist bescheiden, es begrüßt die Erklärung des Politbüros und fordert einen gesellschaftlichen Dialog. Tapetenspezialist Kurt Hager spricht sich als erster Politbürokrat für eine »erforderliche Erneuerung in der DDR« aus. Erich Honecker empfängt die Vorsitzenden der Blockparteien und erklärt ihnen, was das Politbüro schon erklärt hat. Die Blockparteien stimmen »voll« mit der SED überein. In der CDU-Zeitung »Die Union« wird der Brief eines Bereitschaftspolizisten an seinen Seelsorger abgedruckt: »Was sich aber in den letzten Tagen, und auch schon seit den ersten von bestimmten Gruppen der Schutz- und Sicherheitsorgane praktiziert, abspielte, ist für jeden noch normal denkenden Menschen abstoßend und erschütternd.«

Neun Unionsfreunde aus Neuenhagen, Eisenhüttenstadt, Fürstenwalde, Altlandsberg, Strausberg und Sachsendorf rufen zu einem Sonderparteitag auf und fordern den politischen Dialog zwischen Opposition und Regierung. Das Bezirkssekretariat Frankfurt/Oder führt eine Beratung mit den Kreisschulungsreferenten und Zirkelleitern durch. Ziel ist, die Kontinuität der Schulungsarbeit zu sichern.

In Eisenhüttenstadt findet eine Kreismünzausstellung statt. Die Bergungs- und Instandsetzungsabteilung der Zivilverteidigung »Fritz Walter« führt eine Übung durch. Im Festsaal des Hauses der Organisatoren werden die Agitatoren der SED angeleitet. Die Nationale Front zeichnet schon wieder aus: Ehrennadel in Gold für Pfarrer und Handwerker.

16. bis 22. Oktober 1989
Die DDR-Medien erwähnen zum erstenmal die Tatsache, daß in Leipzig demonstriert wird. Von den anderen Demon-

strationen überall in der DDR berichten nur Westmedien. An manchen Orten gibt es wieder Verhaftungen. Einige Politbürokraten eilen in Betriebe, um den Dialog mit den Arbeitern zu suchen. Das CDU-Präsidium gesteht Fehler ein und erklärt, die Partei habe »in der Orientierung auf Kontinuität und Erneuerung – in dem Bestreben, die imperialistischen Aktionen gegen unsere Gesellschaft abzuwehren – in letzter Zeit vor allem auf Kontinuität gesetzt«. Man habe aber Signale aus den eigenen Reihen nicht beachtet. Künftig setze die Partei auf Offenheit, Erweiterung der Reisemöglichkeiten und Verbesserung der Versorgung. Unverzichtbar sei, »was wir in unserer Gesellschaft Gutes erreicht haben«. Die DBD äußert sich ähnlich. Sie will auch weiterhin ein zuverlässiger Partner im Block sein und den XII. Parteitag der SED mit vorbereiten. Das ZK der SED tritt zusammen, Honecker, Mittag und Herrmann treten ab, und Egon Krenz tritt an zum kurzen Zwischenspiel. Der neue Generalsekretär trifft sich mit seinen Blockfreunden. Im Kommuniqué heißt es dazu: »Die Repräsentanten des Zentralen Demokratischen Blocks nahmen die Beratung zum Anlaß, Erich Honecker für sein jahrzehntelanges Wirken an der Spitze der Sozialistischen Einheitspartei Deutschlands und unseres Staates sowie für sein initiativreiches und verständnisvolles Wirken zur Entfaltung des Bündnisses im Demokratischen Block und in der Nationalen Front zu danken.« Nun wolle man weitere Schritte gehen »zur Festigung des gemeinsamen sozialistischen Vaterlandes«.

Die Ortsgruppe Langenorla, Bezirk Gera, Kreis Pößneck, will sich »weiterhin mit ganzer Kraft für die erfolgreiche Entwicklung unserer sozialistischen Gesellschaft einsetzen, die ja unser aller Werk ist«. Wie überall im Land begrüßen auch die Unionsfreunde aus Langenorla die Erklärung des CDU-Präsidiums.

Unionsfreund M., ein Mitglied des Neuen Forums aus

Zechin, lobt in einem Brief an den CDU-Bezirksvorsitzenden Werner Zachow dessen Auftreten bei einem Bürgerforum in Frankfurt/Oder:

»Mit der Ihnen eigenen Zielstrebigkeit und Diplomatie ist es Ihnen in einer von Emotionen durchwogten und gespannten Atmosphäre gelungen, die Ansichten unserer Partei und deren große Möglichkeiten beim Aufbau des Sozialismus sowie bisher Geschafftes in ruhiger Glaubwürdigkeit darzulegen. (...) Wenn diese Form der lange vermißten furchtlosen Auseinandersetzung mit den Problemen unserer Zeit für einen im befruchtenden Streit sich entwickelnden Sozialismus sich noch konsequenter verdeutlicht, wird ein ›Neues Forum‹ [sich] tatsächlich erübrigen.«

Noch denken fast alle CDU-Mitglieder der Entwicklung hinterher. Das wird die neuen alten Funktionäre später nicht daran hindern, die Behauptung zu wagen, die Basis der Blockparteien habe gemeinsam mit den Bürgerbewegungen die Wende erzwungen. In Beeskow meldet sich einmal mehr Unionsfreund Roland Stange zu Wort: »Mit der Erklärung des Politbüros des ZK der SED ist jeder aufgerufen, am Dialog ums Bessermachen des Sozialismus teilzunehmen.« Die Ortsgruppenvorsitzenden der Blockparteien Neuenhagens, auf seiten der CDU Else Ackermann, unterzeichnen eine Erklärung unter der Überschrift »Unser Standpunkt«. Darin wenden sie sich gegen den Neonazismus in der Bundesrepublik und äußern ihre Trauer über die Ausreisewelle. Sie fordern Offenheit. Das Dokument endet mit dem Aufruf: »So lebe und erstarke unsere sozialistische Gesellschaft, die Deutsche Demokratische Republik!«[137]

Ein Abteilungsleiter im VEB Yachtwerft Berlin, Betrieb Eisenhüttenstadt, wird lyrisch: »Weil ich die DDR liebe, will ich was verändern.«

23. bis 29. Oktober 1989

Der Ausreisestrom reißt nicht ab. Hunderttausende demonstrieren in Leipzig und in anderen Städten. In Dresden stellen sich SED-Bezirkschef Hans Modrow und SED-Oberbürgermeister Wolfgang Berghofer auf einer riesigen Kundgebung der Diskussion. Die Volkskammer wählt Egon Krenz zum Staatsratsvorsitzenden. CDU-Vize Wolfgang Heyl erklärt für seine Partei, daß es richtig sei, den Mann zu wählen, der die Erneuerung herbeigeführt habe. Eine erstaunliche These! Das CDU-Präsidium legt ein Positionspapier vor, das in der Partei diskutiert werden soll. Darin fordert es eine »sozialistische Demokratie, die für jeden Bürger spürbar wird«. Gleichzeitig sagt die Parteiführung, woran sie festhalten will: »an allem, was wir in unserer Gesellschaft Gutes erreicht haben; an den Ergebnissen grundlegender Reformen der Vergangenheit; an dem, was zum Sozialismus in der DDR und zu seinen eigenen Zügen beiträgt und dem Wohl der Menschen dient«. In dem Dialogpapier »hält es der Hauptvorstand für geboten, von den Beschlüssen des 16. Parteitages aus die Positionen der CDU präziser zu bestimmen«. Dieser Parteitag hatte im Oktober 1987 in Dresden stattgefunden und sich zu einem Höhepunkt der Honecker-Verehrung gestaltet – ein Auszug aus Göttings Rechenschaftsbericht:

»Mit historischem Recht geht die Partei der Arbeiterklasse im Ringen um die neue Gesellschaft voran. In mehr als vierzigjähriger Zusammenarbeit ist unser Verhältnis zu ihr immer enger, ist unsere Gemeinsamkeit immer herzlicher geworden. Vertrauen gegen Vertrauen – dieser Grundsatz hat sich bewährt, und an ihm halten wir fest. Solch brüderliches Miteinander ist nach unserer Überzeugung auch moralisch dem Gegeneinander der politisch rivalisierenden Kräfte in der bürgerlichen Demokratie, die ihren sogenannten Pluralismus nicht hoch genug loben kann, bei weitem überlegen. Unser vertrauensvolles Zusammengehen bringt Nutzen für alle Beteiligten, für das ganze Volk. Wir danken der Sozialistischen Einheitspartei Deutschlands und ihrem Zentralkomitee für diese bewährte Gemeinsamkeit. Hohen persönlichen Anteil am Wirken für Frieden und Verständigung, für das Wohl aller Bürger unseres Staates unabhängig von sozialer Herkunft, Weltanschauung und Glaubensbekenntnis hat der Generalsekretär des Zentralkomitees der SED und Vorsitzende des Staatsrates der DDR, Erich Honecker. Dafür danken wir ihm von dieser Stelle aus besonders herzlich.«

Diesen und anderen Devotionen stimmten die Delegierten freudig zu – unter ihnen auch Dr. Günther Krause, heute Professor und Bundesverkehrsminister, der sich schon 1987 zum Marktwirtschaftsfan bekehrt haben will. In seiner schwungvollen Parteitagsrede, die wir später betrachten wollen, wird das Umdenken leider nicht deutlich. Aber zurück zur Chronologie und zum Positionspapier der CDU:

»Die CDU ist eine Partei der DDR; sie entwickelt, verwirklicht und verantwortet die Politik unseres Staates mit (...). Die CDU ist eine Partei des Blocks. (...) Die CDU ist eine Partei des Sozialismus. (...) Die CDU bekennt sich zu den großen Möglichkeiten des Sozialismus für die Selbstverwirklichung des Menschen, die Selbstbestimmung des Volkes, für die Entfaltung von Persönlichkeit und Kreativität, für eine echte Solidargemeinschaft. Solidargemeinschaft – darunter verstehen wir (...) das Zusammenwirken der Parteien, der Gewerkschaften und großen Verbände im Demokratischen Block, in dem (...) das Wohl der Bürger oberster Maßstab aller Entscheidungen ist, und in dem die politische Organisation der stärksten Klasse, der Arbeiterklasse, die stärkste Kraft ist (...).«

Ein CDU-Kreistagsabgeordneter aus dem thüringischen Schmalkalden, zur Zeit Teilnehmer am Mittelstufenlehrgang in Burgscheidungen, freut sich über den Politbürobeschluß vom 11. Oktober. Er fordert eine bessere Informationspolitik seiner Partei.

Werner Zachow schreibt an das CDU-Präsidiumsmitglied Oberstudienrat Werner Wünschmann. Er wünscht sich, daß im Positionspapier »die Stellung der CDU beim weiteren Aufbau des Sozialismus« dargestellt wird. Die CDU-Führer sollten eingestehen, daß auch sie Fehler gemacht hätten. In Frankfurt/Oder tagt der Block auf Bezirksebene. Alle wollen weiter wirken in »unserem demokratischen Gemeinschaftswerk im Sozialismus und für den Sozialismus«. Werner Zachow erklärt für die CDU: »Das Gemeinsame ist stärker als das Trennende. Das kennzeichnen präzis die Erfahrungen und Erkenntnisse, die christliche Bürger in den vergangenen vier Jahrzehnten gewonnen haben.« Die Unionsfreunde aus Kleinmachnow, Kreisverband Potsdam-Land, fordern den Dialog über die Erneuerung der sozialistischen Gesellschaft. Der erweiterte CDU-Kreisvorstand Treptow schreibt einen offenen Brief an Götting. Darin fordert er, bis März 1990 einen Sonderparteitag einzuberufen, um eine »qualitativ neue Sozialismuskonzeption« zu erarbeiten. Weiterhin fordern die Unionsfreunde Göttings Rücktritt und von der CDU-Führung, daß sie Egon Krenz veranlaßt zu einer öffentlichen Stellungnahme zur Wahlfälschung im Mai 1989, zu seinen Äußerungen über die Niederschlagung der Studentenrevolte in China und zum brutalen Einsatz der Sicherheitskräfte am 7. und 8. Oktober. Unterschrieben hat den Brief die langgediente Blockflöte Horst Gibtner, Kreisvorsitzender in Treptow seit 1981, langjähriger Mitarbeiter im DDR-Verkehrsministerium, später Verkehrsminister im Kabinett de Maizière und in dieser Funktion gemeinsam mit Staatssekretär Günther Krause Spezialist für die kostengünstige Verteilung von Autobahnraststättenlizenzen. Der Seelower CDU-Kreissekretär berichtet schriftlich an den CDU-Bezirksvorsitzenden über einen Kreiskirchentag in Falkenhagen: »Für mich war das Abschlußgebet überzogen, da es gegen die Sicherheitsorgane ging.« In der Sonderdienstbesprechung des Bezirkssekretariats mit den Kreissekretären und stellvertretenden Kreissekretären im Unionshaus in Frankfurt/Oder fordert er dann für die FDJ ein neues Statut, »damit sich der Jugendverband als einheitliche Jugendorganisation für alle Jugendlichen darstellen kann«. Mitglieder der Ortsgruppe Seelow schreiben an den Hauptvorstand: »Wir wollen nicht diesen Sozialismus – sondern einen anderen Sozialismus.« Werner Zachow begrüßt in einem Interview mit dem SED-Blatt »Neuer Tag«, daß das CDU-Präsidium einen Sonderparteitag einberufen hat. Der Bezirkschef von Frankfurt/Oder faßt in einem Schreiben an das Sekretariat des Hauptvorstands Stellungnahmen von Unionsfreunden zusammen, die sich in großer Zahl geäußert haben. Viele Schreiben von Einzelpersonen und Parteigruppen liegen mir vor – kein einziges richtet sich gegen den Sozialismus. Oft aber wird Kritik laut an der führenden Rolle der SED – nicht an der führenden Rolle der Arbeiterklasse –, die einer gleichberechtigten Zusammenarbeit widerspreche. An der Zusammenarbeit wollen die meisten festhalten. Viele Mitglieder finden allerdings die Anwesenheit von SED-Vertretern auf CDU-Parteiveranstaltungen überflüssig.

Im CDU-Organ »Die Union« erscheint ein Interview mit dem Mitbegründer des Neuen Forums Rolf Henrich aus Eisenhüttenstadt. Der »Neue Tag« diffamiert den Ex-Rechtsanwalt und das Ex-SED-Mitglied. Ein SED-Parteisekretär im EKO besteht darauf, daß die Planwirtschaft und der Sozialismus nicht zur Debatte stehen. Im Haus der Kreisleitung der SED treffen sich die Blockfreunde, für die CDU nehmen Kreisvorsitzender Heinz Behrens und Kreissekretär Werner Schulz daran teil. Klaus Käthner faßt das Ergebnis des Gesprächs in diesen Worten zusammen: »Der einhellige Tenor dieser Zusammenkunft: Wir wollen das Leben im Sozialismus durch den Dialog und bessere Arbeit schöner und lebenswerter gestalten.« Heinz Behrens nach der Zusammenkunft: »Wir sind in der Lage, die vielen Fragen der Bürger und Mitglieder unserer Partei zu beantworten. Alles nicht immer gleich zur Zufriedenheit der Bürger. Wege können aber gezeigt werden. Was wir in jahrzehntelanger Gemeinsamkeit auch für unsere Jugend geschaffen haben, lassen wir uns nicht nehmen.« Energie-Stadtrat und SED-Parteischulabsolvent Detlef Kirchhoff macht sich Gedanken über die Weiterentwicklung der städtischen Energiewirtschaft. Die SED veranstaltet ein Einwohnerforum. Der Festsaal des Stadtrats ist überfüllt, und so findet eine zweite Veranstaltung vor der Tür im Freien statt. Diskutiert wird über Wahlverfahren, Umweltschutz, Alkoholmißbrauch. Im Mittelpunkt des Abend steht der 1. Sekretär der SED-Kreisleitung. Er betont die führende Rolle der SED, und viele Sprecher wünschen, daß die DDR als sozialistisches Land bestehen bleibt. »Märkische-Union«-Redakteur Günter Fromm fragt, warum bei den Kommunalwahlen im Mai die Wahldokumente mit Bleistift ausgefüllt worden sind. In einem Artikel stellt er später fest, daß die Zeiten sich geändert haben, »der Sozialismus wird zur Angelegenheit aller«. CDU-Kreissekretär Werner Schulz will, daß in der Stadtverordnetenversammlung Fraktionen gebildet werden und künftig auf Stimmzetteln die Parteizugehörigkeit der Kandidaten genannt wird. Ein DBD-Vertreter verspricht, daß seine Partei den Sozialismus weiter stärken werde.

30. Oktober bis 5. November 1989
Die DDR-Bürger dürfen wieder visafrei in die ČSSR reisen. Tausende von Menschen verlassen am Tag der Grenzöffnung die DDR. Die Gesamtzahl der in die BRD ausgewanderten Menschen beträgt mehr als 90 000. Die mit 500 000 Teilnehmern – manche sprechen von einer Million – größte freiwillige Kundgebung in der Geschichte der DDR findet in Berlin statt. Auch in anderen Städten wird demonstriert. Der FDGB will sich wenden, Harry Tisch legt den Vorsitz des Gewerkschaftsbundes nieder. Das Fernsehpublikum muß Abschied nehmen von Karl-Eduard von Schnitzler und seinem »Schwarzen Kanal«. Volksbildungsministerin Margot

Honecker folgt ihrem Ehegatten ins Wandlitzer Privatleben. Gerald Götting überläßt den Vorsitz von Partei und Volkskammerfraktion seinem langjährigen Intimus Wolfgang Heyl. Das Präsidium des CDU-Hauptvorstands tagt, laut Protokoll zeigt sich Heyl betroffen über Göttings Rücktritt

»und würdigt seine vielfachen Verdienste beim Aufbau und der Entwicklung der Partei in den zurückliegenden vierzig Jahren. (...) Die Mitglieder des PHV (Präsidium des Hauptvorstands; C. D.) drücken übereinstimmend ihren Respekt für die Entscheidung Göttings aus. Sie beauftragen gleichzeitig Heyl mit der Wahrnehmung der Aufgaben des Vorsitzenden der CDU bis zur Neuwahl eines Parteivorsitzenden auf der für den 20. 11. einberufenen Tagung des HV (Hauptvorstands; C. D.). Auf Grund des vielfachen Vorschlags von PHV-Mitgliedern, daß Heyl auf der HV-Tagung als Vorsitzender der CDU kandidieren solle, erklärt Heyl ausdrücklich, daß er sich für diese Funktion nicht zur Verfügung stellen werde, da er in den zurückliegenden dreißig Jahren die Politik der CDU maßgeblich mitgetragen habe und die Neuorientierung unter seinem Vorsitz nicht für alle Mitglieder deutlich genug sichtbar gemacht werden könne. Er sei jedoch bereit (...), in seiner jetzigen Funktion bis zum Parteitag weiterzuarbeiten, um damit zugleich dem Nachfolger Göttings wirksame Starthilfe zu geben. Er informiert über diesbezügliche Überlegungen des SHV (Sekretariat des Hauptvorstands; C. D.) und nennt als denkbare Vorschläge für die Kandidaten zum Vorsitzenden der CDU die Ufrde. de Maizière, Gerhard und Dr. König. Nach einer ausführlichen Diskussion dieser Vorschläge spricht sich die Mehrheit der PHV-Mitglieder für die Kandidatur von de Maizière aus, dessen bisherige politische Arbeit nicht nur in der CDU, sondern auch in kirchlichen Kreisen große Resonanz gefunden hat.«

Das SED-Politbüro berät über ein Reisegesetz. Die Politbüromitglieder Axen, Hager, Mielke, Mückenberger und Neumann verschwinden von der Bühne. Das Innenministerium überprüft seine Entscheidung, das Neue Forum nicht zuzulassen, wie es unter anderem Wolfgang Heyl gefordert hatte. Wie in guten alten Blockzeiten verlangt die CDU nur, was die SED praktisch schon bewilligt hat. Egon Krenz besucht Michail Gorbatschow in Moskau. CDU-Postminister Rudolph Schulze, in dessen Namen das »Sputnik«-Verbot erfolgt war, versichert, im nächsten Fünfjahrplan die Hälfte der angestauten Anträge auf Telefonanschluß abzuarbeiten. Zunehmend wird gefordert, daß der Ministerrat unter Willi Stoph zurücktritt. Der Abgang der SED-Bezirkschefs beginnt. Ihre CDU-Kollegen bleiben im Amt – bis zur Auflösung der Bezirke werden nur zwei ihre Funktionen verlieren.

Die CDU-Mitglieder in Brandenburg diskutieren über das Positionspapier. Die Zustimmung ist fast ungeteilt. Im Bezirk Cottbus beraten Funktionäre über die Lage der Partei. Das Verhalten des CDU-Postministers wird dabei als lächerlich kritisiert. Ein Kreisvorsitzender fragt, warum künftig auf Kundgebungen keine CDU-Fahnen zu sehen sein sollten. Allgemein wird auf die Parteiführung geschimpft. Die Versammlung verabschiedet eine Erklärung, in der es unter anderem heißt:

»Alle Teilnehmer fordern [die] Einberufung einer Hauptvorstandssitzung bis zum 10. November 1989 mit der Tagesordnung: Neuwahl des gesamten Präsidiums und des Vorsitzenden in geheimer Abstimmung und Neuformierung der CDU in der DDR.«

Der Erklärung stimmt auch Bezirksvorsitzender Karl-Heinz Kretschmer zu, eine Blockflöte von ganz besonderer Güte. Selbstverständlich denkt er nicht daran, seinen Sessel zu räumen. Auf einer Bezirksvorstandstagung in Cottbus wird eine Resolution verabschiedet:

»Die christlichen Demokraten des Bezirksverbandes Cottbus haben in Wahrnehmung ihrer Mitverantwortung die Geschichte der DDR mitgeschrieben. Wir fühlen uns betroffen, daß viele Mitmenschen und vor allem junge Bürger unseren Staat verlassen. Sie haben resigniert und glauben nicht mehr, ihre Fähigkeiten, Fertigkeiten, Erfahrungen und Ideen für das Wohl aller [in] der Gesellschaft in unserem sozialistischen Vaterland einsetzen zu können. *In selbstkritischer Einschätzung, nicht ausdauernd und mutig genug auf erforderliche Veränderungen ge-*

drängt zu haben, wollen wir um Vertrauen ringen, offen mit allen demokratisch gesinnten Bürgern das umfassende Gespräch führen. Was wir wollen und brauchen, Reformen, Erneuerung, Vertrauen und neue Kraft, ist im Positionspapier der CDU (...) dargelegt. Dabei gehen wir davon aus: Die CDU ist eine Partei

- von Christen
- in der DDR
- des Sozialismus
- des Friedens
- des Humanismus und geistiger Weite. (...)«

Die Hervorhebung im Zitat stammt von mir, ich will so die erste Lebenslüge der Ost-CDU markieren. Hier wird suggeriert, daß die CDU zwar die richtigen Ideen zur Erneuerung der Gesellschaft gehabt, diese aber nicht massiv genug vertreten habe. Das ist falsch, sieht man ab von einem kleinen Häufchen Mutiger, das in der CDU konspirativ arbeiten und um sein politisches Überleben fürchten mußte, wenn nicht um mehr.

Mitglieder der Ortsgruppe Cottbus-Süd 6 fragen den Hauptvorstand: »Warum muß in vielen Dingen, u. a. sind es öffentliche Stellungnahmen zu anstehenden aktuellen Fragen, u. a. die LDPD immer schneller sein als unsere Partei?« Werner Zachow unterstützt die Forderung nach einem Sonderparteitag. Das CDU-Bezirkssekretariat Frankfurt/Oder berät sich mit Kreisvorsitzenden und Kreissekretären. Das Protokoll zitiert Zachow mit den Worten, daß er den Dialog mit den Bürgern empfiehlt, »einschließlich der, die sich zum Neuen Forum oder anderen Gruppierungen bekennen, wenn ihr Engagement auf der Grundlage der Verfassung beruht.« Die Verfassung schreibt in Artikel 1 bekanntlich die führende Rolle der SED fest. Eisenhüttenstadts Kreisvorsitzender Behrens verlangt auf der Tagung, daß die Parteien im Demokratischen Block gleichberechtigt wirken sollen. Kreissekretär Schulz vertritt die Auffassung, daß die SED sich ihre Führungsrolle erarbeiten und vom Volk bestätigen lassen solle. Der Beeskower Kreissekretär Heinz Lassowsky meint, das Vertrauensverhältnis zur Führung sei gestört. In Potsdam haben Mitglieder der CDU-Ortsgruppe Teltower Vorstadt den Wirtschaftssekretär der SED-Kreisleitung und Vertreter des Neuen Forums zur Diskussion eingeladen. Keiner stellt den Sozialismus in Frage, im Gegenteil. Ein Pfarrer erklärt: »Wir haben uns zu dieser Gesellschaft bekannt. Auch der Schulterschluß mit der SED steht für mich außer Frage.« Der Literaturwissenschaftler Steffen Peltsch kommentiert die unaufhörlich strapazierte Politikerfloskel, man wolle sein Gesicht dem Volk zuwenden: »Um sein Gesicht dem Volk zuzuwenden, muß man eines haben.«

In Eisenhüttenstadt organisiert die Nationale Front eine Veranstaltung unter dem Motto »Dialog 89« unter Leitung von Oberbürgermeister Wundersee. Das Neue Forum meldet sich in der Stadt zum erstenmal zu Wort: »Als erstes sei darauf in aller Deutlichkeit hingewiesen, daß wir den Sozialismus nicht abschaffen wollen (...).« Die CDU veranstaltet eine Kreisaktivtagung, um das Positionspapier des Präsidiums zu erörtern: »Die SED hat die DDR in die Krise geführt – Demonstranten und die Basis befreundeter Parteien haben den Beginn einer Wende erzwungen.« Die zweite Lebenslüge der Ost-CDU ist geboren. Und: »Der Begriff Opposition muß differenziert werden in: ›bürgerliche Opposition‹ und ›sozialistische Opposition‹ analog der Begriffspaarung: ›bürgerliche Demokratie‹ und ›sozialistische Demokratie‹. In Opposition zu sein muß und darf bei uns nicht heißen, gegen den Sozialismus zu sein.« Der Staat müsse getragen werden von einem Bündnis gleichberechtigter Parteien. »Die Mitglieder aller Ortsgruppen im Kreisverband Eisenhüttenstadt versichern, unermüdlich im Sinne dieser Thesen für einen neuen attraktiven Sozialismus einzutreten.« Werner Schulz, heute noch CDU-Geschäftsführer in Eisenhüttenstadt, hat gut aufgepaßt in Burgscheidungen!

Außerdem zeigen sich die Unionsfreunde mit den Erklärungen der Führung nun einverstanden.

6. bis 12. November 1989

Zwischen dem 3. und dem 9. November haben 48 177 Bürger die DDR verlassen, 1989 bis zum diesem Zeitpunkt insgesamt 225 000. Große und kleine Demonstrationen überall in der DDR. Der Entwurf eines Reisegesetzes wird vorgelegt und in der Öffentlichkeit heftig kritisiert. In der Berliner Staatsoper wird der 72. Jahrestag der Oktoberrevolution gefeiert. SED-Politbürokrat Werner Krolikowski fordert die Werktätigen auf, sich fest um die führende Kraft des Landes, die SED, zusammenzuschließen. »Gemeinsam mit den befreundeten Parteien und allen in der Nationalen Front vereinten Kräften (...) wollen wir unserem sozialistischen Vaterland dienen und dem Klassenfeind gebührende Antwort erteilen.« Der Ministerrat tritt zurück. Das Innenministerium bestätigt die Anmeldung des Neuen Forums. Die Grenze wird geöffnet, das Ende der Mauer! Das Politbüro wird auf einer ZK-Tagung personell aufgefrischt, vier der neuen Mitglieder müssen nach Protesten gleich wieder abtreten. Der Zentrale Demokratische Block tagt. Egon Krenz und Ministerpräsidentkandidat Hans Modrow informieren über die Beschlüsse der ZK-Tagung. Das Kommuniqué berichtet von einem »ausführlichen Gedankenaustausch«. Tausende von SED-Mitgliedern demonstrieren für die Einberufung eines Sonderparteitags. Lothar de Maizière wird mit 92 von 118 Stimmen vom Hauptvorstand zum CDU-Vorsitzenden gewählt. Die Christlich-Demokratische Jugend (CDJ) wird gegründet, sie setzt sich für einen »wahrhaft demokratischen Sozialismus« ein. Die Schriftstellerin Christa Wolf bittet die Ausreisewilligen, im Land zu bleiben. Kanzleramtsminister Rudolf Seiters beklagt in Bonn, daß die DDR am Sozialismus festhalten wolle.

Im Bezirk Frankfurt/Oder wird ein Aufruf verteilt zur Bildung eines Jugendarbeitskreises. Darin heißt es unter anderem: »Wir sind unzufrieden mit der Diskrepanz zwischen dem potentiell möglichen und dem real existierenden Erscheinungsbild der CDU im Bewußtsein der Öffentlichkeit, ganz speziell in dem der jungen Generation.« Des weiteren setzen sich die jungen CDU-Mitglieder dafür ein, die sozialistische Demokratie weiterzuentwickeln. CDU-Mitglieder sammeln Unterschriften für die Einberufung eines Sonderparteitags. Der Kreisverband Strausberg protestiert gegen die Sprachlosigkeit der Parteiführung und beharrt darauf, daß die CDU eine Partei des demokratischen Sozialismus ist. Außerdem: »Das im Sozialismus wirkende Wertgesetz ist über Wert, Gebrauchswert, Preis und Geld durchzusetzen.« So klingt, marxistisch verbrämt, die Forderung, vernünftig zu wirtschaften. Der Frankfurter Bezirkstag tritt zu einer Informationsberatung zusammen. Der CDU-Abgeordnete Klaus-Dieter Arlt, heute Mitglied des brandenburgischen Landtags, hält eine Rede, in der er unter anderem folgendes erklärt:

»Einen Dank sollten wir denjenigen abstatten, die es ermöglichten, daß sich eine Bewegung formieren konnte, die erzwang, daß endlich ein Selbstreinigungsprozeß in den Parteien und in der Gesellschaft beginnen konnte und hoffentlich zu einem befreienden Ende geführt wird. Aber, liebe Freunde, wir müssen auch bei uns persönlich einen gehörigen Teil von Schuld suchen. War nicht auch unser Parlament ein höriges Sprechrohr der Räte? Wie wurden denn bei uns die Beschlußvorlagen verabschiedet? Wer von den Abgeordneten hat sich wirklich intensiv mit den Beschlüssen befaßt? Wie kann in einem Parlament eine Meinungsbildung überhaupt zustande kommen, wenn nur lange vorbereitete Diskussionsbeiträge als Stellungnahme abgegeben werden?«

Unionsfreund Pfarrer Stephan Michalsky aus Friedland, Kreis Beeskow, legt dar, daß die Führungsrolle der SED angesichts des hohen Blutzolls, den die Kommunisten im Kampf gegen den Faschismus entrichtet hätten, gerechtfertigt gewesen sei. Die Führungsrolle könne aber verwirkt werden. Daher sei zu prüfen, ob nicht sofortige Neuwahlen zum Bezirkstag nötig seien. Die Ortsgruppe Marxwalde spricht dem Frankfurter Bezirksvorsitzenden Werner Zachow ihr »uneingeschränktes Vertrauen« aus. In der Versammlung des Potsdamer Klubpodiums meldet sich der CDU-Bezirksvorsitzende, Friedrich Kind, zu Wort: »Ich stehe dazu, was in den vierzig Jahren DDR-Geschichte getan und versäumt wurde.« So lügt man sich mit Bekennermiene aus der Geschichte, indem man sich des Passivs geschickt bedient. Denn es *wurde* nicht nur getan, Kind selbst hat getan, zum Beispiel hat er sich als Parteihistoriker betätigt. Ob er auch dazu steht, was er 1984 unter dem Titel »Christliche Demokraten im Ringen um eine neue Demokratie« publiziert hat? Darin wird der DDR-typische Heldengesang auf die »Partei der Arbeiterklasse« und die sie unterstützenden Unionsfreunde gesungen. Der CDU-Stadtverordnete Christian Seidel spricht ebenfalls auf der Veranstaltung. Er wird bald Vorsitzender der CDU-Bezirksverbandes Potsdam sein, aber dann aus der CDU austreten, nachdem West-CDU-Generalsekretär Volker Rühe ihm klargemacht hatte, welche Rolle er den wenigen Erneuerern in der Ost-CDU bei deren Gleichschaltung zugedacht hat: die von Statisten und Platzhaltern für die Politprofis aus dem Westen. Unionsfreunde aus Wittichenau fordern, das sozialistische Leistungsprinzip durchzusetzen und den Sozialismus neu zu definieren, wobei auf den »wissenschaftlichen Atheismus« als Voraussetzung zu verzichten sei.

In Eisenhüttenstadt werden die Daten der Umweltbelastung, vor allem durch das EKO, veröffentlicht. Sie sind kritisch. Auf einem Forum zu Umweltfragen regt Werner Schulz an, eine Umweltindustrie in der DDR aufzubauen. Die Kreisleitung der SED ruft zu einer Willenskundgebung vor dem Friedrich-Wolf-Theater in der Leninallee auf –

Motto: »Wir sind für eine Wende!« Klaus Käthner und seine Kollegin Christa Kraft interviewen Mitglieder des Neuen Forums – das dürfen sie jetzt, da die Bürgerbewegung inzwischen zugelassen ist. Die Vertreter des Neuen Forums distanzieren sich von anonym verbreiteten Aufrufen zu Demonstrationen. Werner Schulz schreibt im allmonatlich fällig werdenden Informationsbericht an den Bezirksvorstand auch folgendes:

»Seit unserer Beratung am 31. 10. 89 verhärtet sich die Auffassung mehr und mehr, daß (...) die Führung unseres Staates nur auf der Grundlage einer Volksabstimmung zur führenden Rolle der Partei der Arbeiterklasse und anschließender Neuwahlen möglich sein kann (...). Es kann nicht sein, daß zum Beispiel seit Jahren eingereichte Vorschläge unserer Partei jetzt realisiert werden und als Politik der Wende durch den Staatsapparat bzw. durch die Partei der Arbeiterklasse deklariert werden. Es ist dringend notwendig, daß auf allen künftigen Tagungen der Volksvertretung[en] Vertreter unserer Partei das Wort nehmen, um konkret die Vorschläge zu wiederholen bzw. neu einzubringen, die die Wende zu einem attraktiven Sozialismus unterstützen.«

Die dritte Lebenslüge der Ost-CDU, wie sie überall in der Partei zu frischem Leben erblüht und bis heute nicht verdorrt ist: Die CDU habe frühzeitig Reformvorschläge unterbreitet, diese seien aber nicht angenommen worden. Die gewendeten Blockflöten mögen doch nur eine einzige Initiative vorweisen, die sich auch nur indirekt gegen die Diktatur der Politbürokraten gerichtet hat. Es wird ihnen nicht gelingen.

13. bis 19. November 1989
Überall wird demonstriert, vor allem gegen den Führungsanspruch der SED. Die Volkskammer tagt und wählt den DBD-Vorsitzenden Günter Maleuda in einer Kampfabstimmung zu ihrem Präsidenten. Gegen eine Stimme wird Hans Modrow zum neuen Ministerpräsidenten gewählt. Er trägt

noch in dieser Woche seine Regierungserklärung vor, sie wird von allen Abgeordneten unterstützt. Unter anderem bietet er der Bonner Regierung eine Vertragsgemeinschaft an. Für die CDU-Fraktion erklärt Christine Wieynk, daß ihre Partei bereit sei, an der Erneuerung des »Sozialismus auf deutschem Boden« mitzuwirken. Die Diplomphilosophin und Journalistin ist seit 1961 CDU-Mitglied und gehört dem Parteipräsidium an. Seit 1979 arbeitet sie als Sekretär des SED-treuen DDR-Friedensrats. Lothar de Maizières Beitrag in der Debatte wird in einem Zeitungsbericht unter anderem so wiedergegeben:

»In der Geschichte der DDR sei erstmals die Chance gleichberechtigter Partnerschaft bei der Gestaltung der Gesellschaft gegeben. Es gelte, die Zusammenarbeit von neuer Qualität zu achten, zu schützen und dafür zu sorgen, daß sie nie wieder verlorengehe. (...) Nicht der Sozialismus ist am Ende, betonte Lothar de Maizière, doch aber seine administrative, diktatorische Verzerrung. Es gelte, einen pluralistischen Sozialismus mit Chancengleichheit für alle zu schaffen, in dem auch Andersdenkende respektiert würden.«

In der von der SED geführten neuen Regierung sitzen für die CDU de Maizière (stellvertretender Ministerpräsident und Minister für Kirchenfragen), Gerhard Baumgärtel (Bauminister) und Klaus Wolf (Postminister). Baumgärtel und Wolf sind langgediente Spitzenfunktionäre der DDR-CDU: Der Architekt und Diplomingenieur Prof. Dr.-Ing. habil. Gerhard Baumgärtel ist 1969 in die CDU eingetreten und wurde nach einer steilen Wissenschaftlerkarriere Oberbürgermeister der Vorzeigestadt Weimar und Mitglied des CDU-Präsidiums. Außerdem bekleidete er neben vielen anderen Funktionen die eines Mitglieds des Ausschusses für Nationale Verteidigung der Volkskammer. Vom Erfurter CDU-Bezirkssekretariat wird er Anfang der achtziger Jahre wie folgt eingeschätzt:

»Ufrd. Baumgärtel zeigt in seinem politischen Auftreten innerhalb der Partei und im Rahmen von Einsätzen der Nationalen Front eine klare Haltung zur DDR. Sein Auftreten in der Öffentlichkeit und in Mitgliederversammlungen ist als gut zu werten. Er genießt eine hohe Anerkennung an der Hochschule für Architektur und Bauwesen in Weimar. Vom Rektor dieser Hochschule wird er für politische Gespräche mit Studenten eingesetzt. Seine sympathische und unkomplizierte Art führt zu einer hohen politischen Überzeugungskraft. Er besitzt eine hohe Parteiverbundenheit und nimmt regelmäßig an Kreisvorstandssitzungen und erweiterten Bezirksvorstandssitzungen teil. Eine Wiederkandidatur für den Hauptvorstand wird befürwortet.«[138]

Der Diplomökonom und staatlich geprüfte Landwirt Dr. oec. Klaus Wolf ist 1956 in die CDU eingetreten und diente ihr in den Jahren 1957 bis 1965 als hauptamtlicher Kreissekretär in Schmölln. Seine Laufbahn führte ihn dann über die Funktion eines Stellvertreters des Vorsitzenden des Rats des Bezirks Leipzig zunächst bis zum stellvertretenden Minister für Tourismus.

Die Volkskammer will sich mit Korruption und Amtsmißbrauch beschäftigen. Die SED-Führung erhört die Basis und beruft für Mitte Dezember einen Sonderparteitag ein. Der Parteivorstand der DBD bestätigt das Parteipräsidium. Die LDPD bekennt sich einmal mehr zum Sozialismus. Eine Meinungsumfrage unter DDR-Bürgern ergibt, daß 87 Prozent bleiben wollen. Das Neue Forum bezeichnet SED-Generalsekretär Krenz als »Wahlfälscher und Freund des chinesischen Terrors«.

Der Seelower CDU-Kreisverband spricht sich dafür aus, daß im Demokratischen Block die Parteien gleichberechtigt sind. Der Chefredakteur der »Märkischen Union«, Joachim Winter, fordert, »daß die CDU eine Partei in der DDR ist, die dafür eintritt, diesem Staat seinen Anspruch auf die Verkörperung der sozialistischen Alternative in Deutschland zurückzugewinnen«. Gotthart Kreisel, Bezirkstagsabgeordneter der CDU in Frankfurt, macht sich Gedanken über die sozialistische Demokratie:

»(...) Folgende Prinzipien sollten unumstößliche Arbeitsgrundlage für das Parlament sein:
- die Verfassung der DDR vom 6. April 1968 mit Änderungen und Ergänzungen vom 7. Oktober 1975;
- Beibehaltung der Block- und Bündnispolitik;
- Beibehaltung der führenden Rolle der SED als stärkste Partei;
- Einhaltung der Prinzipien des Demokratischen Zentralismus. (...)«

Die CDU-Ortsgruppe Großschönau will die führende Rolle der SED aus der Verfassung gestrichen sehen, nicht aber die der Arbeiterklasse. Und: »In die Volkskammer und alle nachgeordneten Volksvertretungen gehören nur die Parteien des Demokratischen Blocks.« Der Präsident des Nationalrats der Nationalen Front solle auch Volkskammerpräsident sein. Als Vorsitzenden des Staatsrats wünschen sich die Großschönauer Unionsfreunde weiterhin einen SED-Vertreter.

In Eisenhüttenstadt folgen rund 2500 Menschen dem Aufruf der SED-Kreisleitung zu einer Willenskundgebung. CDU-Kreissekretär Schulz nimmt in einem Zeitungsinterview Stellung und behauptet unter anderem:

»Wir haben dem Rat (der Stadt; C. D.) ein Papier übergeben, in dem wir unsere Bereitschaft zur Erneuerung des Sozialismus erklären, ohne Schuldbekenntnis für die gegenwärtige Situation – diese hat vor allem die SED zu verantworten.«

Dieser Satz wird ihm Ärger einbringen, und schließlich liefert Schulz ein Mitschuldbekenntnis ab, über dessen Wert die Art seines Zustandekommens genügend aussagt. Auf einer Stadtverordnetenversammlung erläutert der CDU-Kreissekretär seine Idee, daß die Parteien selbständige Fraktionen bilden sollen.

Die Modrow-Regierung findet in der Volkskammer eine breite Mehrheit. Es wird weiter demonstriert. Seit Monatsbeginn zählten bundesdeutsche Stellen 100 000 DDR-Übersiedler. Die Initiativgruppe »Demokratie Jetzt« schlägt vor, einen »Runden Tisch« einzurichten, an dem Opposition und Regierung den Dialog führen sollen. Die Anregung findet schnell weitere Unterstützer. Meinungsumfragen ergeben eine Mehrheit für eine sozialistische DDR. Ein knappes Drittel der Wahlberechtigten würde die SED wählen, nur neun Prozent das Neue Forum. Die SDP spricht sich gegen eine deutsche Vereinigung aus. Zunehmend werden Proteste laut gegen Ratschläge der Bonner Regierung, die auch von den Bürgerbewegungen als Einmischung in die inneren Angelegenheiten der DDR empfunden werden. Der CDU-Hauptvorstand tagt und beruft einen Sonderparteitag für den 15. und 16. Dezember nach Berlin ein. Auf Vorschlag Lothar de Maizières wird Karl Hennig zum Pressesprecher berufen. Der Theologe und Staatswissenschaftler Hennig ist Chefredakteur der evangelischen Monatsschrift »Standpunkte«. Sein Vorgänger im Amt war Günter Wirth, der seit 1985 als Herausgeber des Kirchenkampfblatts wirkt. Zuvor war Karl Hennig als hauptamtlicher Funktionär beim Nationalrat der Nationalen Front tätig gewesen, wofür er deren Ehrennadel in Gold erhalten hatte. Ein treuer Gefolgsmann der SED wird Pressesprecher der »sich erneuernden CDU«. Mit dem persönlichen Dank de Maizières für ihr Wirken scheiden aus dem Hauptvorstand aus: Oberstudienrat Werner Wünschmann, 59 Jahre, CDU-Mitglied seit 1948, seit drei Jahrzehnten hauptamtlicher CDU-Funktionär, Mitglied des Präsidiums und Sekretariats der Partei, verantwortlicher Sekretär für Parteischulung, ehemals Dozent an der Zentralen Schulungsstätte »Otto Nuschke« in Burgscheidungen; die Diplommedizinerin Eva-Maria Wolf, 30 Jahre,

Mitglied der CDU seit 1977, Mitglied des Parteipräsidiums und des Büros des Zentralrats der FDJ; und der Verdiente Techniker des Volkes Manfred Weber, 54 Jahre, Mitglied der CDU seit 1964, Entwicklungsingenieur im VEB Leuna-Werke »Walter Ulbricht«. Der Hauptvorstand votiert außerdem dafür, die Kassation des Urteils gegen Georg Dertinger zu beantragen und den »Beschluß zur Durchführung des politischen Studiums« aufzuheben. Wir notieren den 23. November 1989, an dem wir die CDU nach wie vor im Lager des Sozialismus finden. Der Hauptvorstand stellt sich hinter das leicht veränderte Positionspapier des Parteipräsidiums. Darin heißt es unter anderem: »Sie tritt ein für eine humane und demokratische Gesellschaft, wie sie nach christlichem Verständnis einem Sozialismus entspricht.« Die DDR-Nachrichtenagentur ADN meldet:

»Berlin (ADN). Die CDU der BRD will zu allen Reformkräften in der DDR einen guten Kontakt entwickeln. Das erklärten CDU-Generalsekretär Volker Rühe und der Vorsitzende der CDU von Berlin (West), Eberhard Diepgen, gestern auf einer Pressekonferenz in Berlin, die im Anschluß an einen Meinungsaustausch mit dem Vorsitzenden der CDU der DDR, Lothar de Maizière, stattfand.

Die Gesprächspartner stimmten in der Forderung überein, in der DDR müßten zum schnellstmöglichen Zeitpunkt freie Wahlen stattfinden. Nach Einschätzung von Rühe befinden sich die DDR und die hiesige CDU im Umbruch. Bisher, erklärte Diepgen, seien die beiden Parteien nur durch drei Buchstaben miteinander verbunden. Man müsse abwarten, ob sich in der Ost-CDU die reformerischen Kräfte durchsetzen. Der neue Parteivorsitzende de Maizière sei in dieser Hinsicht ein Hoffnungsträger. Rühe bezeichnete es als bemerkenswert, daß in dem Positionspapier der Partei das Wort Sozialismus nicht auftaucht.

Lothar de Maizière bemerkte dazu, seine Partei wolle das Wort Sozialismus neu definieren und nicht als bloße Worthülse benutzen. In dem Gespräch sei über die Reformbereitschaft seiner Partei gesprochen worden. ›Ich hoffe, daß wir einigermaßen bestanden haben‹, sagte der Parteivorsitzende.«

Sie haben bestanden. Volker Rühe hat aber offenkundig ein anderes Dokument gelesen als den zweiten Entwurf des Positionspapiers. Vielleicht nimmt er den Lauf der Dinge vorweg, weil auf seine und Diepgens Intervention der Sozialismus unter den Tisch fiel? Und noch eines geht aus dieser bemerkenswerten ADN-Meldung hervor: Die Devotion der CDU-Führung Ost verschiebt sich gen Westen – Helmut Kohl statt Erich Honecker.

Wir halten ein weiteres wichtiges Ereignis fest: In Karl-Marx-Stadt treffen sich Vertreter des dortigen CDU-Kreisvorstands und der Düsseldorfer CDU. Weitere Kontakte werden vereinbart. Diese Treffen auf Kreisebene werden rasch zum Normalfall, und überall tauchen die »Helfer« aus dem Westen auf mit Fähnchen, Kopiergeräten und Flugblättern. Die CDU (West) kauft die CDU (Ost).

Der frühere Augenoptiker Werner Zachow geht in Deckung: Er läßt sich zum Vorsitzenden des Bezirkstagspräsidiums wählen und kündigt an, seine Funktion als CDU-Bezirksvorsitzender in Frankfurt/Oder aufzugeben. Die CDU-Ortsgruppe Eberswalde-Finow gesteht ihre Mitschuld ein: »Die Christlich-Demokratische Union hat in der Vergangenheit überall dort versagt, wo sie der Meinung und der Macht einzelner Repräsentanten des bisherigen Staatsapparates mehr Respekt entgegenbrachte als der Stimme des christlich-ethischen Gewissens.« Im Bezirkstag Potsdam gibt Unionsfreund Erwin Motzkus für seine neugebildete Fraktion eine Erklärung ab – hier Auszüge:

»Wir wissen zwar, mit welchem anzweifelbaren Verfahren wir das Abgeordnetenmandat erhielten, aber wir haben die Verbindung zu den Massen über unsere Kirchen immer gehabt. Auch wenn wir in der Vergangenheit nicht immer den gehörigen Mut fanden, um das auszusprechen, was eigentlich hätte ausgesprochen werden müssen – heute bekennen wir, wir sind nicht frei von Verantwortung für die jetzige Situation. (...) Es sei daran erinnert, daß zuerst die CDU es war, die sich für die staatliche Zulassung des Neuen Forum nachdrücklich einsetzte. (...) Die CDU wird tatkräftig an der Erneuerung unserer Demokratie mitwirken. Wir haben nichts gegen einen demokratischen Sozialismus. (...) Jedenfalls unserer Meinung nach schließt Sozialismus die Demokratie nicht aus, nein, im Gegenteil, Demokratie ist eine notwendige Bedingung für den Sozialismus. Das hat mit Sozialdemokratie nichts zu tun.«

Wir entdecken Lebenslüge Nr. 3 und die Tatsache, daß Unionsfreund Motzkus gut aufgepaßt hat in der politischen Schulung: Die Abgrenzungsargumente gegen die Sozialdemokratie sind klassischer marxistisch-leninistischer Prägung.

In Eisenhüttenstadt wird demonstriert, vor allem gegen die SED. Der erste Schnee behindert den Verkehr. Die Stadtverordnetenversammlung richtet eine Untersuchungskommission ein, um Amtsmißbrauch und Korruption aufzuklären. Die SED wählt ein neues Kreissekretariat. Der Stadtrat tagt öffentlich im VII. Wohnkomplex unter der Leitung von OB Wundersee. Die Blockparteien stellen die Mitarbeit in der Nationalen Front ein – wie überall in der DDR. Vom Block verabschieden sie sich noch nicht.

27. November bis 3. Dezember 1989
Überall wird demonstriert, der Ruf »Deutschland, einig Vaterland« ist zu hören. Der Demokratische Aufbruch behauptet auf einer Pressekonferenz, 10 000 Mitglieder zu zählen. Bundeskanzler Helmut Kohl präsentiert sein Zehn-Punkte-Programm als Fahrplan zur deutschen Einheit. Willy Brandt wünscht sich ein sozialistisches Experiment in der DDR. Christa Wolf und andere verbreiten einen Aufruf unter dem Titel »Für unser Land«. Günter Mittag ist nicht mehr Ehrendoktor der TU Dresden. Die Volkskammer streicht die führende Rolle der SED aus der Verfassung. CDU-Präsidiumsmitglied und Volkskammerabgeordneter

Toeplitz fordert, die Menschen zu rehabilitieren, die in den Jahren 1953 bis 1958 aus politischen Gründen verurteilt worden sind. Der Demokratische Block tagt unter Vorsitz von Lothar de Maizière und diskutiert vor allem über den Runden Tisch. In seiner Eröffnungsansprache erklärt de Maizière unter anderem:

»Sitzungen des Blocks, die seinem Selbstverständnis als Beratungs- und Entscheidungsorgan gleichberechtigter, eigenständiger politischer Kräfte entsprochen hätten – daran hätte die Führungsrolle der SED ja nichts ändern sollen –, gehörten in der Vergangenheit leider zu den Ausnahmen. Die Schuld daran tragen wir alle. (...) Gerade wenn wir die wesentlichen Werte unserer Gesellschaft erhalten wollen, sollten wir uns gegenseitig freigeben und voller Selbständigkeit denken, argumentieren und handeln. Wir sollten, was uns angeht, alles tun, um zu verhindern, daß am Runden Tisch Fronten aufeinanderprallen. (...) Bisher spricht einiges für den Eindruck, daß der Begriff Sozialismus noch die tragenden Werte für die Mehrheit der politischen Kräfte bezeichnet. Aber wir werden in der Zukunft sehr sorgfältig darauf zu achten haben, was unter diesem Begriff noch verstanden werden darf und was nicht.«

Er trifft sich außerdem mit dem belgischen Außenminister Marc Eyskens. Das CDU-Zentralorgan »Neue Zeit« zitiert de Maizière: »Nach seiner Ansicht gebe es zu einer Gesellschaftsordnung sozialistischer Determination in der DDR keine Alternative. Der Entwurf einer neuen Konzeption des Sozialismus könne nur im Konsens erarbeitet und verwirklicht werden. Die Vorbereitung des CDU-Sonderparteitags verdeutliche, daß die Mitglieder der CDU für eine Eigenstaatlichkeit der DDR in einer anzustrebenden Konföderation beider deutscher Staaten einstehen wollen.« Die Schriftstellerin Rosemarie Schuder, Mitglied des CDU-Hauptvorstands, veröffentlicht »Gedanken zum zweiten Entwurf des Positionspapiers der CDU«, hier ein kurzer Auszug:

»(...) es gibt eine Christlich-Demokratische Union, die Spenden angenommen hat eines Flick-Konzerns, Millionenspenden in harter DM, eines Konzerns, dessen Gründer Friedrich Flick vom amerikanischen Militärtribunal in Nürnberg als Kriegsverbrecher und wegen Ausbeutung von Menschen als Sklaven verurteilt wurde. Ich bin davon überzeugt, daß es innerhalb der CDU auch junge Kräfte gibt, die an dieser unseligen Verknüpfung Kritik üben und mit denen man arbeiten kann. Ich möchte mich nicht von schmutzigen Händen umarmen lassen.«

Und dann appelliert sie an ihre Partei, »nicht den Mut und die Überzeugungstreue christlicher Sozialisten« zu vergessen. Es wird nichts nutzen. Das CDU-Zentralorgan berichtet: »Die Gesprächsrunden zur grundlegenden Erneuerung unserer sozialistischen Gesellschaft reißen nicht ab.« Überall konstituieren sich Runde Tische. Das SED-ZK und das Politbüro treten unter dem Druck der Parteibasis zurück. Ein Arbeitsausschuß führt nun die Geschäfte.

CDU-Bezirksvorsitzender Werner Zachow will die Zusammenarbeit der Blockparteien fortsetzen. Seine letzte Äußerung in dieser Funktion, denn er tritt von dieser zurück. Als seinen Nachfolger hatte er Heiner Lassowsky, CDU-Kreissekretär in Beeskow mit guten Kontakten zur Abteilung Inneres, ausersehen. Der fährt auch hin zur Sitzung und nimmt Herbert Schirmer mit. Auf der Sitzung wird aber überraschend Schirmer zu Zachows Nachfolger gewählt. Jetzt erscheint es den Blockfunktionären sinnvoll, ein Mitglied des Neuen Forums als Galionsfigur vorzuzeigen, nachdem sie ihn vorher noch dringendst gebeten hatten, keinen Kontakt zu den Bürgerbewegungen aufzunehmen. Nur noch in Potsdam wird ein CDU-Bezirksvorsitzender ausgetauscht – sein Nachfolger, Christian Seidel, ist heute Mitglied der SPD. Sonst bleiben die treuen Diener der SED in ihren Funktionen.

In Eisenhüttenstadt wählen die Unionsfreunde ihre Delegierten zum Sonderparteitag. Unter ihnen ist Kreissekretär Werner Schulz, obwohl in der Einladung zur Konferenz noch gestanden hatte, daß hauptamtliche Funktionäre nicht zum Parteitag fahren sollen. Ganz offensichtlich, weil sie die SED-Hörigkeit der Block-CDU personifizieren. Aber es ist nicht die Zeit für skrupulöse Bedenken, die CDU will an die Macht. Am Kaufhaus »Magnet« in der Leninallee treffen sich tausend Demonstranten, vor allem Anhänger des Neuen Forums: »Egon Krenz – wir sind die Konkurrenz!« Das Neue Forum Eisenhüttenstadt konstituiert sich offiziell. Die »Saarbrücker Zeitung« wird in der Stadtbibliothek ausgelegt. Die SED-Kreisleitung beschließt, an der nächsten Demonstration teilzunehmen.

4. bis 10. Dezember 1989

Überall Demonstrationen. Gregor Gysi wird zum Vorsitzenden der SED gewählt. Das CDU-Präsidium beendet die Mitarbeit im Demokratischen Block und fordert Krenz auf, als Staatsratsvorsitzender zurückzutreten. Gleichzeitig erklären die führenden Unionsfreunde, daß sie die Regierung weiterhin unterstützen wollen. Das Parteipräsidium akzeptiert die Einladung der West-CDU, an der Berliner Tagung des Bundesausschusses der Kohl-Partei teilzunehmen. Krenz gibt auf, und LDPD-Chef Manfred Gerlach folgt ihm amtierend. Gerald Götting tritt zurück als Präsident der Liga der Völkerfreundschaft. Gegen ihn wird ein Ermittlungsverfahren eingeleitet. Lothar de Maizière gratuliert Günther Wirth zum 60. Geburtstag. In seiner Glückwunschadresse heißt es unter anderem:

»An Ihrem heutigen Ehrentag danken wir Ihnen sehr für ihre treue Verbundenheit mit den Idealen unserer CDU, wie sie im Gründungsaufruf formuliert wurden. In den vergangenen vier Jahrzehnten haben Sie in verschiedenen Verantwortungsbereichen Ihren Beitrag zum Aufbau und zur Profilierung der Partei geleistet.«

Der Leser dieses Buches wird diese Feststellung nur bestätigen können.

Christian Seidel wird zum Vorsitzenden des Potsdamer

Bezirksverbands der CDU gewählt. Der »Neue Tag« bekommt eine neue Unterzeile: Statt »Organ der Bezirksleitung Frankfurt (Oder) der Sozialistischen Einheitspartei Deutschlands« nennt er sich nun »Sozialistische Tageszeitung im Bezirk Frankfurt (Oder)«. Noch ruft er im Kopf auf: »Proletarier aller Länder, vereinigt euch!« Der Frankfurter Unionsfreund Hans-Jürgen Rehfeld verläßt unter Protest eine Kreiskonferenz der CDU, »weil für meine Begriffe bedeutende Fragen der Demokratie verletzt wurden«. Und: »Unter der Überschrift ›Wir waren schon immer gut, bleiben also gut‹ wurde eitle Selbstbespiegelung vorgeführt.« Weil er keine Möglichkeit zur Erneuerung des Kreisverbands sieht, legt er sein Kreisvorstandsmandat nieder. Eine seltene Aufrichtigkeit in diesen Tagen.

In Eisenhüttenstadt folgen 3000 Bürger einem Aufruf des Neuen Forums zu einer Demonstration. Werner Schulz fordert, daß die Betriebsparteiorganisation der SED im EKO aufgelöst wird. »Märkische-Union«-Redakteur Günter Fromm verlangt von seiner Partei, daß sie auf dem Sonderparteitag auch ihre Vergangenheit kritisch betrachtet: »Trauerarbeit ist zu leisten.« Stadtrat Detlef Kirchhoff stimmt auf einer Versammlung des Neuen Forums vielen Forderungen zu.

11. bis 17. Dezember 1989
Überall wird demonstriert. In Leipzig werden die Einheitsschreier mutig und laut: »Rote aus der Demo raus!« Die SED entschuldigt sich beim Volk. Die DBD setzt weiterhin auf eine »sozialistische Alternative auf deutschem Boden«. Der Demokratische Aufbruch konstituiert sich auf seinem Gründungsparteitag und wählt Wolfgang Schnur zu seinem Vorsitzenden. 73 Prozent der DDR-Bürger wollen, daß ihr Staat souverän bleibt, das ergibt eine Meinungsumfrage im Auftrag von ZDF und »Spiegel«.

Auf dem Sonderparteitag der CDU warnt Lothar de Maizière die Delegierten, sich aus der Vergangenheit wegzustehlen. Der Begriff Sozialismus sei zu einer leeren Hülle geworden und daher nicht mehr verwendbar. »Aber es ist nicht zu übersehen, daß die, die diesen Begriff ablehnen, damit Stalinismus, Diktatur und Volksbetrug meinen, während die unter uns, denen dieser Begriff heute noch wichtig ist, damit die Ideale von 150 Jahren Arbeiterbewegung meinen.« Der Parteivorsitzende spricht sich für eine »ökosoziale Marktwirtschaft« aus.

Dann merkt er, daß für DDR-Eigenheiten kein Platz sein wird in der zur Gleichschaltung vorgesehenen Christenunion Ost. Denn ohne eingeladen worden zu sein, stürmt erst West-Berlins CDU-Vorsitzender Eberhard Diepgen und dann CSU-Generalsekretär Erwin Huber samt Begleitmannschaft in den Versammlungssaal. Sie fühlen sich schon als Hausherren. Und so weit geht bereits die Devotion der Unionsfreunde Ost, daß Diepgen und Huber gebeten werden zu sprechen. Diepgen stellt sich ans Rednerpult und sagt »Landsleute!« Der Saal tobt – so haben sie früher den obligaten SED-Gästen auf Parteitagen zugejubelt. Und so taumeln sie nun von der SED-Hörigkeit in die Arme der Bonner CDU. Der Sozialismus aus christlicher Verantwortung hatte sich Molekül für Molekül aufgelöst wie die Verantwortung auch. Sie verschwanden sang- und klanglos im schwarzen Loch des Vergessens. Eine wirkliche Diskussion über das eine wie das andere hat es nicht gegeben. Wer damals aufrichtig Selbstkritik äußerte, ist heute nicht mehr gefragt.

Nachtrag

Nach dem Parteitag veröffentlicht die CDU-Führung Ost ein Dokument unter dem Titel »Grundsätze für das Programm der CDU«. In ihm fehlt das Parteiemblem – »Ex oriente pax« –, die Versalien des Parteinamens gleichen denen der West-CDU, und die deutlichen inhaltlichen Unterschiede zum Positionspapier der letzten Hauptvorstandstagung lassen sich wohl dadurch erklären, daß die Bonner Schwesterpartei intellektuellen Beistand leistete, wenn nicht gar westliche Politikmanager die Autorenschaft übernommen haben.

Ein eigenes Profil hat die CDU der DDR nie gewinnen können, und sie hat es nach 1950 auch nicht versucht. Die Erlösung von den Sünden der Vergangenheiten erhoffte sie zu finden in der absoluten Unterordnung unter den Willen der Kohl-Partei. Der Sieg der von Kohl und Rühe aus kosmetischen Gründen zusammengeschmiedeten »Allianz für Deutschland« für die Volkskammerwahlen vom 18. März 1990 war schon das Ergebnis des Wahlkampfmanagements der West-CDU. Zu Hunderten kamen CDU-Funktionäre aus dem Westen in die Büros der Ost-CDU und zogen kurzerhand die Regie an sich. Wahlen mußten gewonnen werden, und die Blockflötenvergangenheit wurde zum Instrument, um die Mitglieder der Ost-CDU zu disziplinieren. Die Helfer aus dem Westen wußten von der Verstrickung der Götting-Partei in das DDR-Regime und benutzten ihr Wissen, um ihren Gleichschaltungsanspruch durchzusetzen. Inzwischen setzen sie es ein, um Sündenböcke für die Krise der CDU im Osten zu finden.

Die programmatischen Aussagen der Ost-CDU wurden beiseite gelegt, ohne daß jemand ein Wort darüber verlor. Die über 100 000 Mitglieder der früheren Götting-Partei wurden gebraucht, aber nur als Statisten. Es erscheint vor diesem Hintergrund nicht erstaunlich, daß die wenigen Versuche einzelner, die Partei zu erneuern, in Enttäuschungen endeten. Nur so läßt sich die Lethargie Lothar de Maizières in den Monaten vor seinem Rücktritt erklären.

Ein typisches Beispiel für die Situation nach dem Sonderparteitag und für den Stil, in dem der Volkskammerwahlkampf im Frühjahr 1990 geführt wurde, entnehme ich auszugsweise einem Vortragstext des damaligen Landesvorsitzenden der brandenburgischen CDU, Herbert Schirmer:

»Die Frankfurter Innenstadt war für den Besuch von Bundesarbeitsminister Norbert Blüm gerüstet. Die plakative Ankündigung: ›Blüm kommt!‹ genügte damals, und alle kamen. Auf dem Platz der Republik (...) drängten sich etwa 10 000 Einwohner der Stadt. Ich quetschte mich durch die dicht stehenden Bürger, stieg über eine Absperrung und wurde sogleich von einem blonden Body – Marke Germane – gegriffen und nach meinem Wohin befragt.

›Ich werde hier sprechen‹, war meine lakonische Antwort, die vielleicht ein bißchen verunsichert klang.

Das übrigens nie ratifizierte Abkommen zwischen den Deutschen im Wahlkampf, nach dem zuerst der Ossi die Stimmung mit Konfirmantencharme anheizt und dann durch den Vollprofi vom Rhein abgelöst wird. Anheizen und Absahnen. Bad in der Menge. Abgang und rein in die Limousine und rauf auf das nächste Podium. Blüm kommt!

Als ich mich nicht von der Stelle bewegte, wurde der Body freundlicher und sagte wie zu einem Kranken: ›Du kannst hier nicht sprechen. Hier spricht doch Blüm. Wer bist du überhaupt?‹

Vorsichtiger Konter meinerseits: ›Ich bin zufällig der Landesvorsitzende der CDU in Brandenburg.‹ (...)

›Na gut, dann eben fünf Minuten.‹

›Wie lange ich rede, bestimme noch immer ich.‹ Ich begann innerlich zu kochen. Die Hände wurden verdächtig unruhig.

›Fünf Minuten, dabei bleibt's.‹ Das war unmißverständlicher Klartext mit Ausblick in die Zukunft.

Es redete dann zuerst ein schon damals stiller Mann aus dem Demokratischen Aufbruch. Dann folgte Wolfgang Schnur, der DA-Vorsitzende – nur wenige Tage vor seinem unrühmlichen Abgang schmetterte er seine Parolen in den Frankfurter Nachthimmel. Dann war ich dran. Norbert Blüm, in letzter Sekunde gekommen, tänzelte schon aufgeregt in Richtung Mikrophon. Ich hatte eine nagelneue Rede vorbereitet. Nach wenigen Sätzen fiel das Westmikrophon aus. Ersatz war bei der Hand. Nach wenigen Sätzen rief Blüm mir zu: ›Komm, Jung, es reischt! Laß mischema!‹

Mir blieben noch drei, vier Sätze. Blüm wiederholte sich. Hilfloser Abgang meinerseits. Dann Blüm. Ein Podest wurde dem Bundespolitiker von kleiner Statur von den mitreisenden Bodys untergeschoben, daß er umgehend auf europäisches Format wuchs. Was dann aus ihm herausprasselte, hätte jeder rheinischen Fasenacht gutgetan. Ich habe die Rede Blüms während der Heimfahrt zusammenfassend unter das Motto gestellt: Wie spinne ich Stroh zu Gold.«

Da dies nicht seine einzige Erfahrung mit Politikern aus dem Westen blieb, ist es nicht überraschend, daß Herbert Schirmer inzwischen die CDU verlassen hat. Geblieben dagegen sind die altgedienten Blockflöten, die die moralische Kraft nicht aufbringen, sich zu ihrer Schuld zu bekennen.

Zu ihnen zählen die christdemokratischen Politfunktionäre aus dem thüringischen Gotha Dieter Reinholz und Josef Duchac. In der Bevölkerung nannte man sie die »Faschingsprinzen«, weil sie auf keiner Veranstaltung gefehlt haben. Meine Reise in ihr wohlbehütetes Reich sei im folgenden Kapitel geschildert.

Aus dem Leben einer Blockflöte

Die erstaunliche Karriere des Josef Duchac

Dieter Reinholz ist sauer. Gothas CDU-Landrat hat dazu auch allen Grund. Schließlich habe ich darum gebeten, das Protokoll der Kreistagssitzung vom 25. Oktober 1989 im Kreisarchiv einsehen zu dürfen. Und das empfindet Landrat Reinholz als einen Eingriff in sein und seiner Parteifreunde Intimleben. Ganz zu Recht, wie wir sehen werden.

Beim letzten Ärger hervorrufenden Vorfall dieser Art hatte er Konsequenzen gezogen und den CDU-dominierten Kreisausschuß veranlaßt, eine Archivordnung zu beschließen. Sie ist von besonderer Güte, eine zweite dieser Art dürfte sich im neuen Deutschland kaum finden lassen. Sie unterteilt das Archivgut in ein öffentliches Archiv und in ein nichtöffentliches Zwischenarchiv. So weit, so gut. Aber: In das Zwischenarchiv verbannt wurden unter anderem die Protokolle der Kreistagssitzungen, obwohl diese Veranstaltungen zu SED-Zeiten öffentlich waren. Und: Wer Bestände des Zwischenarchivs einsehen will, darf das nur, wenn der Landrat persönlich es genehmigt.

Die Anwesenheitslisten der Kreistagssitzungen zeigen, daß die Vertreter der damaligen Presse offiziell eingeladen wurden, über die Tagungen zu berichten. Was zu Honeckers Zeiten vor aller Augen und Ohren zelebriert wurde, ist heute geheim, jedenfalls im schönen Städtchen am Thüringer Wald.

Wie hatte mein Hindernislauf in Dieter Reinholz' Kreisarchiv begonnen? Im Zimmer des Leiters des Ordnungsamts hatte ich fein säuberlich den Benutzerantrag ausgefüllt, und ich folgte auch der Bitte des freundlichen Ordnungshüters, eine in der Archivordnung genausowenig wie im Antrag vorgesehene detaillierte schriftliche Begründung für meine Wißbegierde mitzuliefern. Meine Bitte, mir eine Kopie der mysteriösen Archivordnung auszuhändigen, erfüllte er leider nicht. Aber immerhin hat er sie mir gezeigt. Die Kopie bekomme ich erst später, als ich dem Landrat mit einem juristischen Zaunpfahl gewunken hatte.

Nachdem ich meinen Antrag nebst Zusatzbegründung eingereicht hatte, wurde ich auf den nächsten Tag vertröstet. Es war fast voraussehbar, was dieser bringen würde, nämlich folgende Auskunft des Ordnungsamtsleiters: Der Landrat entscheide solche »schwierigen Fragen« immer am Wochenende. Es war Mittwoch, der 18. September, und ich mußte unverrichteter Dinge abziehen.

Daß Dieter Reinholz mir gestattet, das Protokoll der Kreistagssitzung einzusehen, erfahre ich, als ich zwei Wochen nach meiner Abreise aus Gotha den Persönlichen Referenten des Landrats anrufe, um zu fragen, wie der Stand der Dinge sei. Der Mann zeigt sich erstaunt, daß die längst erteilte schriftliche Genehmigung noch nicht bei mir eingetroffen sei. Trotzdem, so lädt er mich ein, könne ich kommen, und wir vereinbaren den 7. Oktober als den Tag, an dem ich das Kreisarchiv in Gotha betreten darf. Ich solle mich, sobald ich eingetroffen bin, gleich an das Ordnungsamt wenden, rät mir der Referent. Dort würde dann alles geregelt.

Zwischen dem Telefonat und meinem Eintreffen in Gotha bricht Hektik aus im Landratsamt. Der Persönliche Referent weist an, ihm eiligst den Gegenstand meiner Neugierde zu bringen. Warum? Der eine Grund scheint offenkundig: Landrat Reinholz will seine Parteifreunde vor Enthüllungen bewahren. Der andere Grund hat mit Landrat Reinholz' Biographie selbst zu tun – dazu kommen wir noch.

Ich frage später im Archiv nach, ob es möglich sei, die Vollständigkeit der Akten nachzuprüfen. Die Antwort ist eindeutig: Nein. Erstaunlich ist auch die Tatsache, daß die Anwesenheitslisten der Kreistagssitzungen zum Teil vernichtet worden sind, und zwar nur jene Bögen, in die sich die Abgeordneten und Ratsmitglieder einzutragen hatten. Die Listen für die Gäste etwa aus der Volkskammer und dem Bezirkstag, der Industrie und der Landwirtschaft sind noch vorhanden. Als ich frage, wie dieser merkwürdige Umstand zu erklären sei, antwortet der noch heute für die Kreistagssitzungen zuständige Landratsamtsbedienstete: Die vorhandenen Listen hätten eigentlich auch vernichtet werden sollen, und zwar jeweils drei Monate nach der entsprechenden Sitzung. Das aber sei vergessen worden.

Fast jeder übrigens, mit dem ich spreche im Landratsamt, reagiert merkwürdig. Der Vertreter des Ordnungsamtsleiters verliert gar die Nerven und fängt am Telefon an zu brüllen. Viele haben Angst. Woher kommt sie? Landrat Reinholz hatte nach seiner Wahl auf einer Personalversammlung erklärt, weiterbeschäftigt würde nur, wer loyal zu ihm stehe. Mitarbeiter befürchten, daß er diesen Anspruch monarchistisch auslegen könnte. Aber zurück zur Chronik der Ereignisse.

In Gotha angekommen, folge ich der Empfehlung des Persönlichen Referenten und erfrage mir den Weg zum zwischenzeitlich umgezogenen Ordnungsamt. Nachdem ich es endlich gefunden habe, stoße ich auf die größtmögliche Ahnungslosigkeit zweier Mitarbeiterinnen der Behörde. Wohl erkennt eine von ihnen den neugierigen Störenfried des Gothaer Friedens wieder, aber von einer Genehmigung, das Kreisarchiv zu benutzen, wissen sie nichts, da müsse ich wohl ins Hauptgebäude zurück. Der Leiter des Ordnungsamts weilt im Urlaub, und sein Vertreter sitzt gerade in einer Dienstbesprechung.

Es sollte zwei Stunden dauern, bis ich endlich den mir nun schon fast vertrauten Persönlichen Referenten zu Gesicht bekomme. Der zeigt sich erstaunt, daß ich die schriftliche Genehmigung des Landrats immer noch nicht erhalten habe, und verärgert, daß im Ordnungsamt keiner Bescheid weiß. Die Genehmigung habe er schließlich »durchgestellt« – so der Fachterminus aus Vorwendezeiten, in dem sich ausdrückt, was marxistisch-leninistisch »demokratischer Zentralismus« heißt oder übersetzt: Weisungen von oben sind widerspruchslos auszuführen. Der Referent schnauzt eine der ahnungslosen Angestellten im Ordnungsamt übers Telefon so lange an, bis dieser einfällt, wo die Kopie des Briefes liegt, in dem der Landrat mir erlaubt, sein Archiv zu betreten.

Vielen Menschen fällt es schwer, liebgewordene Gewohnheiten abzulegen, wenn sie aus der Mode gekommen sind. Und besonders schwer fällt es offenkundig einem Persönlichen Referenten, der schon zu Honeckers Zeiten diese wichtige Funktion ausfüllte, damals für den Vorsitzenden des Rates des Kreises, einen SED-Mann. Aber vielleicht hat der Referent ja die Befürchtung, daß er nicht verstanden wird im Amt, wenn er sich einer freiheitlich-demokratischen Maßstäben genügenden Ausdrucksweise bediente. Oder der Landrat legt möglicherweise wert auf Tradition, denn schließlich hat er sich dereinst ebenfalls kräftig engagiert für den realen Sozialismus, vor allem in der SED-hörigen Nationalen Front. Als Dank dafür wählte die Delegiertenkonferenz des CDU-Bezirks Erfurt ihn 1987 zum Nachfolgekandidaten für den Dresdener Parteitag der Götting-Partei – eine Auszeichnung, wie sie nur den Treuesten zuteil wurde. Wie auch immer, die personelle Kontinuität ist augenfällig im Gothaer Landratsamt. Wer gute Ohren hat, kann sie sogar hören. Aber nicht nur in Gotha. In dieser Hinsicht hat sich nicht viel geändert in den CDU-regierten Ländern, Kreisen und Gemeinden in Neufünfland.

Dann endlich der große Augenblick. Ich klingele am Kreisarchiv – untergebracht im Gebäude des gutbesuchten Arbeitsamts – und werde eingelassen. Die freundlich-korrekten

Verwalterinnen der Schätze des Dieter Reinholz achten peinlich darauf, daß die mir nach wie vor nur bruchstückhaft bekannte Benutzerordnung eingehalten und kein Papier in meinen Blickwinkel gerät, das einzusehen ich nicht beantragt hatte. Keine Sekunde bleibe ich unbeaufsichtigt. Telefonisch wird beim Ordnungsamt die Erlaubnis eingeholt, daß ich zu der Akte vom 25. Oktober 1989 Aufzeichnungen machen darf – wahrscheinlich nach einer Rückfrage des Ordnungsamts beim Persönlichen Referenten wird mir gestattet, was nach dem Archivrecht der DDR von 1976 eine Selbstverständlichkeit war. Meine Bitte, Kopien von einigen Dokumenten anfertigen zu dürfen, wird von den Hüterinnen des Archivs und ihren Vorgesetzten allerdings abschlägig beschieden. Dazu bedürfe es eines schriftlichen Antrags beim Landrat. Ich weiß, daß Dieter Reinholz schwierige Fragen am Wochenende entscheidet. Es ist Montag, der 7. Oktober, der 42. Geburtstag der DDR.

Aber ich lasse mich nicht entmutigen und beantrage folgsam und formgerecht, mir Kopien von fünf Dokumenten anzufertigen und zu schicken. Zu meiner Verblüffung bringt mir der Postbote schon nach wenigen Tagen alle gewünschten Dokumente – allerdings mit einer nachgeschobenen Anordnung des Landrats, dessen wichtigste Passage ich dem Leser nicht vorenthalten will:

»Auf der Grundlage der Festlegungen im Punkt 5. der Ordnung für die Arbeit des Kreisarchivs Gotha vom 6. 12. 1990 erteile ich die Genehmigung zur *vollständigen* Veröffentlichung der übergebenen Kopien.

Diese Genehmigung schließt eine auszugsweise Veröffentlichung der hiermit übergebenen Archivunterlagen aus.

Die vollständige Veröffentlichung der übergebenen Archivunterlagen hat mit dem ausdrücklichen Hinweis zu erfolgen, daß die Tätigkeitsberichte sowie die Berichte zu den Haupttagesordnungspunkten des damaligen Kreistages, die durch den ehemaligen Rat des Kreises gegeben wurden, das Ergebnis der Arbeit einer durch den Rat mit Beschluß festgelegten Arbeitsgruppe sind und der jeweils Vortragende durch den Rat des Kreises gleichermaßen festgelegt wurde.« (Hervorhebung im Original)

Man stelle sich vor, man dürfte nicht mehr zitieren aus Debattenbeiträgen im Bundestag, sondern sie entweder nur vollständig abdrucken oder gar nicht. Was sich Bundestagspräsidentin Rita Süßmuth nie trauen würde, kann einen thüringischen Landrat nicht schrecken. Dieter Reinholz hat gemerkt, daß er mich nicht los wird, also greift er in die Trickkiste.

Er hat sich die Akte wohl gründlich angesehen. Daher weiß er, daß der mich interessierende »Tätigkeitsbericht des Rates zur 2. Tagung des Kreistages Gotha am 25. Oktober 1989« 35 Seiten lang ist – zu lang, um sie in meinem Buch abzudrucken. Viele Seiten lang sind auch die anderen Dokumente, deren Abdruck jedes Buch in einen mittelschweren Ziegelstein verwandelte. Aber ich werde mich an diese unwirksame Bedingung nicht halten.

Für den Tätigkeitsbericht des Rates sind, wie Landrat Reinholz in seinem Brief umständlich bestätigt, die damaligen Mitglieder des Rates des Kreises, der Kreisregierung also, gemeinsam verantwortlich. Unter ihnen befand sich der heutige Ministerpräsident Thüringens Josef Duchac, damals Kreisvorsitzender der Gothaer CDU und stellvertretender Kreisvorsitzender der Gesellschaft für Deutsch-Sowjetische Freundschaft.

Was soll nach Willen des Duchac-Freundes Dieter Reinholz möglichst nicht veröffentlicht werden aus den Werken des Rates des Kreises, dem auch Thüringens heutiger Ministerpräsident angehörte? Hier einige Auszüge:

»Die Bürger des Kreises begingen wie überall in der DDR den 40. Jahrestag der Deutschen Demokratischen Republik im Zeichen eines erfolgreichen Weges, der aus den Trümmern des 2. Weltkrieges zu einem modernen sozialistischen Staat führte, der zum Wohle des Volkes im Herzen Europas seine Rolle bei der Sicherung des Friedens erfüllt. (...)

Über 3000 Bürger unseres Kreises wurden auf Vorschlag der Betriebe, der Grundorganisationen der SED, der BGL (Betriebsgewerkschaftsleitungen; C. D.) und Ortsausschüsse der NF (Nationalen Front; C. D.) und der Wohnbezirke mit der Ehrenmedaille ›40 Jahre DDR‹ für ihre jahrzehntelange konstruktive Arbeit beim Aufbau unserer Heimat und zum Nutzen der Bürger ausgezeichnet. (...) In allen Veranstaltungen wurde dokumentiert, daß dort, wo mit allen gesellschaftlichen Kräften an dem Haus der DDR gebaut, wo fleißig gearbeitet wurde, man gut loben kann (sic!).

Deutlich wurde immer wieder – unser Staat ist fest verbunden mit der Sowjetunion, der VR China, allen Ländern des Sozialismus, mit allen Kräften des Friedens und des Fortschritts in der Welt, und jene die den Status quo liquidieren und eine angeblich vom ›Scheitern des Sozialismus‹ geprägte ›neue Epoche‹ einleiten wollen, mußten zur Kenntnis nehmen, daß die überwältigende Mehrheit der Bürger fest auf dem Boden der sozialistischen DDR steht.

Wenn Politiker der BRD vom ›Fortbestand des deutschen Reiches in den Grenzen von 1937‹ reden, die Nachkriegsordnung in Frage stellen, lautstark die These einer angeblich offenen deutschen Frage vorbringen und mit der sogenannten ›Obhutspflicht für alle Deutschen‹ die Alleinvertretungsanmaßung neu belegen, löst das nicht nur bei uns Sorge und Protest aus. (...)

Die Rede des Generalsekretärs des ZK der SED, Gen. Egon Krenz, auf der 9. Tagung des Zentralkomitees der SED ist ein Programm der weiteren Arbeit und der Wende in der gesellschaftlichen Entwicklung in der DDR.

U. a. führte Gen. Krenz aus: Das fünfte Jahrzehnt der Deutschen Demokratischen Republik hat begonnen. Jeder, der seinen Beitrag für die Stärkung und Verteidigung unserer Arbeiter-und-Bauern-Macht geleistet hat, kann guten Gewissens stolz darauf sein.

Unsere strategische Orientierung für die ausgewogene Einheit von Wirtschafts- und Sozialpolitik bleibt gültig. Es gibt keinen Grund, Erreichtes gering zu schätzen und in Frage zu stellen, nur weil noch nicht Erreichtes neue Fragen aufwirft. (...)

Unser Programm ist die Ausgestaltung der sozialistischen Gesellschaft, ihre fortwährende Erneuerung. Da gibt es keinen Stillstand, darf es keinen geben. Der Sozialismus ist keine abgeschlossene, er ist eine revolutionäre Gesellschaftsordnung.«

Josef Duchac hat an dieser Kreistagssitzung nicht teilgenommen. Es ist müßig, über die Frage zu spekulieren, wie er sich in der Abstimmung über einen Bericht verhalten hätte, für den er qua Amt mitverantwortlich war. Zumindest so lange, wie er sich nicht von ihm distanzierte. Er hat aber zu keinem Zeitpunkt den Versuch unternommen, nach der Kreistagssitzung im Rat des Kreises oder an anderer Stelle von dessen Tätigkeitsbericht abzurücken.

Die kollektiven Rechenschaftsberichte des Rates des Kreises wurden übrigens keineswegs immer von einem bestimmten Ratsmitglied vorgetragen. Dieser Pflicht und Gelegenheit, sich zu profilieren, kamen viele gerne nach. So auch das Mitglied des Rates des Kreises für Wohnungspolitik, wie der umständliche Titel des hauptamtlichen DDR-Staatsfunktionärs Duchac lautete. Dazu an anderer Stelle mehr.

Hier interessiert uns zunächst die Frage, seit wann sich die Volksrepublik China so großer Beliebtheit erfreute in der DDR, daß sie entgegen früherem Usus namentlich nach der Sowjetunion genannt wurde. Diese Frage läßt sich genau beantworten: seit dem 4. Juni 1989, als die Machthaber im Reich der Mitte die chinesische Demokratiebewegung in einem Blutbad erstickten auf dem Pekinger Platz des Himmlischen Friedens und ihr damit vorerst den Garaus machten. Fast die ganze Welt protestierte gegen das Massaker, viele Staaten unterbrachen die diplomatischen und wirtschaftlichen Beziehungen zu Peking.

Die DDR-Führung protestierte nicht. Im Gegenteil, Politbüromitglied Egon Krenz beglückwünschte die Mörder, und CDU-Vize Wolfgang Heyl beeilte sich, ihm nachzueifern. Als Teile der DDR-Bevölkerung demokratische Rechte einforderten und die ersten Demonstrationen von Volkspolizei und Staatssicherheit niedergeknüppelt wurden, betonten die Ostberliner Politbürokraten und ihre Blockfreunde ihre Verbundenheit mit den Pekinger Kommunisten um so stärker. Diese Politik richtete sich gegen Gorbatschows Perestrojka und diente vor allem dem Zweck, der eigenen Bevölkerung anzudrohen, was als »chinesische Lösung« in aller Munde war.

So verstanden auch die Mitglieder des Kreistags in Gotha den Hinweis auf die Freundschaft mit der VR China im kollektiven Rechenschaftsbericht des Rates des Kreises vom 25. Oktober 1989. Spätestens als der CDU-Abgeordnete Pfarrer Friedemann Merbach sich spontan zu Wort meldete und einen Redebeitrag hielt. Das widersprach zwar dem realsozialistischen Brauch, daß nur vorbereitete Reden, die vorher »abgestimmt« worden waren, monoton vom Blatt abgelesen wurden, aber es war nun möglich geworden, denn die Bürgerbewegungen hatten die Meinungsfreiheit erkämpft. Pfarrer Merbach sagte unter anderem folgendes zum Rechenschaftsbericht des Rates des Kreises:

»Ich hätte mir auch ein Wort gewünscht, ein klärendes, zu der unverhältnismäßigen Gewalt auf Demonstrierende, die sicherlich auch nicht immer recht friedlich waren – aber jedenfalls nicht erforderlich war doch dies, was leider Bilder waren, die um die ganze Welt gegangen sind.

Dafür hab' ich gehört von der Verbundenheit mit China – ich hab' ein bißchen mit den Schultern gezuckt, denn China ist ja ein Land, das seine Probleme auf merkwürdige Art gelöst hat.«

Der anwesende Chef der Volkspolizei E. und ein SED-Abgeordneter der Kreistags widersprachen wütend. Sie wollten sich das brutale Vorgehen von Polizei und Staatssicherheit in vielen Orten der DDR nicht in die Schuhe schieben lassen. Danach schritten die Abgeordneten zur Abstimmung über den Rechenschaftsbericht des Rates des Kreises – nur Pfarrer Merbach votierte dagegen, sonst war die CDU des Josef Duchac weiterhin betonfest auf Linie. Zu denen, die ihre Hand hoben, zählte auch die stellvertretende Leiterin der Bildungskommission des Kreistags, Johanna Köhler, die heute für die CDU im thüringischen Landtag sitzt. Honecker war gestürzt, Krenz stand dicht vor dem Ende seiner kurzen Generalsekretärskarriere, aber die Christdemokraten in Gotha hielten nibelungentreu zur SED.

Das wird den Ministerpräsidenten Josef Duchac nicht daran hindern, in seiner Neujahrsansprache zum Jahreswechsel 1990/91 folgende Ungeheuerlichkeit zu äußern:

»Gemeinsam gingen wir ja unter dem Motto ›Wir sind das Volk‹ auf die Straße – sehr bald wurde daraus der Vereinigungsruf ›Wir sind ein Volk!‹ Wenn ich heute an den großartigen Elan der Demonstranten des Herbstes '89 erinnere, dann deshalb, weil wir die Impulse der Wende auch für den im Gang befindlichen Neuaufbau unseres Bundeslandes brauchen.«

So lügt man sich frech in die Geschichte und aus der Verantwortung. Diese Methode exerziert Josef Duchac, den es 1946 aus dem Sudetenland nach Gotha verschlug, so geschickt wie kaum eine andere ehemalige Blockflöte. Als er gefragt wird, was er am meisten verabscheue, antwortet er: »Lüge, Unredlichkeit.«[139] Und auf die Frage eines Journalisten: »So gar kein Makel oder Fehler, Herr Ministerpräsident?« erwidert dieser: »Doch, doch. Aber statt in der Presse offenbare ich die besser im Beichtstuhl.«[140]

Nachzutragen zur Chinaepisode ist zweierlei: zum einen, daß beim Chef der Volkspolizeikreisamtes E. ein Brief einging. Absender ist der Sekretär des Rates des Kreises. Der Brief hat folgenden Wortlaut:

»Der Kreisverband der CDU wendet sich am 30. 10. 1989 an den Vorsitzenden des Rates des Kreises Gotha und nimmt Bezug auf den Diskussionsbeitrag des Abgeordneten Merbach und Ihre Ausführungen zur genannten Kreistagssitzung.

Die Abgeordneten der CDU und das Sekretariat des Kreisverbandes Gotha bringen zum Ausdruck, daß sie mit Ihren Ausführungen nicht einverstanden sind, die zum Teil unsachlich und unwahr waren.

Es ging dabei um das Problem der Gewaltanwendung durch Angehörige der Sicherheitskräfte in Städten unserer Republik.

Der Kreisverband der CDU und die Abgeordneten der CDU bitten Sie, zur nächsten Kreistagssitzung am 25. 11. 1989 nochmals um eine sachliche Richtigstellung, und sie werten dies als Basis des gewachsenen Vertrauens zwischen dem Volkspolizeikreisamt und dem CDU-Kreisverband Gotha.
Ich bitte um Kenntnisnahme und Vorbereitung.«

Wir halten fest, daß der Protest des Kreisverbandes der CDU samt seiner Abgeordneten sich gegen die Ausfälle des Herrn E. richtete, nicht gegen den Bericht des Rates des Kreises. Wäre hier nicht der richtige Zeitpunkt gewesen, den Fehler wiedergutzumachen und sich von den neostalinistischen Ausführungen dieses Rechenschaftsberichts zu distanzieren?

Im zweiten Nachtrag notieren wir, daß Friedemann Merbach bald nach der Kreistagssitzung vom 25. Oktober aus der CDU ausgetreten ist. Auch weil er enttäuscht war über seinen Kreisvorsitzenden Josef Duchac, der es nicht einmal fertiggebracht habe, die Bürgerbewegungen zu beteiligen, als der Kreistag daran gegangen sei, einen Ausschuß einzusetzen zur Aufdeckung von Korruption und Amtsmißbrauch. Da wollten die Blockfreunde lieber unter sich bleiben.

Dabei hatte Pfarrer Merbach sich nie als Oppositioneller verstanden, das zeigt etwa seine Tätigkeit als Vorsitzender der Arbeitsgemeinschaft »Christliche Kreise« beim Kreisausschuß der Nationalen Front in Gotha und seine Mitarbeit in der AG Kirchenfragen beim CDU-Bezirksvorstand Erfurt.[141]

An dieser Stelle ist ein Geständnis fällig: Das umständliche Verfahren, um in den Besitz von Dokumenten aus dem Protokoll der Kreistagssitzung vom 25. Oktober 1989 zu gelangen, habe ich nur eingeleitet, um zu dokumentieren, wie eine ehemalige Blockflöte – Landrat Dieter Reinholz – eine andere Blockflöte – Ministerpräsident Josef Duchac – deckt wider alle Regeln einer aufrichtigen Vergangenheitsaufarbeitung. Denn im Besitz dieser Dokumente war ich schon vorher und vieler anderer verborgenen Schätze des Gothaer Kreisarchivs mehr. Die festgefügte Blockstruktur der DDR bietet heutigen Historikern und Journalisten vielfältige Möglichkeiten, Quellen zu beschaffen.

So sind wir in der Lage, uns weiter mit den Reden des Josef Duchac zu befassen und Zitate anzuführen, beispielsweise aus einem kollektiven Rechenschaftsbericht des Rates des Kreises Gotha, den der CDU-Kreisvorsitzende höchstselbst vorgetragen hat. Der Auftritt des Josef Duchac fand statt am 8. Juli 1987:

»Werte Abgeordnete!
Liebe Genossen und Freunde!
Die Werktätigen und alle Bürger der Deutschen Demokratischen Republik, so auch im Kreis Gotha, vollbrachten im 1. Halbjahr 1987 hervorragende Arbeitsleistungen, um den Volkswirtschaftsplan und die übernommenen zusätzlichen Verpflichtungen im sozialistischen Wettbewerb mit höchsten Ergebnissen für unsere sozialistische Gesellschaft abzurechnen. (...)
Die 4. Tagung des Zentralkomitees der SED hat anschaulich gezeigt, daß bei der erfolgreichen Verwirklichung der Beschlüsse des XI. Parteitages auf politisch-ideologischem und organisatorischem Gebiet, bei der Verbindung von Wissenschaft und Technik mit der Produktion, in der Landwirtschaft und im gesamten gesellschaftlichen Leben unseres Landes neue wertvolle Erfahrungen gesammelt wurden. (...)
Für unsere weitere Arbeit gilt, was Erich Honecker in seinem richtungsweisenden Referat auf der Beratung mit den 1. Sekretären der Kreisleitungen (der SED; C. D.) im Februar dargelegt hatte:
›Die Deutsche Demokratische Republik stellt sich dem erbitterten Kampf um die Lösung der Hauptfrage unserer Zeit, den Untergang der Menschheit in einer nuklearen Katastrophe zu verhindern und eine Zukunft dauerhaften Friedens zu sichern, mit ganzer Kraft. Indem wir weiter die entwickelte sozialistische Gesellschaft zum Wohle unseres Volkes gestalten, tragen wir dazu bei, das Gesamtpotential des Sozialismus in der Welt, von dem die Friedensbewahrung entscheidend abhängt, zu stärken.‹

Angesichts dessen ist und bleibt von großem Gewicht, daß alle Mitglieder unserer Partei, alle Bürger unserer Republik, entsprechend dem Grundsatz ›Mein Arbeitsplatz ist mein Kampfplatz für den Frieden!‹ mit eigenen Taten der Stärkung des sozialistischen Vaterlandes und damit der Friedenssicherung dienen.«

Zwischenbemerkung: Mit »unserer Partei« meint Duchac die SED – so weit geht die Verbundenheit des künftigen Ministerpräsidenten mit der »Partei der Arbeiterklasse«!

»Stärker als je zuvor beeinflußt die Friedenspolitik des Sozialismus die weltpolitische Lage, stellt unsere Partei in ihrer Analyse der jüngsten internationalen Entwicklungen fest. Die Koalition der Vernunft und des Realismus, in der die DDR einen gewichtigen Beitrag leistet, gewann politisch und sozial an Breite. Die Klarheit, wer für und wer gegen Abrüstung ist, wuchs. Das Neue besteht darin, daß der stürmische Aufschwung der gesellschaftlichen Bewegungen für den Frieden einhergeht mit dem Eintreten von immer mehr nichtsozialistischen Staaten und Staatengruppierungen gegen die nukleare Kriegsgefahr, für das mobilisierende Programm des Sozialismus zur Abrüstung.

Die feste Entschlossenheit, entsprechend diesem Programm ihre globalen und regionalen Initiativen konsequent fortzuführen, haben die Staaten des Warschauer Vertrages auf ihrem Berliner Gipfel ausgedrückt. (...)

Während das umfassende und konkrete Abrüstungsprogramm für alle Waffenarten einen tiefgreifenden, wohltuenden Einfluß auf die internationale Lage ausübt und auch beide deutsche Staaten sich für den Abzug der Mittelstreckenraketen ohne Wenn und Aber ausgesprochen haben, waren die letzten Wochen gleichzeitig gekennzeichnet von massiven Vorstößen imperialistischer Mächte im Stil des kalten Krieges gegen die Sowjetunion, die DDR und andere sozialistische Länder. Symptomatisch dafür war das provokatorische Auftreten des USA-Präsidenten hinter dem Brandenburger Tor.«

Zwischenbemerkung: Was hier umschrieben wird als »das provokatorische Auftreten des USA-Präsidenten hinter dem Brandenburger Tor« bezieht sich auf Ronald Reagans Forderung an Michail Gorbatschow, die Berliner Mauer niederzureißen. Aber folgen wir weiter den Worten des Mauerfreundes Duchac.

»(...) Nicht zu übersehen sind jene Kräfte in der BRD, die die im Ergebnis des 2. Weltkrieges und der Nachkriegsentwicklung entstandene territoriale Ordnung beseitigen möchten. Skrupellos kalkulieren sie dabei das Risiko eines 3. Weltkrieges ein.« (...)

Zwischenbemerkung: Die nach Duchac' Worten den dritten Weltkrieg riskierten, gehören heute zu seinen Parteifreunden.

»(...) Der Rat konzentrierte sich in seiner Leitungstätigkeit auf die gründliche Auswertung der Beschlüsse der 4. Tagung des ZK der SED (...). Die Vorbereitung, Durchführung und Auswertung der Einwohnerforen mit dem Bezirksreferentenkollektiv am 29. 4. und 24. 6. unter Führung des Sekretariats der Kreisleitung der SED zeigte die große Aufgeschlossenheit unserer Bürger zu aktuell politisch-ideologischen Grundfragen unserer Zeit (...).«

Zwischenbemerkung: Angesichts der folgenden Äußerungen des Josef Duchac erübrigt sich die Frage, ob unser Protagonist heute Lehrer in Thüringen werden dürfte.

»(...) Unter Führung des Sekretariats der Kreisleitung (der SED; C. D.) wurden alle politisch-ideologischen und pädagogisch-organisatorischen Bedingungen geschaffen, um die Bildungs- und Erziehungspläne sowie die Lehrpläne so zu realisieren, daß alle Vorschulkinder in den Kindergärten sozial gut betreut und erfolgreich auf den Schulbesuch vorbereitet werden sowie bei allen Schülern solides Wissen und Können und staatsbürgerliche Haltungen und parteiliches Handeln ausgeprägt werden. Der Rat hat mehrfach zur politisch-ideologischen und schulpolitisch-pädagogischen Arbeit an den Volksbildungseinrichtungen Stellung genommen und entsprechende Beschlüsse gefaßt.
    Dabei gelang es im jetzt abgeschlossenen Schuljahr:
– das Verständnis der Pädagogen für die Einheit von Gesamtpolitik und Schulpolitik weiter auszuprägen und aus dem Studium
    der Dokumente des XI. Parteitages der SED, der Rede des Genossen Honecker vor den 1. Kreissekretären,
    der 4. Tagung des ZK der SED und anderen aktuell-politischen Materialien konkrete Konsequenzen für die
    tägliche politisch-pädagogische Arbeit abzuleiten (...).«

Soweit der Vortrag des Rechenschaftsberichtes des Rates des Kreises Gotha durch Josef Duchac. Daß er sich auf solche Auftritte nicht beschränkt hat, sei demonstriert anhand einer Rede, die er in seiner Eigenschaft als Mitglied des Rates für Wohnungspolitik gehalten hat. Er beginnt sie mit einer Verbeugung gegenüber dem Ratsvorsitzenden, der in seinem Bericht einmal mehr die Politik der SED gelobt hatte; die oben angeführten Kostproben solcher Devotionsübungen mögen als Beispiele genügen. Duchac fährt dann fort:

»Der erste Kreistag nach dem, schon heute kann man sagen, historisch bedeutungsvollen XI. Parteitag (der SED; C. D.) dient auch der Standortbestimmung der Wohnungspolitik im Kreis und dokumentiert damit die Bedeutung, die die Lösung der Wohnungsfrage als Kernstück des sozialpolitischen Programms der DDR erhält. Dieses hochrangige soziale Bedürfnis, das der revolutionären deutschen Arbeiterbewegung seit jeher am Herzen lag, wurde bereits auf der 9. Tagung der SED im Jahre 1973 auf die Tagesordnung gestellt und wird seitdem über die Parteitage mit großer Kontinuität und Konsequenz bei stets wachsendem Tempo fortgeführt. (...) Unter Führung der Kreisleitung der SED und ihres 1. Sekretärs hat der Rat des Kreises und sein Vorsitzender die Entwicklung der Wohnungspolitik im Kreis Gotha in langfristigen Konzeptionen festgelegt. (...)

Unser oberster Leitsatz bleibt, alles zu tun für das Wohl des Volkes, für das Glück der Menschen. Die Hauptaufgabe in ihrer Einheit von Wirtschafts- und Sozialpolitik wird auch den Zeitraum des kommenden Fünfjahrplans bestehen. Das ist die Politik der Deutschen Demokratischen Republik. Diese Politik gründet sich auf dem unerschütterlichen Fundament des Sozialismus, und das ist gerade in der gegenwärtigen Zeit, da es um die Erhaltung und Sicherung des Friedens geht, von entscheidender Bedeutung. (...) Das fällt uns nicht in den Schoß, aber unter der Führung der Partei der Arbeiterklasse wollen wir mit Parteitagselan an die Arbeit gehen und die großen Aufgaben bis 1990 erfüllen.«

Josef Duchac war kein Mitläufer. In ihm entdecken wir im Gegenteil den Prototypen des Blockparteifunktionärs, der alles daran setzte, sich der SED anzudienen. So stimmte er auf dem Dresdener Parteitag der CDU 1987 mit Gewißheit nicht aus Opportunismus für die vor SED-Devotion triefenden

Reden und Resolutionen. Er tat dies und alles andere aus Überzeugung, und er tat weit mehr, als erforderlich gewesen wäre. Sein Engagement hörte mit Dienstschluß nicht auf. Kein Wunder, daß der Katholik in Luthers Stammland SED-Funktionären als Vorbild hingestellt wurde. Diese seltene Ehre hat sich Josef Duchac verdient.

Denn er führte ja nicht nur seine Unionsfreunde so linien-treu, daß führende Funktionäre der Gothaer MfS-Kreis-dienststelle feststellten, sie brauchten die CDU nicht sonder-lich zu überwachen, weil sie sich an SED-Verbundenheit von niemandem übertreffen ließ. Er bekleidete, wie erwähnt, auch die wichtige Funktion eines stellvertretenden Vorsit-zenden der Gesellschaft für Deutsch-Sowjetische Freund-schaft (DSF).

Niemand, außer einigen Rechtsextremisten, hat etwas ein-zuwenden gegen die Freundschaft zwischen Deutschland und der Sowjetunion. Im Gegenteil, die meisten Bundesbür-ger halten sie zu Recht für notwendig. Die Gesellschaft aber, die diese Freundschaft im Namen führte, hatte anderes im Sinn. Die Massenorganisation ließ sich leiten vom stalinisti-schen Vorbild, an dem sich die Bürger der DDR auszurich-ten hatten und das in deren Köpfe einzupflanzen das Programm der DSF war. In einer von Josef Duchac' DSF-Kreisvorstand mitherausgegebenen Broschürenreihe unter dem Titel »Zur Geschichte der deutsch-sowjetischen Freundschaft im Kreis Gotha« etwa bestimmt die Gesell-schaft ihre Aufgabe wie folgt:

»Die Gesellschaft für Deutsch-Sowjetische Freundschaft wirkt in einer Zeit, in der die politische und kulturelle Massenarbeit ständig an Ge-wicht gewinnt. Sie verlangt von einem jeden Mitglied unserer Organi-sation Kämpfertum, Standhaftigkeit und offenes Bekenntnis zum So-zialismus und zum Bruderbund mit der Sowjetunion, was die offensive Auseinandersetzung mit dem Antikommunismus/Antisowjetismus als Teil des Kampfes um den Frieden einschließt.

Die erfolgreiche Entwicklung unserer Republik beweist, daß es gerade in der Zeit härtester Klassenkämpfe notwendig ist, schöpferisch die allgemeingültigen Erfahrungen und Lehren der Großen Sozialistischen Oktoberrevolution und der Sowjetunion auf die konkreten historischen und nationalen Bedingungen unseres Landes anzuwenden.

Immer aufs neue bestätigt sich: Das Verhältnis zum Lande Lenins war, ist und bleibt für jeden Bürger unserer Republik und nicht nur unseres Landes der Prüfstein internationalistischer Haltung und Treue zur Sache des Sozialismus.«[142]

Für die meisten der nach Millionen zählenden Mitglieder der DSF ist der Beitritt zu dieser neostalinistischen Vereinigung ein bequemer, weil folgenloser Schritt, um die geforderte »gesellschaftliche Tätigkeit« nachzuweisen. Das gilt nicht für die Funktionäre. Sie hatten zum Beispiel in den Kreisen nicht nur häufig Vorstands- und Sekretariatssitzungen. Sie mußten darüber hinaus die Kampagnen und Veranstaltungen der DSF planen und durchführen. Hinzu kam die Pflicht, die sowjetischen Truppen im Kreis zu betreuen, was hieß, mehrfach im Jahr die Waffenbrüderschaft zu loben und zu begießen. Nicht selten mußte Unionsfreund Duchac den Vorsitzenden bei solchen und anderen festlichen Anlässen vertreten. Er tat es gern, auch weil solche Anlässe ihm die Möglichkeit boten, die angelernte Redekunst unter Beweis zu stellen. Und schließlich lautet eine seiner Maximen: »Ich mache immer das gern, was ich gerade mache.«[143]

Sein Bekenntnis zur Sowjetunion war überzeugend. Ein Teilnehmer einer CDU-Veranstaltung erinnert sich noch gut daran, wie Duchac den Einfall der sowjetischen Truppen in Afghanistan rechtfertigte – »die Freunde mußten dort einmarschieren«.

Sein Eifer währt bis zum Ende des realen Sozialismus. Am 6. Oktober 1989 sehen 800 Menschen ihn im Kreiskulturhaus bei der Festveranstaltung zum vierzigsten Jahrestag der DDR. Während sein Sozialismus zusammenbricht,

Zehntausende vor den Errungenschaften des Honecker-Staats fliehen, die Bürgerbewegungen demokratische Rechte und Reformen einklagen und viele ihrer Anhänger dafür verprügelt und verhaftet werden, rezitiert Josef Duchac ein Gedicht – mit Tränen in den Augen, so sehr rührt ihn der Geburtstag seiner Republik. Er hat sich das Gedicht selbst aussuchen dürfen, denn dem guten Rhetoriker und bekannten Laienschauspieler gesteht der Regisseur der Veranstaltung dieses Recht zu. Die »Internationale« und »In unseren Liedern weht die rote Fahne« sind verklungen, als Josef Duchac anhebt zu deklamieren. Wie immer, spricht er gut und überzeugend:

»Der Staat

Ein Staat, geboren aus des Volkes Not
Und von dem Volk zu seinem Schutz gegründet -
Ein Staat, der mit dem Geiste sich verbündet
Und ist des Volkes bestes Aufgebot -

Ein Staat, gestaltend sich zu einer Macht,
Der Frieden will und Frieden kann erzwingen -
Ein Staat, auf aller Wohlergehn bedacht
Und Raum für jeden, Großes zu vollbringen

Ein solcher Staat ist höchster Ehre wert,
Und mit dem Herzen stimmt das Volk dafür,
Denn solch ein Staat dient ihm mit Rat und Tat -

Ein Staat, der so geliebt ist und geehrt,
Ist unser Staat, und dieser Staat sind Wir:
Ein Reich des Menschen und ein Menschen-Staat.«

Diese Hymne auf die DDR stammt von Johannes R. Becher, dem revolutionären Dichter und langjährigen Kulturminister Walter Ulbrichts. Josef Duchac, der sie vorgetragen hat, erhält als Dank dafür die Ehrenurkunde der SED-Kreisleitung.

Duchac hat übrigens dementiert, dieses Gedicht vorgetragen zu haben. Erstaunlich, daß der Rezitator vergißt, was die Zuhörer noch wissen.[144]

Wir entdecken hier eine weitere Front, an der Josef Duchac für Honeckers Sozialismus kämpfte: die Kultur. Kaum eine offizielle Veranstaltung in Gotha, auf der Duchac nicht moderierte oder rezitierte. Darüber hinaus engagierte er sich für das Arbeitertheater, womit er anfing, als er in den Gummiwerken Waltershausen tätig war. Dort brachte er es übrigens zum Betriebsteildirektor, was das überdurchschnittliche Engagement Josef Duchac' nur unterstreicht. Viele erinnern sich noch an die Aufführung von Lessings »Emilia Galotti« im Ekhof-Theater durch Duchac' Amateurschauspielergruppe im Rahmen der Arbeiterfestspiele der DDR 1974. Kein Wunder, daß er in der Arbeitsgemeinschaft Kulturpolitik des Erfurter Bezirksvorstands seiner Partei mitwirken darf[145] und dieser ihn in einem Informationsbericht an den Hauptvorstand lobend erwähnt[146].

Bei seinem kulturpolitischen Einsatz für die SED kannte Duchac kaum Grenzen. Dafür zeugt auch eine weitere bemerkenswerte Episode aus der Biographie der überzeugten Blockflöte. Sie führt uns zurück zum Beginn der achtziger Jahre. Um sie zu schildern, begeben wir uns in das kleine Städtchen Friedrichroda, hübsch im Thüringer Wald gelegen, ein beliebter Ort für erholungsuchende DDR-Bürger. Obwohl über der Stadt ein so häßliches wie gigantisches FDGB-Betonplattenhotel auf einen Berg gesetzt wurde, reichen die Ferienplätze nicht aus, um die

Nachfrage zu befriedigen. Viele sind froh, wenn sie überhaupt eine Unterbringung finden, und nehmen dafür allerlei Unbequemlichkeiten in Kauf.

Das gilt natürlich nicht für die jeweils fünfzig Angehörigen der Staatssicherheit, die im vierzehntägigen Wechsel komfortabel in zwei Ferienheimen ihres Ministeriums einquartiert werden. Das eine Heim trägt den Namen Wilhelm Piecks, das andere den eines kommunistischen antifaschistischen Widerstandskämpfers aus dieser Region: Magnus Poser. Keine Frage, daß die MfS-Häuser streng gesichert werden. Hinein kommt da nur, dessen Staatstreue über jeden Zweifel erhaben ist.

Nach Friedrichroda fährt alle zwei Wochen nach Dienstschluß in den Gummiwerken Josef Duchac. Er will mithelfen, die müden Spitzel wieder aufzumöbeln. Zusammen mit einer Volksmusikgruppe, sie nennt sich »Elstner Schrammen«, veranstaltet Duchac im Vierzehntagerhythmus einen unterhaltsamen Abend im Magnus-Poser-Heim, an den sich auch der damalige Kellner noch gern erinnert. Wenn die Musiker Akkordeon, Hackbrett und Gitarre weg- und eine Verschnaufpause einlegen, tritt Josef Duchac auf. In Bierdunst und Zigarettenqualm erzählt er Witze und Anekdoten, das Ganze ist eine Art »Blauer Bock« im Miniaturformat – das Niveauspektrum des Josef Duchac erweist sich nach unten als nahezu unbegrenzt. Den Leuten von der Staatssicherheit gefallen die Veranstaltungen so gut, daß der künftige Ministerpräsident rund eineinhalb Jahre lang die Spitzel zum Lachen bringen darf. Für einen solchen Auftritt erhält er dreißig Mark.

Das Ende dieser Episode ereilt den Unterhaltungskünstler, als Erich Mielkes pathologisches Mißtrauen eine weitere Steigerung erfährt und alle in MfS-Objekten tätigen Personen einer verschärften Sicherheitsüberprüfung unterzogen werden. Im Fall Josef Duchac ist nicht eindeutig, warum er den kulturellen Dienst für die Staatssicherheit einstellen muß.

Er wird sich getröstet haben mit seiner flotten Karriere, die er in den Gummiwerken Waltershausen beginnt und 1986 fortsetzt als Mitglied des Rats des Kreises Gotha für Wohnungspolitik. Das ist ein schwieriger Posten, zählt doch der Wohnungsmangel zu den bedrückendsten Plagen für die Bürger der DDR. In vielen Ausreiseanträgen steht als Grund, daß die Betreffenden sich jahrelang vergeblich die Sohlen abgelaufen haben für eine eigene Wohnung. In solchen Fällen bemüht sich die Kreisdienststelle des MfS um Abhilfe, denn Honecker will die Zahl der Ausreiseanträge nicht steigen lassen. Regelmäßig treten die MfS-Funktionäre an Josef Duchac heran und bitten ihn, Wohnungen für Ausreisewillige zu besorgen, damit diese zum Bleiben überredet werden können. Die Zusammenarbeit mit Duchac hat gut funktioniert und war immer kollegial, versichert der damals zuständige Offizier der Staatssicherheit.

Ob Josef Duchac während seiner kollegialen Kontakte mit der Staatssicherheit die Erfahrungen gesammelt hat, die seine Landtagsfraktion im Sommer 1991 auf die Idee bringen werden, einen Antrag einzubringen, das MfS zur kriminellen Vereinigung zu erklären?

Im November 1989 zieht es Duchac wieder zurück zu den Gummiwerken, mit Dank und Beifall wird er am 25. des Monats im Kreistag verabschiedet nach Waltershausen, wo er wieder einen Direktorenposten besetzen kann. Eine seiner ersten Entscheidungen ist, den Krawattenzwang für die Angestellten anzuordnen.

In Waltershausen wird er übrigens nicht lange bleiben, denn bald beruft ihn Ministerpräsident Lothar de Maizière zum Regierungsbeauftragten – die Verdienste des thüringischen Unionsfreundes haben sich bis nach Berlin herumgesprochen.

Bevor er aber den Kreistag verläßt, will er zwei wichtige Dinge erledigen. Zum einen hält er eine Rede im Auftrag der CDU-Kreistagsfraktion, aus der hier wichtige Stellen wiedergegeben seien:

»In den letzten Tagen erleben wir in diesem Lande und auch in unserem Kreis Gotha eine atemberaubende Veränderung der Menschen. Wo gestern noch Angst, Sorge und Gleichgültigkeit waren, sind auf einmal Mut und Einsatz für Reformen. Das geht bei vielen so schnell, daß ich bestürzt frage, wie kommt es, daß es so viele Reformwillige gibt und doch so lange geschwiegen wurde. In der Geschichte der Völker aber ist das ein Prozeß, der sich schon oft wiederholt hat. Historisch gesehen erleben wir eigentlich etwas ganz normales, man kann ein Volk eben nur eine begrenzte Zeit täuschen und bevormunden. Der Mächtige, der seine Macht mißbraucht, bewirkt nichts Bleibendes, er bleibt nicht an der Macht.

Wir CDU-Mitglieder, die wir in staatlicher, gesellschaftlicher und sonstiger Verantwortung stehen, also an der Macht mit beteiligt sind, wir bekennen uns zu unserer Mitverantwortung für manch entstandenes Defizit, für nicht konsequent genug erhobene Forderung nach rechtzeitiger und umfassender Information oder nach Offenlegung von Hintergründen und Zusammenhängen. Hinzu kommt, auch in der Führung meiner Partei hatten offensichtlich einige den Kontakt zur Wirklichkeit verloren.«[147]

Wir entdecken in diesen Aussagen einmal mehr eine der Lebenslügen der Ost-CDU. Wie gesagt: Als hätte die CDU, ob in Berlin oder in Gotha, jemals eine Forderung erhoben, die die Diktatur der SED-Politbürokraten in Frage gestellt hätte. Die gesamte Politik der DDR-CDU war vielmehr darauf ausgerichtet, das Regime der DDR »allseitig zu stärken«.

Auf dessen Seite hatte Duchac auch noch gestanden, als die Bürgerbewegungen eine große Aussprache auf dem Gothaer Hauptmarkt für den 29. Oktober durchsetzten. Sie benannten als ihren Versammlungsleiter einen Vertreter der evangelischen Kirche, Superintendent Eckehardt Hoffmann. Die SED nominierte als Repräsentanten des Staats auf

Vorschlag des für die innere Sicherheit mit zuständigen Stellvertreters des Ratsvorsitzenden niemand geringeren als Josef Duchac. Da stand vor den 15 000 Demonstranten als Repräsentant der untergehenden DDR Josef Duchac. Er sollte sich zum Widerstand gegen das SED-Regime erst bekennen, als das Regime schon längst gestürzt war.

Die andere Aufgabe, die Duchac auf der Kreistagssitzung vom 25. November erledigen will, ist, seine Nachfolge zu regeln. Das bedurfte einiger Vorbereitung, weil der geeignete Mann erst in den Kreistag gehievt werden mußte. Da er als Nachrücker auf der Liste der Nationalen Front stand, war die Sache relativ einfach zu klären. Denn am 6. November hatte der CDU-Kreisvorstand des Josef Duchac den Kreistagsabgeordneten H. aus der Partei ausgeschlossen – »wegen ständiger illegaler Ausreise aus der DDR«. Mit der gleichen Begründung verlor H. am 25. des Monats auf Antrag der CDU seinen Parlamentssitz, und nun war ein Stuhl frei für Duchac' Nachfolger als Rat für Wohnungspolitik.

Auch er stammt übrigens aus den zwischenzeitlich von einem westdeutschen Konzern aufgekauften und teilweise stillgelegten Gummiwerken Waltershausen, wo er den Posten eines stellvertretenden Forschungsdirektors bekleidete und in dieser Funktion mit der Rüstungsproduktion zu tun hatte. Sein Name: Dr. Dieter Reinholz.

Ob die peinlichen Umstände seiner Ernennung zum Mitglied des Rates des Kreises der zweite Grund – neben dem Schutzbedürfnis seiner Parteifreunde – ist, weshalb der Landrat am liebsten niemanden in das Kreisarchiv lassen würde? Vielleicht schämt er sich ja für das, was am Anfang seiner Landratskarriere steht. Es spräche für ihn.

Wendige Unionsfreunde
Beispielhafte Blockflötenbiographien

Wer die einschlägigen Handbücher des Bundestages und der ostdeutschen Landtage sorgfältig durchblättert, muß zu dem Schluß kommen, daß zahlreiche christdemokratische Blockflöten – wie viele Funktionäre der anderen Satrapenparteien – Wende und Vereinigung gut überstanden haben. Sie stellen die Mehrheit in den christdemokratischen Landtagsfraktionen Neufünflands und unter den ostdeutschen CDU-Bundestagsabgeordneten. Ihre Treueschwüre gegenüber der SED haben sie vergessen wie sonst vieles auch. Ihre Biographien gleichen sich häufig fast bis aufs Haar, und zwar bis heute, weil auch die Verdrängungsmechanismen in den meisten Fällen effektiv und geräuschlos arbeiten. Nur wenige Unionsfreunde haben aus ihrer Verstrickung in das DDR-Regime die Konsequenz ge- und sich aus der Politik zurückgezogen. Über sie wird hier nicht geschrieben, auch weil der Versuch der Besinnung Respekt verdient.

Zu berichten ist vielmehr von vergeßlichen Spitzenfunktionären wie Thüringens Innenminister und CDU-Landesvorsitzenden Willibald Böck. Er ist der starke Mann in Erfurt und der wichtigste Helfer des Ministerpräsidenten Josef Duchac. Er forderte, CDU-Generalsekretär Volker Rühe abzulösen, als dieser knapp zwei Jahre nach der Wende die wahltaktische Notwendigkeit entdeckte, die Ost-CDU zu erneuern. Anfang Dezember 1990 erklärte er, »daß die Bevölkerung nicht länger hinzunehmen bereit ist, daß in Verwaltungen die alten Staatsfunktionäre sitzen«.[148]

Warum ist er dann noch im Amt, war er doch seit 1984 Bürgermeister in Bernterode, ein Eichsfelddorf im Grenzgebiet? Wer direkt hinter Stacheldraht und Tretminen Bürgermeister werden durfte, mußte erhaben sein über jeden Zweifel an seiner DDR-Ergebenheit. Die Sicherheitsvorkehrungen in dieser Region waren nicht zu übertreffen. Neben den Grenztruppen mühten sich ehrenamtliche Grenzhelfer, jeden Fluchtversuch im Keim zu ersticken. Sie hatten unter anderem darauf zu achten, daß keine Leitern herumlagen, sondern weggeschlossen waren. Jedes verdächtige Verhalten mußte gemeldet werden. Selbstverständlich hätte Staatsfunktionär Böck sein Amt nicht bekommen ohne Bestätigung der Staatssicherheit, und genauso selbstverständlich pflegte er den engen Kontakt zu Grenztruppen und Grenzhelfern. Als Vorsitzender des Dorfklubs entfaltete er eine so rege Aktivität, daß der Bezirksvorstand der Erfurter CDU ihn wegen »besonders guter Arbeit« lobend gegenüber dem Hauptvorstand erwähnte.[149]

Anläßlich der DDR-Kommunalwahlen im Mai 1989 erleben wir ihn als Aktivisten des realen Sozialismus. So unterzeichnete er etwa den Wahlführungsplan der Gemeinde Bernterode, in dem es unter anderem heißt:

»(...) wir wollen dazu beitragen, daß die Maßstäbe, die der 11. Parteitag der SED gesetzt, und die Anforderungen, die in der 7. Tagung des ZK der SED konkretisiert wurden, auch in unserem Ort mit aller Kraft verwirklicht werden und die Kommunalwahl zu einem politischen und gesellschaftlichen Höhepunkt im 40. Jahr der Existenz unseres Arbeiter-und-Bauern-Staates wird. (...) Zielstellung ist eine Wahlbeteiligung von nahezu 100 Prozent bis 12 Uhr.«

Folgerichtig lobte die Ortsparteileitung der SED die enge Zusammenarbeit mit dem Rat der Gemeinde unter Willibald Böck. Alle Parteien hatten sich verpflichtet, ihre Mitglieder bis neun Uhr zur Wahl zu schicken. Im Abschlußbericht zu den Wahlen in Bernterode wird festgehalten, daß Bürger, die bis elf Uhr ihren Stimmzettel noch nicht in die Urne geworfen hatten, persönlich aufgesucht wurden, um mit ihnen das politische Gespräch zu führen.

Absolut linientreu war Böck schon in seinem Beruf als Lehrer gewesen – umsonst wird man nicht Bürgermeister. Über ein Jahrzehnt lang hat er Schulkinder in Zeichnen und Deutsch unterrichtet – und nach Aussage ehemaliger Schüler den »Ehrendienst in der Nationalen Volksarmee« gelobt.

Böck hat eine ganz eigene Methode entwickelt, sich seiner Vergangenheit zu entledigen. In einem Zeitungsinterview erweist er sich als Vertreter einer alle persönliche Verantwortung auflösenden Kollektivschuldthese: »Dieses System hat es verstanden, jeden Bürger einzubeziehen, der sich nicht bewußt in Konfrontation gestellt hat.« Und dann geht er auf seinen Parteifreund Rainer Eppelmann los. Wie erwähnt, hatte dieser im Gegensatz zu Böck schon Jahre vor der Wende in Opposition gestanden und hat aufgrund seiner detaillierten Kenntnisse des politischen Systems langjährigen Blockflöten Politikverzicht angeraten. Ihm, der persönliche Freiheit und körperliche Unversehrtheit riskiert hat, hält Thüringens Innenminister ein Argument entgegen, das an Perfidie kaum zu übertreffen ist:

»Das spiegelt auch dieses Denken wider, das wir 40 Jahre eingetrichtert bekommen haben. Da wird wieder dieser Kollektivgeist vorausgesetzt. Da gibt es dieses Kollektiv bestimmter Leute, und die müssen weg. Oder die anderen, die dem anderen Kollektiv zuzuordnen sind, machen den Schubkasten auf, da kommt diese Gruppe raus, die müssen jetzt dorthin. Das ist genauso verkehrt gedacht, wie man uns das 40 Jahre lang beigebracht hat. Im Grunde offenbart für mich Herr Eppelmann, daß er ein sehr gelehriger Schüler des vergangenen Systems gewesen ist. (...)

Ich kann Ihnen auch sagen, daß in meiner Heimat die CDU diese Wende gemacht hat. Da waren wir diese Bürgerbewegung, weil wir uns sagten, wir brauchen keinen Pfarrer zu erfinden, um etwas zu bewegen.«[150]

Die Frage ist, wann Böck die Wende in Bernterode eingeleitet haben will. Der 40. Jahrestag der DDR jedenfalls sieht ihn noch als Preisenden des realen Sozialismus.

Böck will übrigens oberster Verfassungsschützer Thüringens werden. Ob der »alte Staatsfunktionär« für diesen Job geeignet ist?

Zu den Vergeßlichen zählt auch der schon erwähnte Bundestagsabgeordnete Professor Immo Lieberoth aus Eberswalde-Finow. Der Bodenkundler, seit 1948 CDU-Mitglied, unterschlägt in seiner offiziellen Vita, daß er seit 1974 Vorsitzender der Gesellschaft für Deutsch-Sowjetische Freundschaft im Bezirk Frankfurt/Oder war. Immo Lieberoth war ein begeisterter Sozialist, auch wenn er davon heute nichts mehr wissen will. In einer Broschüre des CDU-Hauptvorstands etwa finden wir folgende Worte des DSF-Aktivisten:

»Ich konnte bei meinen sowjetischen Kollegen Freude darüber feststellen, daß ich neben meiner beruflichen Tätigkeit als Bodenkundler gerade diese gesellschaftliche Funktion ausübe. Wir wollen allen Bürgern durch unser Beispiel und durch unsere Überzeugungsarbeit bewußt machen, daß wir nur im Schoße der sozialistischen Staatengemeinschaft an der Seite der UdSSR unser Aufbauwerk vollenden können.«[151]

Dabei war Lieberoth keineswegs ein Anhänger der revolutionären Umgestaltung des Michail Gorbatschow. Auf einer DSF-Bezirksdelegiertenkonferenz mahnte er, daß es »klassenwachsam machen muß, was der Gegner zur Perestrojka sagt«. Es versteht sich, daß er den Gegner nicht in der SED-Führung sah. Im SED-Organ »Neuer Tag« läßt er sich etwas später mit den Worten zitieren:

»Immer mehr breite sich das Bewußtsein aus, mit seiner eigenen Leistung am Arbeitsplatz viel zur Sicherung dieses Friedenskurses (der Sowjetunion; C. D.) beizutragen. Das sei um so nötiger, da Gegner des Abrüstungsprozesses in der NATO ihr antikommunistisches und antisowjetisches Treiben verstärken und versuchen, den Umgestaltungsprozeß in der Sowjetunion, der auch im Oderbezirk mit großem Interesse verfolgt würde, für ihre aggressiven Ziele zu mißbrauchen.«[152]

Aus Anlaß des 40. Jahrestags der DDR lud DSF-Chef Lieberoth zu einer festlichen Bezirksvorstandssitzung am 21. September 1989 nach Frankfurt/Oder – Motto: »Alles für unsere sozialistische Deutsche Demokratische Republik – in unverbrüchlicher Freundschaft und festem Bündnis mit der Sowjetunion – Vorwärts zum XII. Parteitag der SED«.

Schon 1976 hatte Lieberoth den Vaterländischen Verdienstorden in Bronze erhalten, und bald war er in den CDU-Hauptvorstand aufgerückt. Aber das hat er inzwischen wahrscheinlich auch vergessen.

Der Bundestagsabgeordnete Klaus Reichenbach aus Chemnitz hat ein besseres Gedächtnis als Immo Lieberoth oder Willibald Böck, wenn er auch vergißt anzugeben, daß er seit 1987 Mitglied des Hauptvorstands der CDU war. Aber er gesteht immerhin ein, 1987 Bezirksvorsitzender der CDU in Karl-Marx-Stadt geworden zu sein. 1990 wurde er Landesvorsitzender der sächsischen CDU und Minister im Amt des Ministerpräsidenten Lothar de Maizière.

Er ist bisher die einzige Blockflöte, die aufgrund ihrer *politischen* Vergangenheit einen Karriereknick hinnehmen mußte. In den anderen Fällen, wie etwa in dem von Sachsen-Anhalts zurückgetretenen Ministerpräsidenten Gerd Gies, führten Inkompetenz und/oder MfS-Mitarbeit zum Ende der Laufbahn – wie bereits erörtert, reduziert sich die Vergangenheitsaufarbeitung in Ostdeutschland fast ausschließlich darauf, die Beziehungen einzelner zur Staatssicherheit aufzudecken. Wer nicht enttarnt wird, ist ohne Schuld – so die Devise dieser Verkürzung der politischen Verantwortung auf kriminalistische Aspekte.

Klaus Reichenbach wurde vor allem zum Verhängnis, daß in Dresden der designierte Umweltminister Arnold Vaatz, der vom Neuen Forum zur CDU Kurt Biedenkopfs stieß, auf Blockflöten schlecht zu sprechen ist und als einer von wenigen die politische Erneuerung der Ost-CDU einklagt. Aber der Sturz war nicht tief, denn das Bundestagsmandat darf Reichenbach behalten und so die Politik im neuen Deutschland mitbestimmen.

Schon Anfang der achtziger Jahre war Reichenbach als treuer Parteigänger der SED aufgefallen. In seiner Heimatstadt machte er sich verdient als stellvertretender Vorsitzender des Kreisausschusses der Nationalen Front. Sein Hauptbetätigungsfeld war damals aber noch die Textilindustrie, in der der Ingenieurökonom eine beachtliche Karriere absolvierte. In einem Telex des CDU-Bezirksvorstands Karl-Marx-Stadt an die Abteilung Parteiorgane des ZK der Einheitspartei zur Zwischenauswertung der Volkskammerwahlen 1981 wird beispielsweise hervorgehoben:

»ufrd. klaus reichenbach, betriebsleiter des veb textile verpackung hartmannsdorf, aeusserte, mit erfuellten plaenen zur wahl zu gehen, war das ziel unseres betriebskollektivs, und wir haben dieses ziel in ehren erfuellt. bis jetzt erreichten wir in auswertung des x. parteitags der sed 1,6 zusaetzliche tagesproduktionen, zusaetzlich zum plan fertigten wir z. b. ueber 500 000 paar struempfe fuer pvc-stiefel, wie sie im arbeitsschutz verwendung finden.«[153]

So sammelte Reichenbach Karrierepunkte. Kurz vor seinem Wechsel in die Politik wurde er gegenüber dem CDU-Hauptvorstand noch einmal mit Lob bedacht:

»Unionsfreund Klaus Reichenbach, Betriebsdirektor des VEB-Feintrikotagen ›Goldfasan‹, KV (Kreisvorstand; C. D.) Karl-Marx-Stadt/Land, hat sich mit seinem Kollektiv verpflichtet, den Jahresplan mit 3 Tagesproduktionen an verfügbaren Untertrikotagen für Damen zu überbieten.«[154]

Mehr Damenunterwäsche zu Ehren des XI. Parteitags der SED – das war das Kredo des Bundestagsabgeordneten Klaus Reichenbach. Er ist heute nur noch seinem Gewissen verpflichtet. Beruhigend ist diese Vorstellung nicht.

Eine Teilamnesie widerfahren hinsichtlich seiner Hauptvor-
standsmitgliedschaft ist auch Reichenbachs Landsmann Rolf
Rau, Sprecher der sächsischen Landesgruppe in der CDU-
Bundestagsfraktion. Erst 1976 in die CDU eingetreten,
schaffte der Hochbauingenieur einen flotten Aufstieg. Im
März 1989 wird er zum Vorsitzenden des CDU-Bezirksverbands Leipzig gewählt.

Schon 1987 hatte er auf dem Dresdener Parteitag vor der
versammelten CDU-Prominenz brilliert, unter anderem mit
folgenden Worten, die Tagungsleiter Toeplitz gewiß mit
Freude vernahm:

»Vorbildwirkung, nachbarliche Hilfe, Gespräche als Abgeordneter mit
den Bürgern, besonders dort, wo Hemmendes vorhanden ist, sich mit
persönlichem Engagement einzusetzen, um den Weg für die Bürger zu
ebnen, die Aktivitäten unserer Freunde in den Ortsgruppen zu unterstützen, Freude am Geschaffenen zu erzeugen, das sind meiner Ansicht
nach Bausteine, die es gilt zusammenzufügen, wo wir als christliche
Demokraten mit eigenständigen Beiträgen kräftig zupacken, um unsere
Städte und Dörfer schöner und die Vorzüge des Sozialismus für jeden
erlebbarer zu gestalten.«[155]

Am 14. Oktober 1989, die Wende ist in vollem Gang, Hunderttausende demonstrieren, unterzeichnet Rolf Rau gemeinsam mit den anderen Vertretern des Demokratischen
Blocks des Bezirkes Leipzig eine erstaunliche Erklärung.
Darin heißt es unter anderem:

»Alle Parteien und Massenorganisationen legten Vorstellungen dar, wie
der in Gang gesetzte Dialog im Bezirk in der Breite geführt werden
muß. Dafür haben wir alle erforderlichen Formen und Foren der sozialistischen Demokratie. (...) Ein untauglicher Platz für jedes Gespräch
ist die Straße, ist die öffentliche Demonstration.«[156]

Natürlich, die Machthaber wollen abwiegeln und die Menschen, die die Wende herbeizwingen, von der Straße weg-
bringen.

Anfang November 1989 erklärt Rau im Leipziger Bezirkstag: »Wir wollen einen Sozialismus aufbauen, wo ehrliche Arbeit an erster Stelle steht.«[157]

Ein paar Wochen später sieht er alles anders. Über Nacht quasi hat sich Rolf Rau vom Realsozialisten zum Anhänger des Kapitalismus gemausert, geräuschlos, aber schnell. Ohne zu stottern, gelingt es ihm sofort, das DDR-Deutsch auszutauschen durch die Versatzstücke und Stereotypen westlicher Politmanager:

»Wir treten ein für Frieden in Freiheit, für eine soziale Marktwirtschaft, die ökologisch verantwortbar ist, für die Einheit Deutschlands in den heutigen Grenzen, für Demokratie und Gerechtigkeit in einer Solidargemeinschaft.«[158]

Er hat begriffen, was nach der Wende gefragt ist, und wird für seine Wendigkeit belohnt, indem ihn seine sächsischen Parteifreunde zum Stellvertreter des CDU-Landesvorsitzenden Klaus Reichenbach wählen.

Was – zumindest bei einem Teil der Bevölkerung – ankommt, weiß inzwischen auch der Erfurter Bundestagsabgeordnete Norbert Otto. Die »Thüringer Allgemeine« zitierte im März 1991 seine Stellungnahme zur Diskussion um den Abtreibungsparagraphen 218:

»Die Diskussion um die Selbstbestimmung der Frau verstehe ich nicht. Frauen sind von der Schöpfung her auserkoren, Kinder zur Welt zu bringen, und Männer müssen in den Krieg.«[159]

Im Bundestagswahlkampf 1990 sprach er von den vierzig Jahren Sozialismus, die Schrott, Schutt und Schulden hinterlassen hätten. Das muß er früher anders gesehen haben, sonst wäre nicht denkbar gewesen, daß seine Unionsfreunde ihm am 20. Juli 1984 auf einer erweiterten Bezirksvorstandssitzung im Erfurter »Gildehaus« das Otto-Nuschke-Ehrenzeichen in Bronze verliehen. Anläßlich dieses bedeutenden Ereignisses hielt Otto eine Rede, hier Auszüge aus dem Protokoll:

»Ausgehend vom Bericht des stellvertretenden Parteivorsitzenden Dr. Toeplitz an die VII. Sitzung des Hauptvorstandes unserer Partei, umriß Otto die neue ökonomische Strategie zur Bewältigung der gewachsenen Anforderungen in der Wirtschaft. Im Mittelpunkt seiner Ausführungen standen die Aktivitäten zur Sicherung der Transportaufgaben sowie des Berufs- und Individualverkehrs in der Stadt Erfurt. (...) Seine Tätigkeit in der Ständigen Kommission Energie, Verkehrs- und Nachrichtenwesen der Stadtverordnetenversammlung in Erfurt ist ebenfalls vorrangig dieser Aufgabe gewidmet. Er rief alle Freunde auf, in der monatlichen Mitgliederversammlung zu diesen politisch-ideologischen Fragen zu sprechen und allen Freunden die Zusammenhänge zwischen Politik und Wirtschaft zu vermitteln mit dem Ziel, Erkenntnisse bei unseren Freunden zu prägen und weitere Aktivitäten zur Stärkung unserer Republik im 35. Jahr ihres Bestehens auszulösen.«[160]

1987 schickten ihn seine Unionsfreunde sogar zum CDU-Parteitag nach Dresden, wo er Gerald Göttings staatstreuen Rechenschaftsbericht begrüßte.

Von Schrott, Schutt und Schulden sprach Norbert Otto damals nicht, und später vergaß er, daß er zu ihren Verursachern zählt. Aber das ist nur folgerichtig.

Inzwischen als sächsischer Innenminister, stellvertretender Ministerpräsident und Landtagsabgeordneter zurückgetreten ist der Diplommathematiker Rudolf Krause. Der ehemalige Regierungsbevollmächtigte Lothar de Maizières für den Bezirk Leipzig stolperte über massive Vorwürfe, Mitarbeiter der Staatssicherheit gewesen zu sein, und über seine Unfähigkeit, der Exzesse der Neonazis in Hoyerswerda Herr zu werden. Mit seinem Namen verbindet sich der Skandal, daß eine Landesregierung der ausländerfeindlichen Gewalt wich und den Parolen der Rechtsextremisten Folge leistete.

Seine Karriere nicht gestört hat dagegen die Tatsache, daß auch er sich als getreuer Realsozialist profiliert hat, vor allem im Bildungswesen, in dem er es zum stellvertretenden Schuldirektor brachte. Aus leicht einsichtigen Gründen legt er in seiner offiziellen Biographie wert auf die Feststellung, daß er in einer Spezialschule des mathematisch-naturwissenschaftlichen Zweigs gearbeitet habe. Das ist nicht ganz ehrlich, wie wir sehen werden, denn er selbst verrät uns, daß sich seine pädagogischen Bemühungen keineswegs darauf beschränkt haben, seinen Schülern mathematische Gleichungen näherzubringen.

Im Jahr 1986 finden wir den langjährigen Leipziger Bezirkstagsabgeordneten Krause als Referenten auf einer Tagung des Parteipräsidiums. Dort spricht er über Erfahrungen, »die ich im Gespräch mit Jugendlichen und Eltern im schulischen und kirchlichen Bereich machen konnte«. Seine erste Erfahrung:

»Unsere sozialistische Schule realisiert das Recht auf Bildung dadurch, daß sie unabhängig von der weltanschaulichen Position der jungen Menschen jenes erweiterungsfähige Wissen und Können vermittelt, das für die Bewältigung der Arbeitsaufgaben der Zukunft benötigt wird.«

Ob er sich da wirklich mit Kirchenvertretern ausgetauscht hat? Die wissen nämlich von vielen Fällen zu berichten, daß Kinder und Jugendliche Nachteile erlitten, weil sie vom Glauben nicht lassen wollten. Die zweite Erfahrung:

»In unserer sozialistischen Schule eignen sich junge Menschen jene gesellschaftswissenschaftlichen Kenntnisse und moralischen Qualitäten an, die für die Einflußnahme auf zukünftige gesellschaftliche Prozesse notwendig sind.«

Der gläubige Katholik ist überzeugt von der »Identität von Frieden und Sozialismus«. Seine dritte Erfahrung:

»Die sozialistische Schule fördert die enge Zusammenarbeit mit dem Jugendverband (der FDJ; C. D.). Erwerben doch viele Jugendliche hier ihre ersten Erfahrungen in praktizierter sozialistischer Demokratie und selbständiger Zukunftsgestaltung.«

Es hat Jugendliche gegeben, die aus Glaubensgründen nicht in die FDJ eingetreten sind und sich zu ihrem Nachteil auch der Jugendweihe entzogen haben. Darüber spricht Ex-Multifunktionär Krause nicht. Dafür bietet er eine vierte Erfahrung:

»Unsere Schule vermittelt natürlich den materialistischen Charakter der Weltanschauung der Arbeiterklasse, verlangt aber von einem religiös gebundenen Schüler kein atheistisches Bekenntnis. Dennoch erwachsen für jede kommende Generation junger Christen immer wieder ähnliche Konflikte. Unsere Aufgabe als Lehrer, Eltern oder Gesprächspartner, die wir erfahrene Politiker und anerkannte Glieder unserer Kirchen sind, ist es, durch die Wahrnehmung staatsbürgerlicher Rechte und Pflichten Jugendlichen Vorbild zu sein für gesellschaftliches Engagement von Christen im Sozialismus, denn Kinder lesen im Leben ihrer Eltern wie in einem Buch.«[161]

Auch in seinem Leben lesen wir wie in einem Buch und entdecken dabei unter anderem den verblüffenden Umstand, daß er in seiner Biographie für die Jahre 1989/90 angibt, Mitglied des Parteivorstands der CDU gewesen zu sein. Hat der Verdiente Lehrer des Volkes schon vergessen, daß er 1982 und 1987 in Göttings Hauptvorstand gewählt worden ist?

Im November 1988 engagierte sich Krause auf einer Arbeitstagung der Sektion Wissenschaftlicher Kommunismus an der Leipziger Karl-Marx-Universität in der Arbeitsgruppe »Politische Organisation des Sozialismus«. In seiner Rede zitiert er abschließend und zustimmend ZK-Sekretär Joachim Herrmann, der auf dem 16. CDU-Parteitag in seiner Grußansprache folgende Sätze geprägt hatte:

»Es ist im Interesse der Bürger der Deutschen Demokratischen Republik, daß der Sozialismus hier unter der Führung der Partei der Arbeiterklasse durch unser Bündnis so viele Handschriften trägt. Das wollen wir gemeinsam bewahren und ausbauen.«[162]

Verblüffend erscheint, daß Krause ausgerechnet Honeckers Marktschreier Herrmann zitiert, dessen Banalitäten schon lange vor der Wende zum Gespött geworden waren in und außerhalb der SED. Ist die Vermutung ganz falsch, hierin den Gipfel der Devotion zu sehen, das Signal an die Mächtigen, daß er alles mitmachen würde, wenn es ihm zum Vorteil gereicht? Diese Frage kann nur Rudolf Krause beantworten, und die Wahrscheinlichkeit, daß er sich dazu bekennen würde, ist gering.

Auf dem 16. CDU-Parteitag 1987 in Dresden hatte nicht nur Joachim Herrmann seinen Auftritt, sondern auch der heutige Bundesverkehrsminister Günther Krause, der in seiner offiziellen Biographie, nachzulesen im Bundestagshandbuch, die Tatsache unterschlägt, daß er Kreisvorsitzender der CDU in Bad Doberan gewesen ist. Die Parteitagstribüne nutzte er auch, um darüber zu klagen, daß die Betriebssysteme der Computer aus DDR-Betrieben zum Teil inkompatibel seien zu internationalen Standardprogrammen – »daß die DDR-Eigenproduktion dieser unserer sozialistischen Planwirtschaft doch eigentlich auf den Leib geschneiderten Forderung nicht oder ungenügend folgt«. Aber sonst spricht Günther Krause vor allem über sich. Man muß lange suchen in Parteitagsprotokollen, um auf einen ähnlichen Fall von Profilierungssucht zu treffen wie in diesem Fall, wenn man überhaupt Vergleichbares findet.

»Unter meiner Leitung« wurde ein System zur Automatisierung des Containerverkehrs entwickelt. »Unter meiner Leitung« wurde die Software dafür geschrieben. Er geht ein auf Vorschläge des Hauptvorstands zur CAD/CAM-Technik (computergestützte Entwicklung/computergestützte Fertigung), »an denen ich mitgearbeitet habe«. Da der zuständige Minister diese Vorschläge »als gründlich analysiert bezeichnet und ihnen zubilligt, daß sie die entscheidenden Wirkungsfaktoren für den effektiven Einsatz der CAD/CAM-Technik getroffen haben, haben wir den Daumen sicher an die richtige Stelle gelegt«, freut Krause sich. Und:

»Ich begrüße es sehr, daß mir diese Vorschlagstätigkeit unserer Partei zugleich die Möglichkeit eröffnet hat, an zentraler Stelle ein Vorhaben von voraussichtlich beachtlicher volkswirtschaftlicher Bedeutung anzuregen und bei seiner eventuellen Realisierung mitzuwirken. Hier ist unsere Partei auf einer wichtigen wirtschaftspolitischen Strecke direkt am Ball, und das kann mir auch als Parteifunktionär nur recht sein.«[163]

Man sieht, der Mann brennt vor Ehrgeiz, und dies auf einem Feld, das der SED-Führung besonders wichtig ist. Ganz wie in der gesamten DDR, spielt es auch an der Ingenieurhochschule Wismar kaum eine Rolle, was das Parteitagsprojekt des rechnergestützten Containerumschlags kosten wird – am Schluß, als das Unternehmen zur Wendezeit eingestellt wird, werden es rund acht Millionen Mark der DDR sein. Schon zuvor wurden Mitarbeiter des Dr. Krause von heftigen Zweifeln geplagt, ob sich das Ganze überhaupt realisieren ließe. Die Skepsis mündete in einigen unschönen Titulierungen zur Bezeichnung des nicht zu bremsenden Ehrgeizes des späteren außerordentlichen Professors, die aus Gründen der Höflichkeit hier nicht wiedergegeben seien. Ein Jahr Planverlust war bereits zu verzeichnen. Aber Krause ließ sich nicht infizieren von solcherart Realismus, wohl auch weil es für ihn keine bessere Möglichkeit gab, sich gegenüber den Mächtigen ins rechte Bild zu rücken. Die Informatik war die Königsdisziplin des realen Sozialismus, und die Informatiker standen in der Sonne.

Schließlich kämpften Honecker und Mittag um das Überleben ihres am finanziellen Abgrund stehenden Staates, und in dieser verzweifelten Lage war fast jedes Abenteuer recht, wenn es die internationale Konkurrenzfähigkeit der DDR zu verbessern versprach. Das wußte Günther Krause, und er verstand es, seinen persönlichen Beitrag zur Stärkung des Sozialismus herauszustellen.

Obwohl hier angemerkt werden muß, daß die Informatikerkarriere des Dr. Krause nicht den üblichen Bahnen folgte. 1984 legte er seine Dissertation vor, der schon 1987 die Habilitationsschrift folgte. Rekordtempo für DDR-Verhältnisse. Die Habilitationsschrift präsentierte er an der Universität Rostock, weil es den Fachbereich Datenverarbeitung in Wismar nicht gab, und plötzlich tauchte Gefahr auf für Krauses Karriere. Denn einer der drei Rostocker Gutachter, der Direktor der Sektion Informatik, Professor Kutschke, meldete Zweifel an angesichts des »dünnen« Informatikteils von Krauses Elaborat und erklärte, er werde ein Negativgutachten verfassen, wenn ihm die Arbeit zur Beurteilung übergeben werde. Daraufhin schickte Rektor Heinrich Preuß den Dekan des Fachbereichs Naturwissenschaft und Technik, Professor Gerhard Müller, nach Rostock, weil befürchtet werden mußte, daß das Verfahren zur akademischen Beförderung des Dr. Krause »gegen den Baum lief«. Daraufhin zog der spätere Verkehrsminister seine Arbeit zurück, tat, als wäre nichts geschehen, und schaffte es mit Hilfe des SED-Rektors Heinrich Preuß, daß der Rat für akademische Grade beim Hochschulministerium in Berlin der Ingenieurhochschule Wismar die Sondererlaubnis zusprach, Krause den gewünschten akademischen Segen zu erteilen. Es wurde einfach das Thema gewechselt und aus der Informatikhabilitationsschrift eine Arbeit über Maschinenbau. Als hilfreich erwies sich auch, daß der kritische Gutachter Kutschke ausgewechselt wurde. Die Fakultät für Naturwissenschaft und Technik nahm sich des Aspiranten an, und dann lief alles zur allgemeinen Zufriedenheit. Professor Gerhard Müller kann sich an einen zweiten Fall einer solch merkwürdigen akademischen Beförderung nicht erinnern.[164] Bald darauf wandelte sich der Oberassistent Krause zum Dozenten mit Lehrbefugnis und zum Wissenschaftsbereichsleiter Informatik, zu Wismars höchstrangigem Datenverarbeiter.

Günther Krause war nach eigenem Bekunden zum Zeitpunkt seiner Parteitagsrede überzeugt vom nahen Ende des realen Sozialismus, was hier nur insofern kommentiert werden soll, daß er es unterlassen hat, diese Einsicht anderen rechtzeitig mitzuteilen.

1986 bat Günther Krause den Kreissekretär der Bad Doberaner CDU, der SED-Kreisleitung anzubieten, ihn als Referenten über Informatikthemen auftreten zu lassen. Obwohl er kaum Zeit hatte durch sein Containerengagement in Wismar, übernahm er im Jahr darauf den Kreisvorsitz der Unionsfreunde in Bad Doberan. In einem Zeitungsinterview rühmte er sich später, 1988 die Verantwortung für eine Veranstaltung mit Jugendlichen getragen zu haben, in der über den Schießbefehl diskutiert worden sei.[165] Er hat vergessen, daß er diese Veranstaltung gemeinsam mit der Kreisleitung der SED durchgeführt hat.

Warum bekennt sich Günther Krause nicht zu seiner Loyalität, die zu bekunden er vor der Wende für so wichtig hielt? Und ohne die er niemals Reisekader geworden wäre, also ins kapitalistische Ausland fahren durfte im Gegensatz zu den meisten seiner Landsleute. Es ist nichts Besonderes für einen Kreisvorsitzenden der Block-CDU, was ein ehemaliger Mitarbeiter der Staatssicherheit in der Sendung »spiegel-tv« eidesstattlich erklärt hat:

»Bei unseren Treffen gab Herr Krause bereitwillig und mitunter aus eigenem Antrieb, das heißt ohne konkrete Aufforderung, interne Informationen und Lageeinschätzungen aus den Bereichen CDU, Hochschule und Kirche an mich weiter.«

Das war die Praxis, wie sie in diesem Buch an vielen Stellen geschildert wird. In einem Interview mit dem »Spiegel« bestreitet Krause diese Darstellung und erklärt, daß die Staatssicherheit ihn bedrängt habe.[166]

Günther Krause hat sich erst spät von der SED und dem Sozialismus getrennt. Anfang November 1989 unterzeichnet er gemeinsam mit dem Bad Doberaner SED-Sekretär für

Agitation und Propaganda eine Erklärung, in der das Ergebnis einer Beratung in der Kreisleitung dargestellt wird.[167] Den Agitpropsekretär hat er damals geduzt wie andere Mitglieder der Einheitspartei auch. Das ist heute anders. Ende November 1989 meldet er sich in der »Ostsee-Zeitung« zu Wort und schreibt unter anderem:

»Neue sozialistische Demokratie – das ist eine Form von Parteienpluralismus, der in Zukunft Koalitionen sichern wird, aber für viele auch eine gerechtere Demokratie bedeuten soll. Vor allem für die Arbeiter und Bauern.«[168]

Im November beantragt er überdies beim amtierenden Parteisekretär der Wismarer Hochschule einen Schaukasten für die CDU, in dem er als erstes das Positionspapier der CDU aushängt. Wie wir wissen, definiert es die CDU als eine Partei des Sozialismus. Auf einer Versammlung an der Hochschule lobte er zu dieser Zeit nach Berichten von Augenzeugen den bereits zurückgetretenen Erich Honecker.

Solche und ähnliche Aktivität und Äußerungen kennen wir aus allen Teilen der DDR, und insofern überrascht es nicht, daß auch Günther Krause zu ihren Urhebern zählt. Genausowenig wie die Tatsache, daß er sich heute fast als Widerstandskämpfer geriert.

Nachdem der ehemalige FDJ-Aktivist binnen weniger Wochen den Sozialismus in seinem Kopf überwunden hatte – bei Krause geht alles schnell –, handelte er mit Wolfgang Schäuble den Einigungsvertrag aus und sicherte sich die vorläufige Krönung seiner Laufbahn. Ein Mann, der ihn seit Jahren gut kennt, sieht die hervorstechende Eigenschaft des Günther Krause darin, immer den richtigen Zeitpunkt vorauszuahnen, wann er die einen verlassen und sich an die anderen anhängen muß.

Auch als Bundesverkehrsminister läßt er keine Gelegenheit aus, seine Effizienz zu beweisen, diesmal für das neue System. Straßenbau im Schnellverfahren und dabei Abbau der Bürgerrechte, das ist das Markenzeichen eines Mannes, der sich zu Recht gefallen lassen muß, als Betonstalinist bezeichnet zu werden.

Wer dem Freie-Fahrt-für-freie-Bürger-Fan widerspricht, hat schlechte Karten und muß gehen, wie zwei Spitzenbeamte des Verkehrsministeriums, denen Widerspruch mit der Versetzung in den Ruhestand vergolten wurde. Viele Bürger in den neuen Bundesländern haben erstaunt registriert, wie schnell Günther Krause zum »Wessi« mutierte mit all den bedenklichen Verhaltensweisen, die eine auf Konkurrenz gründende Gesellschaftsordnung hervorruft.

Aber fast hätte seine Karriere dann doch unrühmlich geendet, als ruchbar wurde, wie Krause zusammen mit seinem Parteifreund Horst Gibtner, langjähriger CDU-Kreisvorsitzender im brandenburgischen Treptow, am Vorabend der deutschen Vereinigung noch ganz eilig Raststättenlizenzen verramschte. Warum mußten die beiden Ex-Blockflöten diesen Deal in geradezu hektischer Manier noch tätigen? Fast scheint es, die Affäre sei abgebucht unter der Rubrik »dilettantische Ossis«. Ist das nicht etwas einfach? Als Hauptschuldiger hingestellt wurde der damalige Verkehrsminister Gibtner, der heute für die CDU im Bundestag sitzt.

Dessen Karriere zu schildern ersparen wir dem Leser, wie auch die Präsentation weiterer Blockflötenbiographien heutiger CDU-Größen, weil es auf die Dauer eintönig wird. Wie gesagt: Die Lebensläufe gleichen sich bis hinein in die Funktionsmechanismen der Verdrängung.

Christdemokratische Doppelmoral

Wie die CDU Sündenböcke findet

Als die amerikanische Besatzungsmacht nach 1945 daran ging, nach ehemaligen Nazis zu suchen, verfiel sie auf die Idee einer umfassenden Entnazifizierung. Alle erwachsenen Menschen in ihrer Besatzungszone sollten vor Untersuchungsausschüssen Rechenschaft ablegen über ihre Taten während der Jahre der NS-Diktatur. Das Mammutprojekt mußte scheitern, auch weil ein reger Handel mit Persilscheinen einsetzte.

So verfehlt das Pauschalverfahren war, es stellte sich doch dar als ein Versuch, die Besiegten an der Befreiung vom Nationalsozialismus zu beteiligen. Viele Deutsche nämlich saßen in den Spruchkammern, befragten ihre Mitbürger und entschieden mit, wie diese einzustufen waren. Später urteilten sie sogar allein. Es gab für die Mitwirkung in diesen Kommissionen eine ausschlaggebende Bedingung: Teilnehmen durfte nur, wer sich selbst nicht schuldig gemacht hatte.

Das ist nach 1989 anders. In den neuen Bundesländern entscheiden Mittäter über das Schicksal von Tausenden von Menschen, darüber, ob sie zu den Belasteten oder den Unschuldigen zu zählen sind. Die Entstalinisierung des öffentlichen Dienstes wurde so zu einer Frage der Macht, nicht der Moral.

Die ehemaligen »befreundeten Parteien« haben die Wahlen gewonnen, außer im Land Brandenburg, aber auch dort spielen Ex-Blockflöten an vorderster Stelle mit bei der Verfolgung ihrer ehemaligen Freunde. So urteilt zum Beispiel der langjährige CDU-Kreissekretär Eisenhüttenstadts und Ex-Sportlehrer Werner Schulz als stellvertretender Leiter des Amtes für Schule und Kultur mit über die Weiterbeschäftigung oder Kündigung von Lehrern. Sein direkter Vorgesetzter und Leiter der Arbeitsgruppe zur Überprüfung der Pädagogen heißt Harald Schröder – er war bis zur Wende hauptamtlicher Kreissekretär der Blockflötenpartei NDPD.

Aber immerhin bemühten sich in Brandenburg die Autoren

der Fragebögen, die den Lehrern zur Beantwortung vorgelegt wurden, darum, die Kriterien der Überprüfung objektiv festzulegen. Sie wollten wissen, ob der Betreffende vor dem 9. November 1989 eine Funktion in der SED, in einer anderen Blockpartei, in Massenorganisation oder gesellschaftlichen Organisationen oder eine sonstige herausgehobene Position im System der DDR ausgeübt hat. In den Durchführungsbestimmungen wurde konkretisiert, daß Bedenken entstehen und ein klärendes Gespräch erforderlich wird zum Beispiel ab der Funktion eines 1. Sekretärs einer Abteilungsparteiorganisation der SED. Die Landesregierung in Potsdam beabsichtigte nicht, die ehemaligen Blockflöten laufenzulassen. Ob das aber die Überprüfungskommissionen vor Ort auch so sehen?

Geradezu skandalös verläuft die Lehrerüberprüfungsaktion – wen wundert es – im Thüringen des Josef Duchac. Er mußte sich für die Aussage entschuldigen, daß die Pädagogen einen Großteil der moralischen Schuld an der Entwicklung der DDR trügen. Seine Kultusministerin Christine Lieberknecht, ehemals Mitunterzeichnerin des »Briefs aus Weimar«, hat den Vogel abgeschossen, als sie 4500 Lehrern brieflich mitteilen ließ:

»(...) wie Ihnen bereits mitgeteilt wurde, konnte Ihre Eignung für den Thüringer Schuldienst (...) nicht bestätigt werden. Ihre Unterlagen legte das Schulamt dem Thüringer Kultusministerium vor. [Darin] (...) äußert die auf Kreisebene überprüfende Kommission wegen Ihrer Tätigkeit in der Vergangenheit Bedenken zur persönlichen Eignung. (...) Sie erhalten die Möglichkeit, bis zum 31. Juli 1991 schriftlich (...) Stellung zu nehmen (...).«[169]

Welcher Art diese Bedenken waren und warum sie erhoben wurden, wurde den Betroffenen nicht erläutert. Pure Willkür, Menschen zu beschuldigen, ohne konkrete Vorwürfe zu nennen und zu begründen.

Dieser inquisitorischen Meisterleistung in Luthers Land ging eine Fragebogenaktion voraus, an der jeder Lehrer teilnehmen mußte. Die ausgefüllten Fragebögen wurden dann in den Kreisen von einer fünfköpfigen Kommission ausgewertet. Daß ein Fall bekannt wurde, in dem auch ein nicht ausgefüllter Bogen

»gewissenhaft geprüft« wurde und Anlaß gab, an der fachlichen Qualifikation des Absenders zu zweifeln, sei hier nur angemerkt.

Die Kriterien der Fragebogenauswertung erhielten die Kommissionen erst nach öffentlichen Protesten. Als »sehr bedenklich« einzustufen sind demnach hauptamtliche Parteifunktionäre, führende Staatsfunktionäre sowie hauptamtliche und inoffizielle Mitarbeiter des Ministeriums für Staatssicherheit und seines Nachfolgers, des Amtes für Nationale Sicherheit. »Besonders gewissenhaft« zu überprüfen sind ehemalige Schulparteisekretäre, langjährige ehemalige Direktoren, im Sinne der DDR politisch besonders aktive Lehrer, langjährige Mitarbeiter in der ehemaligen Abteilung Volksbildung, langjährige führende Gewerkschaftsfunktionäre, Personen, die nach dem 31. Oktober eingestellt wurden, ehemalige Mitarbeiter der Arbeitsgruppe Wehrunterricht und schließlich langjährige hauptamtliche Funktionäre der Kinder- und Jugendorganisation. Gemeint sind die SED, der FDGB und die FDJ – wo bleiben da die Blockparteien?

Wer in Brandenburg nicht Lehrer werden kann, kann es in Thüringen allemal, Hauptsache, er war nicht in der SED. Denn das ist offenkundig der Zweck der Aktion: der SED und ihren ehemaligen Mitgliedern sowie der Staatssicherheit die Alleinschuld aufzubürden für vierzig Jahre DDR. Und tatsächlich finden sich kaum Mitglieder der ehemaligen Blockparteien unter den als bedenklich qualifizierten Lehrern. Unbehelligt blieben auch ehemalige Schuldirektoren oder Bezirksvorstandsmitglieder der Blockflöten, wie die Gewerkschaft Erziehung und Wissenschaft herausgefunden hat.[170]

Dabei hatten die Unionsfreunde doch so viel Wert darauf gelegt, sich zu engagieren im System der sozialistischen Volksbildung. In der Konzeption für ihren 15. Parteitag 1982 beispielsweise hatten sie formuliert:

»In unserer bildungspolitischen Arbeit geht es darum, in vertrauensvoller Zusammenarbeit mit den sozialistischen Bildungseinrichtungen mitzuhelfen, daß alle Kinder und Jugendlichen mit dem Wissen und Können, den Einsichten und Verhaltensnormen sowie jener konsequenten Parteilichkeit für den Sozialismus/Kommunismus ausgerüstet werden, deren sie im Leben bei der weiteren Vervollkommnung des entwickelten Sozialismus bedürfen.«[171]

Der Parteitag verlief nach Wunsch, und so konnte etwa das Erfurter Bezirkssekretariat der CDU die Konsequenz ziehen:

»In den Schulen besteht die Aufgabe, zur Sicherung der ständig wachsenden Anstrengungen in der Landesverteidigung junge Menschen zum Dienst auf Zeit in den bewaffneten Organen zu gewinnen.«[172]

Aber das und alle weiteren staatstreuen Bekundungen und pädagogischen Bemühungen sind längst vergessen in der CDU. Schuld sind allein die SED und das Ministerium für Staatssicherheit. Und so denken Thüringens Christdemokraten immer mal wieder darüber nach, ob sie die Nachfolgepartei der Einheitssozialisten, die PDS, verbieten sollen. In dieses schiefe Bild paßt, daß die CDU-Landtagsfraktion einen Antrag einbrachte, in dem sie einen Ausschuß forderte, der die »SED-Verbrechen« untersuchen sollte. Erst nach einigem Gerangel gelang es besonnenen Gemütern, den rachedurstigen Ex-Blockflöten die Vorstellung näherzubringen, daß es um Verbrechen unter dem SED-Regime gehen müsse. Dabei können sich manche ehemaligen Unionsfreunde gar nicht mehr vorstellen, mit der SED jemals etwas zu tun gehabt zu haben, und der Vorsitzende der CDU-Landtagsfraktion, Jörg Schwäblein, hält den Erneuerungsprozeß der Christenunion schon für abgeschlossen – bevor er begonnen hat.

Gothas Landrat Dieter Reinholz übrigens entdecken wir im Pädagogenkampf in vorderster Linie. Er war selbst seiner entschlossenen Ministerin zu schnell, als er kurzerhand verfügte, alle 123 von der Überprüfungskommission in seinem Kreis als bedenklich bewerteten Lehrer zu entlassen. Gleich manch anderem Exponent der ehemaligen Block-CDU hat Reinholz, wie wir an anderer Stelle bereits notieren mußten, Schwierigkeiten, sich auf die Verhältnisse im neuen Deutschland einzustellen. In seinem Eifer nimmt er es nicht so genau mit Gesetzen und Kompetenzen.

Ein rarer rechtsstaatlicher Lichtblick in Thüringen ist Reinholz' Landratskollege und Parteifreund in Mühlhausen, der im Zusammenhang mit der Juristenüberprüfung erklärte, bei ihm hätte Josef Duchac keine Chance, weil er als ehemaliges Ratsmitglied im Kreis Gotha Funktionsträger der DDR gewesen sei.[173]

Aber sonst geht alles seinen christdemokratischen Gang. Wenn auch über einige Hindernisse: Kultusministerin Lieberknecht, Kohls Kandidatin für das CDU-Präsidium, mußte einen halben Rückzieher machen angesichts der Protestbewegung, die sie auf den Plan gerufen hatte durch ihren mittelalterlich erscheinenden Gesinnungstest. Nun ließ sie, die nach eigenem Bekunden »gewisse Ungerechtigkeiten« in Kauf nimmt, Überprüfungskommissionen installieren, vor denen die als bedenklich eingestuften Lehrer angehört werden sollten.

Jedem Kandidaten standen durchschnittlich fünfzehn Minuten Anhörungszeit zur Verfügung, wie Gewerkschafter berechnet haben. Die Zahl der Verdächtigten hatte sich inzwischen reduziert auf 3036, bei deren Fällen Pastorin Lieberknecht glaubte, sich vor den Arbeitsgerichten »nicht lächerlich« zu machen.

Die Kommissionen des Kultusministeriums bestehen je aus zwei Lehrern und einem Juristen. Ein Protokoll wird nicht geführt, obwohl dies eine wesentliche Voraussetzung für eine Klage eines nach einer Anhörung entlassenen Lehrers wäre. Nach wie vor werden einzelnen Betroffenen die Gründe für die Bedenken vorenthalten. Es paßt ins Bild, daß betroffenen Lehrern »angeboten« wurde, sich mit vollen Bezügen vom Dienst beurlauben zu lassen, wenn sie einer späteren unehrenhaften Entlassung entgehen wollten. Daß sie so in ihren Schulen als vorverurteilt gelten, hat die Ministerin offenkundig übersehen.

In Sachsen bemüht sich die CDU-Regierung wenigstens darum, der Mitverantwortung der Blockparteien gerecht zu werden. Sie beabsichtigt, 10 000 Lehrer auf die Straße zu setzen. Aber auch unter Ministerpräsident Kurt Biedenkopf passiert Groteskes. In Chemnitz zum Beispiel hatten einige Lehrer schriftlich Einspruch eingelegt gegen einzelne Passagen des Überprüfungsfragebogens oder Zweifel hinsichtlich seiner rechtlichen Grundlagen geäußert. Das Oberschulamt beantwortete diese Eingaben nicht, sondern forderte die Absender in rüdem Ton auf, die Fragebogen ausgefüllt abzugeben, im anderen Falle würden die Betreffenden entlassen. Unterschrieben hat diesen Serienbrief der Präsident des Oberschulamts, Jürgen Feiereis (CDU).

Er ist ein Mann mit pädagogischen Erfahrungen, wie wir dem »Neuen Deutschland« entnehmen können, das am 13. April 1989 über eine Tagung des CDU-Hauptvorstands mit Volksbildungsministerin Margot Honecker folgendes berichtete:

»Als Fachberater für Polytechnik hat Jürgen Feiereis aus Karl-Marx-Stadt einen großen Teil des Weges unseres Bildungswesens miterlebt und mitgestaltet. (...)
Der Fachlehrer vom Polytechnischen Zentrum des VEB Gerätewerk legte dann seine Gedanken zur sittlich-moralischen Erziehung der Heranwachsenden dar. Vor allem in der produktiven Arbeit im Betrieb sehe er erzieherische Potenzen, die große Möglichkeiten bieten, christliche Ideale in Einklang mit den Moralvorstellungen der Arbeiterklasse zu bringen.«

Ob der Präsident des Oberschulamtes Chemnitz einen Fragebogen ausfüllen mußte?

Genug der Beispiele. Würde man die Kriterien, die in Brandenburg, Mecklenburg-Vorpommern und auch in Thüringen an Lehrer angelegt werden, konsequent auf Politiker anwenden, kein Kreistag und kein Landesparlament in Neufünfland wäre mehr arbeitsfähig. Und hinzu kommen ja noch die Überprüfungen hinsichtlich der MfS-Mitarbeit.

Die SED und die Staatssicherheit sind die Sündenböcke, deren sich die Blockflöten von einst bedienen. Um so mehr Schuld sie auf deren Schultern abladen, desto weniger müssen sie selbst tragen – das ist die Logik der Säuberungen in Ostdeutschland. Es ist nach so umfänglicher Hilfe in der Vergangenheit der letzte Dienst, den die aus der Mode gekommenen Freunde den Unionschristen leisten. Da ist der ehemalige Leiter eines MfS-Ferienheims auf dem Arbeitsamt nicht vermittelbar, aber der altgediente Funktionär der Götting-Partei macht Karriere, obwohl er keine Gelegenheit ausließ, seine Treue zum realen Sozialismus zu beschwören. Da werden die Parteisäuberer vom Schlage eines Günter Wirth in Ehren und mit Dank in den Ruhestand verabschiedet, und der ehemalige Koch einer MfS-Bezirksverwaltung wird zum Asozialen gestempelt.

Das sind keine Ausnahmen, das ist die Regel. Denn die Blockflöten sind an der Macht und mit ihnen die doppelte Moral. Sie haben vor der Wende vom realen Sozialismus profitiert, und sie sind heute die Gewinner einer Revolution, die sie verhindern wollten. So sieht sie aus, die geistig-moralische Erneuerung in Ostdeutschland unter christdemokratischer Regie.

Anmerkungen

1 So in einem vom Sekretariat des Hauptvorstands der CDU, Abteilung Agitation, herausgegebenen Faltblatt unter dem Titel »Vom Gründungsaufruf zur Partei des Friedens, der Demokratie und des Sozialismus«.

2 Der Aufruf des Zentralkomitees der KPD wurde am 11. Juni 1945 beschlossen, aber erst am 13. Juni veröffentlicht.

3 Rolf Leonhardt, Die Politik der SED zur Festigung des Demokratischen Blocks nach der Gründung der DDR (Oktober 1949 bis Frühjahr 1950), in: Zeitschrift für Geschichtswissenschaft, Nr. 6/1978

4 Michael Richter, Die Ost-CDU 1948–1952. Zwischen Widerstand und Gleichschaltung, Düsseldorf 1991, S. 100ff.

5 Zitiert nach: Carola Stern, Ulbricht. Eine politische Biographie, Köln und Berlin 1963, S. 139

6 Protokoll der Sitzung des Demokratischen Blocks am 1. Februar 1950, S. 88f., zitiert nach: Rolf Leonhardt, Die Politik der SED ..., a.a.O.

7 Zitiert nach: Ossip K. Flechtheim, Die Parteien der Bundesrepublik Deutschland, Hamburg 1973, S. 156

8 Johann Baptist Gradl, Anfang unter dem Sowjetstern. Die CDU 1945–1948 in der sowjetischen Besatzungszone Deutschlands, Köln 1981, S. 47.
Gradl gehörte 1945 bis 1947 zur »Reichsleitung« der CDU in Berlin und war nach deren Gleichschaltung in der SBZ Mitbegründer der Exil-CDU. Die Mitglieder dieses »Landesverbands« der Bundes-CDU mußten 1989/90 erleben, wie die Bonner CDU-Führung die ehemalige Block-CDU in ihre Arme schloß. Niemand in der Führungsriege um Helmut Kohl habe es für notwendig gehalten, mit Vertretern der Exil-CDU darüber wie über andere Fragen der deutschen Vereinigung zu sprechen, beklagte sich der letzte Vorsitzende der Exil-CDU, Siegfried Dübel, auf deren 21. und letzten Parteitag. Wahlen standen vor der Tür.

9 Zitiert nach: Ebenda, S. 48

10 Hier liegt vermutlich ein Druckfehler vor. Es handelt sich hier wohl nicht um einen Herrn Kisch, sondern um Pfarrer Ludwig Kirsch.

11 Wilhelm Karl Gerst, Eine Abrechnung. 50 Beiträge zur Charakteristik der Adenauer-Partei, Berlin (DDR) o. J., S. 18 f.

12 Tägliche Rundschau vom 22. Oktober 1946

13 Institut für Marxismus-Leninismus beim Zentralkomitee der SED (Hg.), Geschichte der deutschen Arbeiterbewegung in 15 Kapiteln, Kapitel XII, Berlin (DDR) 1968, S. 234

14 Vom Gründungsaufruf ..., a.a.O.

15 Michael Richter, Die Ost-CDU 1948–1952 ..., a.a.O., S. 87

16 Zum Beispiel: »Einsetzen eines Koordinierungsausschusses durch die Vorsitzenden der Landesverbände. Er hat die Aufgabe, bis zur Neuwahl die laufenden Parteigeschäfte zu führen; an seiner Spitze steht Otto Nuschke.« Sekretariat des Hauptvorstandes der Christlich-Demokratischen Union Deutschlands (Hg.), Zeittafel zur Geschichte der CDU 1945–1987, S. 9

17 Zitiert nach: Johann Baptist Gradl, Anfang unter dem Sowjetstern ..., a.a.O., S. 134

18 Peter Joachim Lapp, Die »befreundeten Parteien« der SED. DDR-Blockparteien heute, Köln 1988, S. 15
19 Rolf Leonhardt, Die Politik der SED ..., a. a. O.
20 Hermann Weber, Die DDR 1945-1986, München 1988, S. 21
21 Ebenda, S. 22
22 Gert-Joachim Glaeßner, Die andere deutsche Republik. Gesellschaft und Politik in der DDR, Opladen 1989, S. 44
23 Thomas Neumann, Die Maßnahme. Eine Herrschaftsgeschichte der SED, Reinbek bei Hamburg 1991, S. 46f.
24 In der parteioffiziellen Biographie Steidles sind die Jahre zwischen 1934 und 1945 ausgelassen. Als Beruf wird, nur teilweise korrekt, »Landwirt« angegeben.
25 Viele Einsichten zu wirtschaftspolitischen Fragen dieser Zeit, auch dieses Zitat aus dem Wirtschafts- und Sozialprogramm der CDU, verdanke ich dem Berliner Wirtschaftshistoriker Jörg Roesler. Er hat mir freundlicherweise gestattet, für diese Passagen einen im August 1990 entstandenen unveröffentlichten Beitrag unter dem Titel »Wirtschaftsplanung und Planwirtschaft: der Parteienstreit« zu verwenden.
26 Wolfgang Leonhard, Die Revolution entläßt ihre Kinder, Köln 1987, S. 317
27 Dietrich Staritz, Geschichte der DDR 1949–1985, Frankfurt am Main 1985; Die Gründung der DDR. Von der sowjetischen Besatzungsherrschaft zum sozialistischen Staat, München 1987
28 Ich verdanke dieses Flugblatt wie manches andere wichtige Dokument dem Eisenhüttenstädter Journalisten und Regionalhistoriker Günter Fromm. Die Darstellung der Fälle Danschke, Zochert, Deichgräber und Gnettner habe ich einem Artikel Fromms entnommen, der im Januar 1990 im »oder-anzeiger« veröffentlicht worden ist.
29 Dietrich Staritz, Geschichte der DDR ..., a. a. O., S. 63
30 Niederschrift (des Götting-Untersuchungsausschusses der Ost-CDU, November/Dezember 1989)
31 Eine Woche nach Niederschrift dieser Zeilen wird bekannt, daß DDR-Wirtschaftslenker Günter Mittag nach einiger Mühe einen Verlag für seine Rechtfertigungsmemoiren gefunden hat.
32 Vom Gründungsaufruf ..., a. a. O.
33 Peter Przybylski, Tatort Politbüro. Die Akte Honecker, Berlin 1991, S. 320
34 Sekretariat des Hauptvorstandes der Christlich-Demokratischen Union Deutschlands (Hg.), Mitglieder des Hauptvorstandes der Christlich-Demokratischen Union Deutschlands gewählt durch den 16. Parteitag (14.–16. Oktober 1987 in Dresden), S. 17
35 Peter Joachim Lapp, Die »befreundeten Parteien« der SED ..., a. a. O., S. 167
36 Walter Ulbricht, Zur Geschichte der deutschen Arbeiterbewegung. Aus Reden und Aufsätzen, Band IV: 1950–1954, Berlin (DDR) 1958, S. 405
37 Aktenvermerk über die am Mittwoch, dem 15. 4. 53 durchgeführte Besprechung zwischen den Gen. Burkhardt, Lipfert und dem Generalsekretär der CDU, Herrn Götting, Institut für Geschichte der Arbeiterbewegung/Zentrales Parteiarchiv (künftig: IfGA/ZPA) IV 2/15/6
38 Ebenda
39 Ebenda
40 Der Spiegel, Nr. 35/1991
41 Vermerk über die Besprechung mit dem Koll. Sefrin und den Genossen Burkhardt und Lipfert am 3. 2. 54 (Volkskammersitzung), IfGA/ZPA IV 2/15/6

42 Günther Buch, Namen und Daten wichtiger Personen der DDR, Berlin und Bonn 1987, S. 297; die offizielle Biographie verschweigt die Tatsache, daß Sefrin Jägerpilot war.

43 Autorenkollektiv (Hg.), Geschichte der Außenpolitik der Deutschen Demokratischen Republik. Abriß, Berlin 1968, S. 185

44 Aktenvermerk über die Besprechung zwischen den Kollegen (sic!) und den Gen. Burckhardt (sic!) und Wetzig am 4. 9. 1953, IfGA/ZPA IV 2/16/6

45 Michael Richter, Die Ost-CDU 1948-1952 ..., a.a.O., S. 396

46 Aus einem Papier der »Abt. Leitende Organe der Partei und der Massenorganisationen« vom 23. April 1954, IfGA/ZPA IV 2/15/9; mit der Differenzierung des ZK-Apparats wird später die Abteilung befreundete Parteien die Aufgabe übernehmen, die Blockfreunde anzuleiten.

47 »Die theoretische Grundlage der CDU ist der Christliche Realismus. Der Christliche Realismus ist die Lebenshaltung, in der die Christen aus ihrem Glauben heraus das Leben und die Welt sehen, beurteilen und handelnd gestalten. Der Inhalt des Christlichen Realismus ist bestimmt durch Lehre und Vorbild Christi und das Beispiel der entschiedensten und getreuesten Christen aller Zeiten und Völker.« (Aus einem Thesenpapier der CDU)

48 Aus einem Papier der »Abt. Leitende Organe ...«, a.a.O.

49 Hier ist Fischer ein wenig übers Ziel hinausgeschossen, den »Sozialismus aus christlicher Verantwortung« strapaziert die CDU bis an ihr Blockende.

50 Gerhard Fischer, Die CDU und der Aufbau des Sozialismus in der DDR, in: Zeitschrift für Geschichtswissenschaft, Nr. 12/1979, S. 1123

51 Dietrich Staritz, Geschichte der DDR ..., a.a.O., S. 81

52 Schreiben des Kreisverbands Niederbarnim an den Bezirksverband der CDU Frankfurt/Oder vom 17. 1. 1953; das Dokument – wie auch das in der folgenden Anmerkung zitierte – stammt aus dem Müllcontainer vor dem Sitz des ehemaligen CDU-Bezirksvorstands Frankfurt/Oder. Dort gefunden und gerettet hat dieses wichtige Material der bereits erwähnte Eisenhüttenstädter Journalist und Regionalhistoriker Günter Fromm.

53 Das undatierte Dokument stammt wahrscheinlich aus dem Jahr 1954.

54 CDU-Parteileitung, Zusammenstellung der Meinungsbildung unserer bäuerlichen Mitglieder in den vollgenossenschaftlichen Kreisen und Dörfern zur sozialistischen Entwicklung, 31. März 1960, IfGA/ZPA IV 2/15/46

55 Grundzüge für den Bericht des Präsidiums des Hauptvorstandes über die Prinzipien der Kaderpolitik auf der II. Hauptvorstandssitzung am 26./27. September 1960 in Karl-Marx-Stadt, IfGA/ZPA 2/15/37

56 Ebenda

57 Hermann Weber, Die DDR ..., a.a.O., S. 31

58 So in einer Vorlage der Abteilungen »Staat und Recht« und »Agitation/Propaganda« (»Persönliche Verschlußsache«) für das Sekretariat der Bezirksleitung Dresden der SED, 7. Februar 1985, Landesparteiarchiv Sachsen der PDS (künftig: LPA PDS Sachsen) IVE-2.3/149

59 Landesparteiarchiv Thüringen der PDS (künftig: LPA PDS Thüringen) Alt-Registratur (künftig: AR) 109

60 Stimme junger Unionsmitglieder und Mitteilungen für die Studenten der Hochschulgruppen, Christliche Demokratische Union Deutschlands, Nr. 9/1952, IfGA/ZPA IV 2/15/40

61 Analyse über die Tätigkeit der »Jungen Gemeinde« vom 11. Februar 1953, SED-Bezirksleitung Suhl, IfGA/ZPA IV 2/15/40

62 Thomas Neumann, Die Maßnahme ..., a. a. O., S. 72

63 Sekretariat des Hauptvorstands der CDU, Abteilung Agitation (Hg.), Junge christliche Demokraten – aktive Mitstreiter in der FDJ, S. 4

64 Sekretariat des Hauptvorstandes der Christlich-Demokratischen Union Deutschlands (Hg.), Tradition und Verpflichtung. Dienst am Nächsten – humanistische Tradition und schöpferische Verwirklichung in der sozialistischen Gesellschaft. Bericht über die Tagung des Präsidiums des Hauptvorstandes der CDU am 20. Februar 1981 in Burgscheidungen anläßlich des 98. Geburtstages von Otto Nuschke, S. 73f.

65 Sekretariat des Hauptvorstandes der Christlich-Demokratischen Union Deutschlands (Hg.), Humanismus und christliche Verantwortung. Bericht über die Tagung des Präsidiums des Hauptvorstandes der Christlich-Demokratischen Union mit Universitätstheologen, Geistlichen und anderen christlichen Persönlichkeiten am 8. und 9. 2. 1967 in der Friedrich-Schiller-Universität zu Jena, S. 109

66 Sekretariat des Hauptvorstandes der Christlich-Demokratischen Union Deutschlands (Hg.), Reformation-Revolution. Bericht über die XVI. Sitzung des Hauptvorstandes der Christlich-Demokratischen Union Deutschlands am 3. Oktober 1967 auf der Wartburg, S. 49

67 Schreiben der Christlich-Demokratischen Union Deutschlands, Parteileitung, vom 26. März 1953, Betreff: Junge Gemeinde, IfGA/ZPA IV 2/15/40

68 Bericht über die Besprechung mit den Kreissekretären und Kreisvorsitzenden in den Bezirkssekretariaten der CDU der Deutschen Demokratischen Republik (undatiert), IfGA/ZPA IV 2/15/37

69 Michael Richter, Die Ost-CDU 1948–1952 ..., a. a. O., S. 403ff.

70 Staatsrat der Deutschen Demokratischen Republik, Abteilung Geschäftsstelle, Schreiben an den Leiter der Arbeitsgruppe befreundete Organe beim ZK der SED, 4. Januar 1972, IfGA/ZPA IV A2/15/4

71 Wir konzentrieren uns im folgenden auf die evangelischen Kirchen, weil diese in der DDR dominierten und die recht staatstreue katholische Kirche eine vergleichsweise geringe Bedeutung besaß.

72 SED-Kreisleitung Leipzig-Land, Schreiben vom 21. Mai 1982 an den 1. Sekretär der SED-Bezirksleitung Leipzig

73 Schreiben »An den Ersten Sekretär des Zentralkomitees der Sozialistischen Einheitspartei Deutschlands, Herrn Walter Ulbricht« vom 3. Juli 1958 mit Anlage: »Zu kirchenpolitischen Fragen«, IfGA/ZPA IV 2/15/40; die vorliegende Abschrift ist nicht unterzeichnet. Ich gehe davon aus, daß Nuschke-Nachfolger August Bach der Autor des Briefes ist, da er mit folgender Anrede beginnt: »Sehr verehrter Herr Kollege Ulbricht«. Die zwölfseitige Anlage stammt wahrscheinlich aus dem Sekretariat des Hauptvorstands. Vielleicht entstand sie unter Federführung des Kirchenspezialisten Günter Wirth?

74 Sekretariat des Hauptvorstandes der Christlich-Demokratischen Union Deutschlands (Hg.), Reformation-Revolution ..., a. a. O., S. 7

75 (SED-Bezirksleitung Karl-Marx-Stadt), Abteilung Staatsfragen, Papier vom 4. April 1968

76 Evangelisches Pfarrerblatt, Nr. 12/1968, zitiert nach: Bund Evangelischer Pfarrer in der Deutschen Demokratischen Republik (Hg.), Standort und Engagement. 15 Jahre Bund Evangelischer Pfarrer in der DDR. Eine Dokumentation, o. J., S. 25

77 Protokoll der 23. Sitzung des Bezirksvorstandes am 16. 4. 1982 von 10.00 bis 13.30 Uhr in Erfurt, Haus des Bezirkssekretariats, LPA PDS Thüringen AR 109

78 SED-Bezirksleitung Karl-Marx-Stadt, Abteilung Staatsfragen, Probleme der Arbeit der CDU im Bezirk, 24. Juni 1980

79 Nationalrat der Nationalen Front (Hg.), Entscheidung für den Sozialismus, Berlin (DDR) 1971; die Titel der in dieser Broschüre veröffentlichten Referate sind fast so aufschlußreich wie die Referate selbst: »Das Wohl des Menschen – Sinn und Ziel des Sozialismus«, »Abgrenzen heißt Frieden wollen« und »Pluralismus – eine gefährliche Fiktion«.

80 Handbuch gesellschaftlicher Organisationen in der DDR. Massenorganisationen, Verbände, Vereinigungen, Gesellschaften, Genossenschaften, Komitees, Ligen, Berlin (DDR) 1985, S. 127

81 Christlich-Demokratische Union Deutschlands, Erklärung zum Frieden. Beschluß des Präsidiums des Hauptvorstandes der CDU vom 19. 6. 1981, S. 10

82 Bezirksleitung Dresden der SED, Abteilung Staat und Recht, Einschätzung der am 28. August 1982 stattgefundenen 15. Bezirksdelegiertenkonferenz der CDU, LPA PDS Sachsen IVE-2/15/9538

83 Thüringer Tageblatt vom 12. Juni 1985

84 Protokoll der 21. Sitzung des Bezirksvorstands Erfurt am 19.02. 1982 in Erfurt, Haus des Bezirkssekretariats, von 10.00 bis 15.00 Uhr, LPA PDS Thüringen AR 109

85 Bezirkssekretariat Erfurt, Informationsbericht zum 15. März 1982, LPA PDS Thüringen AR 110

86 Protokoll der Beratung des Aktivs Kirchenfragen beim Bezirksvorstand Erfurt der CDU am Donnerstag, 18. März 1982, von 10.00 bis 13.00 Uhr, LPA PDS Thüringen AR 109

87 Protokoll der 22. Sitzung des Bezirksvorstands vom 19. 3. 1982 von 10.00 bis 14.00 Uhr in Erfurt, Heinrich-Mann-Straße, LPA PDS Thüringen AR 109

88 Bezirkssekretariat Erfurt, Informationsbericht zum 15. April 1982, LPA PDS Thüringen AR 110

89 Protokoll der 24. Sitzung des Bezirksvorstands am 14. 5. 1982 von 10.00 bis 14.00 in Erfurt, Haus des Bezirkssekretariats, LPA PDS Thüringen AR 109

90 Zitiert nach: Junge Welt vom 9. November 1990

91 Informationsbericht »Zur Entwicklung der Mitarbeit von Unionsfreunden an der Festigung der sozialistischen Staatsmacht und der weiteren Vervollkommnung der sozialistischen Demokratie«, LPA PDS Thüringen AR 110

92 CDU-Parteileitung, Abt. Politik, Zusammenstellung zur Meinungsbildung unserer Mitglieder und der parteilosen christlichen Bevölkerung zur Wahl des Staatsrates, 13. September 1960, IfGA/ZPA IV 2/5/46

93 (Bezirkssekretariat Dresden), Informationsbericht zum 15. November 1987, 10. November 1987, LPA PDS Sachsen AR 12004

94 (SED-Bezirksleitung Dresden, Abteilung Staat und Recht), Information über die Mitgliederbewegung der befreundeten Parteien im Jahre 1988 im Bezirk Dresden, undatiert (wahrscheinlich Frühjahr 1989), LPA PDS Sachsen IVE-2/15/684

95 SED-Bezirksleitung Karl-Marx-Stadt, Abteilung Staatsfragen, Probleme der Arbeit der CDU im Bezirk, 6. September 1979

96 Über die Aufgaben der CDU auf gesamtdeutschem Gebiet, undatiert (wahrscheinlich Herbst 1954), IfGA/ZPA IV 2/15/43

97 Arbeitsplan der Abteilung für Gesamtdeutsche Arbeit der CDU, I.Quartal 1957, IfGA/ZPA IV 2/15/43

98 (Arbeitspapier) Gesamtdeutsche Arbeit, undatiert (wahrscheinlich 1956), IfGA/ZPA IV 2/15/43

99   Politisches Studium der Christlich-Demokratischen Union Deutschlands, Christliche Demokraten für eine gesicherte Zukunft der Menschen. Ein friedliches Europa in einer friedlichen Welt, Studienjahr 1989/90, Studienheft 1, S. 17

100 Christlich-Demokratische Union Deutschlands, Sekretariat des Hauptvorstandes, Bericht über die Arbeit der Abteilung West vom 12. Parteitag bis Mai 1970, 30. Juni 1970, IfGA/ZPA A2/15/74

101 Christlich-Demokratische Union Deutschlands, Sekretariat des Hauptvorstandes, Information Nr. 3/71 des Sekretariats des Hauptvorstandes für die Bezirkssekretariate, 4. Februar 1971, IfGA/ZPA IV A2/15/60

102 Christlich-Demokratische Union Deutschlands, Sekretariat des Hauptvorstandes, Abteilung Parteiorgane, Informationsbericht Nr. 4/71, 8. März 1971, IfGA/ZPA IV A2/15/60

103 Christlich-Demokratische Union Deutschlands, Sekretariat des Hauptvorstandes, Abteilung Parteiorgane, Beschlußvorlage für die Sitzung des Sekretariats des Hauptvorstandes am 26.10.1971, Informationsbericht Nr. 18/71, IfGA/ZPA IV A2/15/60

104 Christlich-Demokratische Union Deutschlands, Sekretariat des Hauptvorstandes, Abteilung Parteiorgane, Informationsbericht Nr. 4/71, 8. März 1971, IfGA/ZPA IV A2/15/60

105 SED-Bezirksleitung Karl-Marx-Stadt, Abteilung Staatsfragen, Probleme der Arbeit der CDU im Bezirk, 6. September 1979

106 Politisches Studium der Christlich-Demokratischen Union Deutschlands, Christliche Demokraten bewähren sich als sozialistische Staatsbürger. Verpflichtende Traditionen, Studienjahr 1974/75, Studienheft 4, S. 22f.

107 Politisches Studium der Christlich-Demokratischen Union Deutschlands, Christliche Demokraten für eine gesicherte Zukunft der Menschen. Ein friedliches Europa in einer friedlichen Welt, Studienjahr 1989/90, Studienheft 1, S. 5

108 Peter Joachim Lapp, Die »befreundeten Parteien« der SED ..., a.a.O., S. 62

109 Sekretariat des Hauptvorstandes der Christlich-Demokratischen Union Deutschlands (Hg.), Die christlichen Demokraten auf dem Weg zum 15. Parteitag. Aus dem Referat des Vorsitzenden der CDU, Gerald Götting, auf der Mitarbeiterkonferenz am 15. Oktober 1981 in Leipzig, S. 29f.

110 Sekretariat des Hauptvorstandes der Christlich-Demokratischen Union Deutschlands (Hg.), Lehrplan der Zentralen Schulungsstätte »Otto Nuschke« Burgscheidungen, 1970, IfGA/ZPA IV A2/15/66

111 Christlich-Demokratische Union Deutschlands, Sekretariat des Hauptvorstandes, Abteilung Schulung, Lehrplan der Kreissekretärseminare 1971, 27. Oktober 1970, IfGA/ZPA IV A2/15/66

112 SED-Kreisleitung Worbis, Sekretär Agit./Prop., Aktennotiz, 23. Juli 1986, LPA PDS Thüringen AR 108

113 SED-Bezirksparteikontrollkommission Erfurt, Hausmitteilung vom 31. März 1982, LPA PDS Thüringen AR 100

114 (CDU-Bezirkssekretariat Karl-Marx-Stadt), Antrag auf Mandatsveränderung im Bezirkstag, 15. März 1979

115 SED-Bezirksparteikontrollkommission Erfurt, Hausmitteilung vom 11. August 1982, LPA PDS Thüringen AR 100

116 Aktennotiz, Eisenach, 18. März 1983, LPA PDS Thüringen AR 100

117 SED-Stadtleitung Erfurt, Schreiben vom 8. September 1983, LPA PDS Thüringen AR 100

118 Hausmitteilung des Mitarbeiters für befreundete Parteien und Kirchenfragen an

den 1. Sekretär der SED-Bezirksleitung Erfurt vom 27. Juli 1987, LPA PDS Thüringen AR 4633

119 Schreiben der SED-Kreisleitung Erfurt-Land an den 1. Sekretär der SED-Bezirksleitung Erfurt vom 29. Juli 1988, LPA PDS Thüringen AR 4633

120 Aktennotiz der Abteilung Staat und Recht, Bezirksleitung Dresden, 4. April 1984, LPA PDS Sachsen IVE 2/15/684

121 Kreisleitung der SED Plauen, 1. Sekretär, Chiffriertes Fernschreiben an die Bezirksleitung der SED Karl-Marx-Stadt, Abteilung Parteiorgane (undatiert)

122 (Ohne Absender), An die Abteilung für Sicherheitsfragen (der SED-Bezirksleitung Karl-Marx-Stadt), Auszug aus dem Rapport Nr. 256/79 vom 13. September 1979

123 Christlich-Demokratische Union Deutschlands, Ortsgruppe Friedrichroda, Schreiben vom 12. August 1984 an den CDU-Kreisverband Gotha und an die Ortsparteileitung der SED

124 Christlich-Demokratische Union Deutschlands, Ortsgruppe Friedrichroda, Schreiben vom 10. November 1985 an den CDU-Kreisverband Gotha und an die Ortsparteileitung der SED

125 Christlich-Demokratische Union Deutschlands, Ortsgruppe Friedrichroda, Wertung des Erfüllungsstandes und Ergänzung des Programms der Ortsgruppe F'roda zum Volkswirtschaftsplan 1986, 21. Mai 1986

126 Christlich-Demokratische Union Deutschlands, Ortsgruppe Friedrichroda, Willensbekundung, 16. Mai 1986

127 Carl-Heinz Janson, Totengräber der DDR. Wie Günter Mittag den SED-Staat ruinierte, Düsseldorf, Wien und New York 1991

128 Zitiert nach: Autorenkollektiv, Geschichte der Sozialistischen Einheitspartei Deutschlands. Abriß, Berlin (DDR) 1978, S. 441

129 Christlich-Demokratische Union, Präsidium des Hauptvorstandes, Schreiben an den Ersten Sekretär der Sozialistischen Einheitspartei Deutschlands und Vorsitzenden des Staatsrates der Deutschen Demokratischen Republik, Herrn Walter Ulbricht, vom 21. Dezember 1962, IfGA/ZPA IV 2/15/45

130 Christlich-Demokratische Union Deutschlands, Kreisverband Brandenburg-Land, Entschließung der Kreisdelegiertenkonferenz Brandenburg-Land am 28. Mai 1962, IfGA/ZPA IV 2/15/10

131 Alle Zitate zur Huldigung an den XI. Parteitag der SED: LPA PDS Sachsen IVE-2.3/198

132 Ich will nicht ausschließen, daß im Verborgenen auch andere CDU-Mitglieder oppositionell dachten und handelten. Trotz monatelanger Recherchen aber konnte ich außer den genannten Fällen weitere nicht finden.

133 Gedanken der CDU-Ortsgruppe Neuenhagen zu gesellschaftspolitischen Fragen der DDR, undatiert (Mai/Juni 1988)

134 Gedanken der CDU-Ortsgruppe Neuenhagen zu einigen gesellschaftspolitischen Problemen in der DDR, ihre Ursachen und Lösungswege, undatiert (vermutlich Juli 1989)

135 Zitiert nach: Rat der Stadt, Abteilung Kultur, und Rat des Kreises, Abteilung Kultur, Jugendfragen, Körperkultur und Sport (Hg.), Heimatkalender für den Stadt- und Landkreis Eisenhüttenstadt, 5. Jahrgang, 1987, S. 33

136 Die in dieser Chronik angeführten Zitate und Fakten entstammen unter anderem diversen Chronologien, Zeitungen und Berichten von Zeitzeugen, die im einzelnen anzuführen wenig sinnvoll wäre. Alle zitierten Dokumente der Bezirksleitung Dresden der SED: LPA PDS Sachsen IVE-2/15/14080.

137 Das Dokument ist undatiert. Ich habe es in dieser Woche angeführt, weil es in Diktion und Inhalt übereinstimmt mit vielen Äußerungen aus CDU-Kreisen in dieser Phase der Wende, in der die Blockparteien von der Führung bis zur Basis nach wie vor auf den realen Sozialismus setzen.

138 (CDU-Bezirkssekretariat Erfurt), Einschätzung der politischen Wirksamkeit der Mitglieder des Hauptvorstandes, undatiert (wahrscheinlich 1982 oder später), LPA PDS Thüringen AR 110

139 Thüringer Allgemeine vom 10. Mai 1991

140 Ebenda

141 Christlich-Demokratische Union Deutschlands, Bezirkssekretariat Erfurt, Informationsbericht zum 15. Oktober 1982, LPA PDS Thüringen AR 110

142 Gesellschaft für Deutsch-Sowjetische Freundschaft, Kreisvorstand Gotha, Kommission zur Erforschung der Geschichte der örtlichen Arbeiterbewegung der Kreisleitung Gotha der Sozialistischen Einheitspartei Deutschlands (Hg.), Zur Geschichte der deutsch-sowjetischen Freundschaft in Gotha. Beiträge zur Geschichte der örtlichen Arbeiterbewegung, Dritter Teil: 1946/47–1970, Gotha 1987, S. 3

143 Thüringer Allgemeine vom 10. Mai 1991

144 Davon abgesehen, weist das mir vorliegende Programm der Veranstaltung Josef Duchac als »Staat«-Vortragenden aus.

145 Christlich-Demokratische Union Deutschlands, Bezirkssekretariat Erfurt, Informationsbericht zum 15. Oktober 1982, LPA PDS Thüringen AR 110

146 Christlich-Demokratische Union Deutschlands, Bezirkssekretariat Erfurt, Informationsbericht zum 15. März 1983

147 Die Rede ist nicht vollständig aufgezeichnet worden, weil das Tonbandgerät zeitweilig defekt war.

148 Neues Deutschland vom 18. Februar 1991

149 Christlich-Demokratische Union Deutschlands, Bezirkssekretariat Erfurt, Informationsbericht zum 15. März 1983

150 Eisenacher Tagespost vom 9. September 1991

151 Christlich-Demokratische Union Deutschlands, Sekretariat des Hauptvorstands (Hg.), Christliche Demokraten – aktive Mitgestalter der Freundschaft mit der Sowjetunion, Berlin 1985

152 Neuer Tag vom 11. April 1988

153 (Christlich-Demokratische Union Deutschlands, Bezirkssekretariat Chemnitz), Erste Berichterstattung des BV Karl-Marx-Stadt, Telex an Abteilung Parteiorgane, 14. Juni 1981

154 Christlich-Demokratische Union Deutschlands, Bezirkssekretariat Karl-Marx-Stadt, Informationsbericht zum 15. Mai 1986

155 Christlich-Demokratische Union Deutschlands, Sekretariat des Hauptvorstands (Hg.), Bulletin. 16. Parteitag der CDU, Dresden 1987, Dritter Beratungstag, S. 41

156 Leipziger Volkszeitung vom 14./15. Oktober 1989

157 Leipziger Volkszeitung vom 8. November 1989

158 Leipziger Volkszeitung vom 13. Januar 1990

159 Thüringer Allgemeine vom 15. März 1991

160 Christlich-Demokratische Union Deutschlands, Bezirkssekretariat Erfurt, Protokoll der 21. (erw.) Sitzung des Bezirksvorstandes am 20. Juli 1984

161 Christlich-Demokratische Union Deutschlands, Sekretariat des Hauptvorstands (Hg.), Tradition und Verpflichtung. Frieden – Menschenrecht und Christen-

pflicht, Bericht über die Tagung des Präsidiums des Hauptvorstandes der CDU am 13. Februar 1986 in Berlin anläßlich des 103. Geburtstages von Otto Nuschke, S. 26 ff.

162   Karl-Marx-Universität Leipzig, Sektion Wissenschaftlicher Kommunismus, Wissenschaftsbereich: Theorie des politischen Systems der sozialistischen Gesellschaft, Protokoll der II. Wissenschaftlichen Arbeitstagung »Politische Organisation und Bündnispolitik«. Die Zusammenarbeit der Parteien unter Führung der marxistisch-leninistischen Partei – Triebkraft bei der weiteren Gestaltung der entwickelten sozialistischen Gesellschaft in der DDR, herausgegeben von Kurt Schneider, Arbeitskreis 2 und 3, Leipzig 1989, S. 38

163   Christlich-Demokratische Union Deutschlands, Sekretariat des Hauptvorstands (Hg.), Bulletin. 16. Parteitag der CDU, Dresden 1987, Weitere Diskussionsbeiträge, S. 16

164   Die Angaben zu Günther Krauses akademischer Karriere enstammen eigenen Recherchen und dem inzwischen eingestellten Magazin »extra«, Nr. 17 und Nr. 27/1991

165   Neue Zeit vom 9. September 1991

166   Der Spiegel, Nr. 17/1991

167   Ostsee-Zeitung vom 10. November 1989

168   Ostsee-Zeitung vom 24. November 1989

169   Thüringer Landeszeitung vom 17. Juli 1991

170   Thüringer Landeszeitung vom 19. Juli 1991

171   LPA PDS Sachsen IVE-2/15/684

172   Christlich-Demokratische Union Deutschlands, Bezirkssekretariat Erfurt, Informationsbericht zum 15. November 1982, LPA PDS Thüringen AR 110

173   Thüringer Landeszeitung vom 10. Mai 1991